21世纪高等学校电子商务专业规划教材

电子商务运营管理

主　编　齐莉丽
副主编　郭悦红　张　波
参　编　吴　亮　蒋坤苹

机械工业出版社

本书是面向电子商务专业核心课程——“电子商务运营管理”编写的教材。全书共分10章，在介绍电子商务运营管理的相关概念、关键要素和发展的基础上，系统地阐述了“互联网+”时代下的电子商务运营战略、电子商务的盈利模式、网络营销、电子商务物流与供应链管理、电子商务客户关系管理、电子商务人力资源管理、移动电子商务运营、电子商务的线上线下运营策略、电子商务运营效果监控评测等内容。

本书可作为普通高等教育电子商务专业及其他经济管理类专业的教材，也可作为企事业单位电子商务管理人员的参考用书。

图书在版编目（CIP）数据

电子商务运营管理/齐莉丽主编. —北京：机械工业出版社，2016.8（2023.7重印）
21世纪高等学校电子商务专业规划教材
ISBN 978-7-111-54381-7

Ⅰ.①电… Ⅱ.①齐… Ⅲ.①电子商务－运营管理－高等学校－教材 Ⅳ.①F713.36

中国版本图书馆CIP数据核字（2016）第170620号

机械工业出版社（北京市百万庄大街22号　邮政编码100037）
策划编辑：易　敏　责任编辑：易　敏　陈瑞文　刘丽敏
责任校对：郝　绵　封面设计：马精明
责任印制：郜　敏
北京富资园科技发展有限公司印刷
2023年7月第1版第6次印刷
185mm×245mm · 15.75印张 · 358千字
标准书号：ISBN 978-7-111-54381-7
定价：32.50元

凡购本书，如有缺页、倒页、脱页，由本社发行部调换

电话服务	网络服务
服务咨询热线：010-88379833	机 工 官 网：www.cmpbook.com
读者购书热线：010-88379649	机 工 官 博：weibo.com/cmp1952
	教育服务网：www.cmpedu.com
封面无防伪标均为盗版	金 书 网：www.golden-book.com

前　言

党的二十大报告指出，加快发展数字经济，促进数字经济和实体经济深度融合，打造具有国际竞争力的数字产业集群。电子商务作为数字经济和实体经济深度融合的重要结晶，极大引发了生产模式、流动模式、消费模式的深刻变革，在推动高质量发展、创造高品质生活方面发挥着重要作用。所以，对高校来说，“电子商务运营管理”无论在当前还是今后，都是一个需要不断深入研究的重要课程。

随着电子商务的迅速发展，电子商务专业的课程教学也必须跟上技术和应用发展的步伐。电子商务运营是电子商务教学的重要内容之一。从广义上讲，某个电子商务公司整体的运营活动就是电子商务运营，它涵盖了企业每一个运作环节的知识和技能。目前，相关教材虽种类繁多，但能将电子商务运营与“互联网 +”和移动互联网等时代背景相结合且融合理论与实践的教材并不多。一些教材是电子商务涉及的各个方面的理论堆叠，缺少连贯性，内容较为空泛，广度和深度不够，难有较好的实际教学效果；一些教材过分注重运作技能训练，对网上开店论述过多，但对电子商务运营的全流程缺乏整体性的描述，特别是很少介绍和研究最近几年新发展起来的运营模式，缺少对电子商务运营管理理论的系统性阐述。因此，基于这样的情况，我们结合多年的教学心得和企业调研实践，编写了本书。

“电子商务运营管理”是一门理论与实践相结合的综合应用课程，以能力培养和素质养成为核心，对于电子商务专业的人才培养大有裨益。本课程的教学从企业进行电子商务运营的整体角度出发，以电子商务运营和管理能力培养为突破口，结合电子商务运营案例，实现真正的理论与实践一体化。学生通过对本书的学习，能够从整体上掌握电子商务运营的整体流程和方法技巧，培养起以互联网思维方式开展电子商务活动的能力。本书教学内容包含电子商务运营管理的基础概念、盈利模式、网络营销、团队管理、移动电子商务运营、客户关系管理和运营效果监控等。

全书由齐莉丽任主编，郭悦红、张波任副主编，参加编写的还有吴亮、蒋坤苹。

本书的编写过程中，参考了很多前辈的著作，得到了不少电子商务行业专家和学者的帮助，在此一并表示感谢。限于编者能力和电子商务发展的瞬息万变，不足之处在所难免，恳请读者谅解并批评指正。

编　者

目　录

前　言

第1章　电子商务运营概述 …… 1

本章学习目标 …… 1
案例导入 …… 1
1.1　电子商务的发展 …… 2
1.1.1　电子商务的产生与发展 …… 2
1.1.2　电子商务的发展特点 …… 3
1.2　电子商务运营管理的相关概念 …… 5
1.2.1　电子商务运营的意义 …… 5
1.2.2　电子商务运营的基本概念 …… 6
1.2.3　电子商务运营管理中的关键成功要素 …… 6
本章小结 …… 8
习题 …… 9
参考文献 …… 9

第2章　“互联网+”时代下的电子商务运营战略 …… 11

本章学习目标 …… 11
案例导入 …… 11
2.1　电子商务战略规划过程 …… 12
2.2　电子商务运营战略 …… 14
2.3　电子商务运营平台战略 …… 20
2.4　“互联网+”时代下商业模式的重构 …… 22
2.5　“互联网+”时代下的管理战略 …… 25
本章小结 …… 27
习题 …… 28
参考文献 …… 28

第3章　电子商务的盈利模式 …… 29

本章学习目标 …… 29

案例导入 …… 29
3.1 盈利模式的概念及内涵 …… 30
3.2 电子商务网站常见的盈利模式 …… 31
3.2.1 在线销售产品 …… 32
3.2.2 网络广告 …… 32
3.2.3 搜索引擎 …… 33
3.2.4 数字内容 …… 34
3.2.5 会员制 …… 34
3.2.6 交易佣金 …… 35
3.2.7 其他网络服务 …… 35
3.3 电子商务盈利的条件 …… 35
3.3.1 合适的产品 …… 35
3.3.2 网站功能定位明确 …… 36
3.3.3 有目标流量 …… 38
3.3.4 高转化率 …… 38
3.3.5 良好的客户关系 …… 38
3.4 电子商务产品的类型与选择 …… 39
3.5 电子商务目标市场 …… 41
3.5.1 确定目标市场 …… 41
3.5.2 发现用户真正需求 …… 42
3.6 电子商务创业分析与建议 …… 42
3.6.1 创业团队组建 …… 43
3.6.2 创业项目选择 …… 44
3.6.3 风险控制 …… 44
3.6.4 内部创业 …… 45
本章小结 …… 46
习题 …… 47
参考文献 …… 47

第4章 网络营销 …… 48

本章学习目标 …… 48
案例导入 …… 48
4.1 网络营销的发展 …… 49
4.1.1 营销的概念 …… 49
4.1.2 网络营销的概念 …… 49
4.1.3 网络营销与传统营销的比较 …… 50
4.1.4 传统营销理论与网络营销理论 …… 51

4.2 网络营销的职能和主要方法 …… 52
4.2.1 网络营销的职能 …… 52
4.2.2 网络营销的主要方法 …… 54
4.3 搜索引擎营销 …… 61
4.3.1 搜索引擎的分类 …… 61
4.3.2 搜索引擎的工作流程 …… 62
4.3.3 搜索引擎优化的概念 …… 63
4.3.4 搜索引擎友好的网站设计 …… 63
4.3.5 关键词优化分析 …… 64
4.3.6 站内优化 …… 69
4.3.7 外部链接建设 …… 73
4.3.8 SEO 优化误区与网站健康检查 …… 76
本章小结 …… 78
习题 …… 78
参考文献 …… 79
第5章 电子商务物流与供应链管理 …… 80
本章学习目标 …… 80
案例导入 …… 80
5.1 电子商务物流管理 …… 81
5.1.1 电子商务物流的含义 …… 81
5.1.2 电子商务与物流的关系 …… 82
5.1.3 电子商务物流模式 …… 83
5.1.4 电子商务物流的基本技术 …… 86
5.2 电子商务采购管理 …… 88
5.2.1 采购管理 …… 88
5.2.2 电子商务下的采购管理 …… 89
5.3 电子商务库存管理 …… 91
5.3.1 库存管理的含义 …… 91
5.3.2 电子商务下的库存管理方法 …… 92
5.4 电子商务运输与配送管理 …… 95
5.4.1 运输管理概述 …… 95
5.4.2 电子商务配送管理 …… 97
5.5 电子商务供应链管理 …… 100
5.5.1 供应链与供应链管理 …… 100
5.5.2 电子商务环境下的供应链管理 …… 101
5.6 跨境电子商务物流管理 …… 105

5.6.1 跨境电子商务发展现状 …… 105
5.6.2 跨境电子商务物流管理 …… 105
本章小结 …… 106
习题 …… 107
参考文献 …… 108

第6章 电子商务客户关系管理 …… 109

本章学习目标 …… 109
案例导入 …… 109
6.1 电子商务情境下的客户关系管理 …… 110
6.1.1 客户关系管理的作用 …… 110
6.1.2 电子商务情境下的客户行为特征 …… 111
6.1.3 电子商务情境下客户关系管理的特征 …… 112
6.2 电子商务客户信息管理 …… 114
6.2.1 客户信息管理的内容 …… 115
6.2.2 电子商务客户信息收集 …… 115
6.2.3 电子商务客户信息整理 …… 116
6.2.4 电子商务客户信息分析 …… 117
6.2.5 电子商务客户信息安全 …… 118
6.3 电子商务客户满意度管理 …… 118
6.3.1 客户满意的内涵 …… 118
6.3.2 电子商务客户满意度的影响因素 …… 119
6.4 电子商务客户忠诚度管理 …… 121
6.4.1 客户忠诚的内涵 …… 121
6.4.2 提高电子商务客户忠诚度的措施 …… 122
6.5 电子商务客户服务管理 …… 124
6.5.1 电子商务客户服务的分类 …… 124
6.5.2 网站客户服务流程的实施 …… 124
6.6 电子商务企业 CRM 应用与实施 …… 126
6.6.1 电子商务情境下 CRM 的应用 …… 126
6.6.2 电子商务情境下 CRM 的具体实施 …… 127
6.6.3 CRM 的应用效果评估 …… 128
6.6.4 我国企业 CRM 的应用现状 …… 129
本章小结 …… 131
习题 …… 132
参考文献 …… 134

第7章　电子商务人力资源管理……135

本章学习目标……135
案例导入……135
7.1　电子商务情境下的人力资源管理……137
7.1.1　电子化招聘……138
7.1.2　电子化培训……139
7.1.3　电子化学习……140
7.1.4　电子化沟通……141
7.1.5　电子化考评……141
7.2　电子商务运营团队的人员组成……142
7.3　电子商务运营团队的组织结构……144
7.3.1　传统项目团队的组织结构……145
7.3.2　面向电子商务的人力资源管理模型……147
7.3.3　电子商务运营的虚拟团队……147
7.4　电子商务运营的团队建设……148
7.4.1　电子商务运营团队的建设原则……148
7.4.2　电子商务运营团队管理制度的制订……149
7.4.3　电子商务运营团队人员责任分配……149
7.5　电子商务运营团队成员的考核与激励……149
7.5.1　电子商务运营团队人员考核方法……149
7.5.2　电子商务运营团队人员激励方法……151
本章小结……152
习题……153
参考文献……153

第8章　移动电子商务运营……154

本章学习目标……154
案例导入……154
8.1　移动电子商务概述……155
8.1.1　移动电子商务的定义……155
8.1.2　移动电子商务的驱动力……156
8.1.3　移动电子商务的特点……157
8.1.4　移动电子商务在企业中的应用……158
8.1.5　移动电子商务带来的利益……159
8.2　移动电子商务的发展……159
8.2.1　移动电子商务的发展阶段……159

8.2.2 移动电子商务的发展特点 …… 160
8.3 移动电子商务的技术基础 …… 163
8.3.1 移动计算技术 …… 163
8.3.2 移动设备 …… 164
8.3.3 无线通信网 …… 165
8.4 移动电子商务运营的思维与原则 …… 166
8.4.1 移动互联网时代的思维 …… 166
8.4.2 移动互联网时代的原则 …… 168
8.5 移动电子商务的运营策略 …… 170
8.5.1 移动电子商务的运营内容 …… 170
8.5.2 移动电子商务的运营策略 …… 178
8.6 社会化媒体运营 …… 179
8.6.1 微博运营 …… 179
8.6.2 微信运营 …… 180
8.7 移动电子商务的未来发展及趋势 …… 183
8.7.1 移动电子商务的未来发展 …… 183
8.7.2 未来移动电子商务的发展趋势 …… 184
本章小结 …… 187
习题 …… 188
参考文献 …… 188

第9章 电子商务的线上线下运营策略 …… 190

本章学习目标 …… 190
案例导入 …… 190
9.1 O2O 概念及其特征 …… 191
9.1.1 何谓 O2O …… 191
9.1.2 O2O 模式的优势与特征 …… 192
9.2 O2O 网络联盟的发展与建立策略 …… 193
9.2.1 O2O 资源合作的渠道与主要形式 …… 193
9.2.2 O2O 模式存在的问题和瓶颈 …… 194
9.2.3 O2O 网络联盟的构建策略 …… 196
9.3 影响 O2O 发展的关键技术 …… 198
9.3.1 二维码技术 …… 198
9.3.2 LBS 技术 …… 201
9.3.3 未来 O2O 转型的关键技术创新 …… 203
9.4 O2O 模式下的社会关系管理 …… 204
9.4.1 O2O 模式下的社会关系管理的内涵与特征 …… 204

9.4.2 实现 O2O 模式下的社会关系管理的途径与策略 …… 205
9.4.3 O2O 模式下的社会关系管理的危机处理 …… 206
本章小结 …… 208
习题 …… 209
参考文献 …… 210

第 10 章 电子商务运营效果监控评测 …… 211

本章学习目标 …… 211
案例导入 …… 211
10.1 电子商务运营效果概述 …… 212
10.2 电子商务运营效果监测的重要性 …… 212
10.2.1 确定最有效的网络营销方式及投入产出比 …… 213
10.2.2 挖掘客户的潜在价值 …… 213
10.2.3 使网站更吸引人 …… 214
10.2.4 设计和应用有效的推荐系统 …… 214
10.3 电子商务运营效果监测的一般步骤 …… 215
10.4 网站运营监测的数据 …… 216
10.4.1 网站流量分析 …… 216
10.4.2 网站用户访问内容 …… 220
10.4.3 网站交易统计 …… 221
10.4.4 商品销售分析 …… 222
10.5 数据分析显示方式 …… 224
10.5.1 折线图 …… 224
10.5.2 柱状图 …… 225
10.5.3 饼状图 …… 225
10.5.4 雷达图 …… 226
10.5.5 漏斗图 …… 226
10.6 数据统计和分析工具的选择 …… 227
10.6.1 基础数据分析工具 …… 227
10.6.2 网站分析工具 …… 229
10.6.3 电子商务平台上的数据分析工具 …… 231
10.7 原始日志文件分析 …… 235
本章小结 …… 237
习题 …… 238
参考文献 …… 239

第1章 电子商务运营概述

本章学习目标

- 电子商务的发展特点。
- 电子商务运营的相关概念。
- 电子商务运营的意义。
- 电子商务运营的关键成功要素。

案例导入

京东发布“阳光云采”战略 推动企业电商运营

2014年12月，在B2C、C2C领域与阿里征战日久的京东宣布，正式推出面向企业市场的“阳光云采”战略，该战略辅以京东配套推出的“智采”“慧采”“云采”三个企业级电商化采购平台，分别对应于集团型客户、企业级客户和中小微企业。据悉，为拓展企业采购市场，京东新近专门设立了大客户部。京东集团CEO刘强东表示，公司致力于自营式电商领域的耕耘，打通从产品采购、仓储、配送到服务的电商价值链后，具备了为企业级市场提供采购电商化服务的能力。

在此次推出的三个企业级电商化采购平台中，“智采”平台是京东专为集团型企业开发的智能便捷、定制化的采购平台，为集团型企业提供商品、订单、库存、物流等标准服务接口，可与企业内部采购系统对接，企业员工可以通过PC端、移动端等登录内部平台实现采购下单。“慧采”平台是京东针对企业级客户打造的采购平台。该平台采用模块化设计，具有数据报表功能，帮助企业方便地进行预算管理、采购决策，并提供金融解决方案支持。“云采”平台则是京东围绕企业频道打造的综合电商服务平台，为中小微企业提供精准商品采购方案、信息发布和交流服务。

“我们的定位是企业采购电子商务化的专业解决方案提供商，这包含两方面：一方面我们向客户提供非常有保证、非常好的产品和供应链；另一方面，我们是综合解决方案提供商，为企业提供电商采购平台的技术解决方案”。京东大客户部总经理宋春正表示，“我们不仅给客户提供采购数据分析报表，还将通过大数据向客户提供可以指导企业采购决策行为的工具。接下来，我们还会针对企业客户陆续发布金融解决方案和物流解决方案等，还会与供应商联合发布针对某一产品的解决方案”。

京东作为国内最大的自营式零售电商之一，以正品、优质、高效物流等特点，在一般消费市场建立了自己的差异化优势，目前又大力拓展企业市场。从京东的案例我们可以看出，电子商务企业在运营管理的过程中，需要不断采取合理的发展战略和解决方案，与时俱进，才能保持并增长企业竞争力和市场份额，不断提高电子商务运营管理的技能和水平。

思考：什么是电子商务运营？如何提高电子商务运营管理水平？

1.1 电子商务的发展

在20世纪末，随着计算机网络技术和电子信息技术的迅速发展，电子商务作为一种新型商务运营模式，有效地实现了信息流、物流、商流和资金流的融合。电子商务的产生和发展，极大地改变了企业的经营管理模式、人们的生活方式以及人类社会的许多层面。为了准确了解电子商务的内涵和本质，下面我们对电子商务的定义及其相关内容进行讨论。

1.1.1 电子商务的产生与发展

随着信息技术在全球范围内商业贸易活动的普及和广泛应用，出现了电子商务这种新型的商务模式。电子商务（Electronic Commerce，EC）是指利用计算机网络，主要是互联网和内联网，买卖、交换、配送商品、服务、信息的过程。它基于互联网，采用计算机技术和网络通信技术来实现商业贸易活动的信息化、国际化和电子化。电子商务的产生和发展有着深刻的技术背景和商业背景，它不但直接影响着全球经济以及电子商务运营管理理论和实践的发展，而且已经改变了人们的购物方式、生活方法和社会的发展历程。电子商务是推动全球经济一体化和经济增长的主要力量之一，代表了未来信息技术产业的发展趋势。

电子商务起源于美国，最早产生于20世纪60年代，在90年代开始迅速发展。在国际上，美国是世界上最早发展电子商务的国家，同时发展得也最为成熟，一直引领着全球电子商务的发展。美国作为全球最大的电子商务市场，自2003年以来销售额持续增长。欧盟电子商务的发展相比美国起步较晚，但发展速度也很快，是全球电子商务发展较为领先的地区。亚洲的电子商务起步较晚，但发展空间和潜力巨大。亚太地区信息产业较发达的国家是日本、新加坡和韩国，电子商务的发展也是如火如荼。

我国的电子商务比起欧美等发达国家和地区来说起步较晚，但是由于经济增长和政府的高度重视及大力支持，我国的电子商务行业发展迅速，产生了B2C、B2B和C2C等电子商务模式。一方面，电子商务促进了全球经济发展，经济的迅速发展也是我国电子商务行业发展的基础动力。另一方面，计算机技术和网络通信技术日益成熟，互联网迅速普及，都为电子商务的快速发展奠定了基础条件。电子商务已经成为我国战略新兴产业和现代流通方式的重要组成部分。从传统商务到电子商务，我国的电子商务行业不断走向成熟与完善，在理性和务实的氛围内健康有序发展，极大地促进了我国的经济和社会发展。

中华人民共和国商务部发布的《中国电子商务报告（2022）》显示，2022 年全国电子商务交易额达 43.83 万亿元，同比增长 3.5%。全国网上零售额达 13.79 万亿元，同比增长 4.0%；农村网络零售额达 2.17 万亿元，同比增长 3.6%。

党的二十大报告指出，依托我国超大规模市场优势，以国内大循环吸引全球资源要素，增强国内国际两个市场两种资源联动效应，提升贸易投资合作质量和水平。稳步扩大规则、规制、管理、标准等制度型开放。推动货物贸易优化升级，创新服务贸易发展机制，发展数字贸易，加快建设贸易强国。我国跨境电子商务获得了快速发展，2022 年跨境电商进出口总额达 2.11 万亿元，同比增长 9.8%，占进出口总额的 5.0%。此外，电子商务服务业营收规模达 6.79 万亿元，同比增长 6.1%。电子商务从业人数达 6937.18 万人，同比增长 3.1%，如图 1 所示。可以预测，在未来几年中国电子商务市场交易规模将继续扩大。

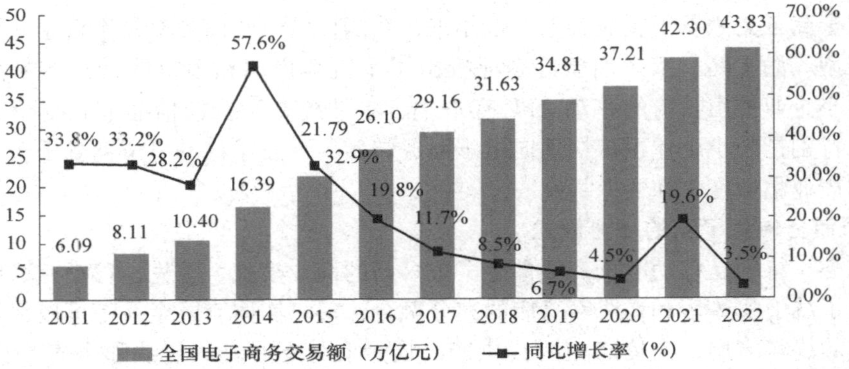

图 1　2011 年-2022 年全国电子商务交易额

1.1.2　电子商务的发展特点

近年来，电子商务的快速发展对经济社会生活的影响不断增大，正成为一些国家经济发展的重要推动力。电子商务的发展，主要体现出了以下几种特点：

1. 移动电子商务发展迅速

近年来，移动互联网的快速普及为我国移动电子商务的发展奠定了基础，移动电子商务快速发展，对经济社会生活的影响不断增大，正成为我国经济发展的重要推动力。

国家统计局发布的《2022 年国民经济和社会发展统计公报》显示，互联网上网人数 10.67 亿人，其中手机上网人数 10.65 亿人。互联网普及率为 75.6%，其中农村地区互联网普及率为 61.9%。中国互联网络信息中心（CNNIC）发布第 51 次《中国互联网络发展状况统计报告》显示，在网络基础资源方面，截至 2022 年 12 月，我国域名总数达 3440 万个，

IPv6 地址数量达 67369 块/32，较 2021 年 12 月增长 6.8%；我国 IPv6 活跃用户数达 7.28 亿。在信息通信业方面，截至 2022 年 12 月，我国 5G 基站总数达 231 万个，占移动基站总数的 21.3%，较 2021 年 12 月提高了 7 个百分点。在物联网发展方面，截至 12 月，我国移动网络的终端连接总数已达 35.28 亿户，移动物联网连接数达到 18.45 亿户，万物互联基础不断夯实。

2. 电子商务促进了传统企业转型

互联网技术具有基础性、通用性、高渗透性等特点。随着技术的发展及应用，各个行业都将逐步被迁移到互联网。互联网和电子商务在全球已经改变了一个又一个商业环节与产业，促进了传统行业向网络化、信息化转型。从当前已有的事实和未来趋势看，互联网促进了几乎所有传统产业的改造，如广告传媒业、批发零售业、制造业、仓储物流业、金融业、农业等，一些被认为远离电子商务的行业（如石化）也在逐渐开始自己的电商转型之路。传统企业通过与自身及行业相关的其他电子商务平台的连接与合作，强化了对企业商务流程的监控，推动了商务服务质量的提升，带动了传统企业商业模式和管理模式的转变。

移动电子商务更激发了企业转型。近年来，我国传统电子商务交易平台企业纷纷向移动电子商务转型。淘宝网、京东商城等企业推出了手机客户端和手机网站，不断优化用户体验。大量中小企业推出自身的移动 APP 客户端，有效提高了营销精准度和促销力度。我国传统企业，特别是中小企业也都快速向电子商务转型，开发了移动电子商务平台。移动电子商务市场的产业集中度正在快速提高。

3. 电子商务催生了新的商业模式

电子商务，特别是移动电子商务催生了很多新的商业模式。首先，移动互联网具有定位功能，实现了线下实体店和在线网络店的充分融合，每家实体店或企业都可以在移动互联网上发布自己的终端应用，实体店主要提供产品展示和体验功能，解决服务客户的“最后一公里”问题，而交易则在网上完成。也就是说，互联网渠道不是和线下隔离的销售渠道，而是一个可以和线下无缝链接并能促进线下发展的渠道。O2O 模式是一个“闭环”，电商可以跟踪分析用户的交易情况和满意程度，快速调整营销策略。其次，很多领域的供求信息有高度的分散性和瞬时性，供求不匹配将导致市场失灵，移动互联网为撮合供需双方达成交易提供了新的技术手段。再次，随着移动支付的普及，手机将取代银行卡等成为综合智能终端，移动支付和微信支付的应用带动了网络基金、P2P 网贷、众筹等线上金融服务的移动化转型。

4. 跨境电商迅速崛起

跨境电商近几年来受到了政府、投资机构及消费者的极大关注。随着中国跨境电商市场的开放、跨境电商基础环境的完善以及消费者跨境网购习惯的养成，未来跨境电商将获得较快发展。2017 年，跨境电商进出口商品总额达 302.4 亿元，同比增长高达 80.6%。其主要发展特点包括：①进入一个精细化、垂直化竞争的时代；②从大规模制造到小规模定制，物联网、智能化等新计划正在提高制造业水平，制造业正在向智能化转型，用户需求决定生产制造；③从卖白牌到卖品牌，小而美的品牌将会在跨境电商竞争中拥有重要的位置；④从硬广告到软沟通；⑤跨境电商将真正走向全球，从过去竞争主要集中在欧美英语市场转向真正的全球市场。

5. 互联网金融颠覆性创新

金融业也正在接受互联网的洗礼。目前，全社会信息总量中的 70% 已经数字化了，在不远的将来，信息化比例还将大幅提高，预计将有 90% 或更高比例的信息会被数字化。当如此大比例的信息被数字化后，大数据在金融领域的应用条件会趋于成熟，互联网与金融的融合也将更紧密。阿里小微信贷等互联网金融开辟中小企业金融信贷的创新模式。互联网金融依靠大数据和云计算动态了解客户需求，通过减少行政成本等方式降低交易成本，通过 PC 端、手机端，提供全天候的金融服务，实现了任何时候、任何地方的金融覆盖，在一定程度上取代了传统金融机构物理网点和八小时工作时间服务的僵硬模式，帮助更多的人获得金融产品和金融资源，推动了普惠金融的发展。

6. 涉农电子商务星火燎原

在农业领域，农产品电子商务的崛起正成为电子商务的又一波新浪潮。农村正在成为我国电子商务消费的新蓝海。与城市相比，我国农村的实体商业基础设施严重不足，电子商务正成为农村重要的消费渠道。从商务部、农业部到各大电商巨头，都看到了农村巨大的消费潜力，正在全力发展农村电子商务。

农民正在成为电子商务创业的新兴生力军。淘宝网为农民提供了一个低门槛的创业途径，目前在淘宝网约 10% 的卖家来自农村。农村卖家的崛起，还催生了淘宝村这一新型的电子商务生态现象，农民扎堆开网店，不仅提高了自身的收入，解决了生存问题，也拉动了农村经济的快速发展，为新型城镇化指明了一条新路径。多种农产品在网络热销，农村电子商务正在成为一股不可忽视的农村新经济浪潮。

随着物流、人才等瓶颈的逐渐改善，未来农产品电子商务将迎来更大的发展空间，从而带动中国农业的转型升级。

未来，电子商务经济体将继续高速成长。电子商务服务业日趋丰富和完善，为企业和个人电子商务应用赋能的作用更强，电子商务应用门槛更低。移动互联网和大数据的应用，将促进网络消费与生活的无缝连接，进一步激发和释放消费者隐性的个性化需求。

1.2　电子商务运营管理的相关概念

1.2.1　电子商务运营的意义

企业在业务开展过程中，运营管理的高效进行对于业务的顺利开展极为重要。要想提高企业运营的内部效率，公司管理层必须平衡好各部门之间的利益关系和责任关系，管理和控制运营流程，包括产品和服务需求预测、库存管理、调度管理、采购管理、供应链管理、市场营销以及人力资源管理等环节的流程。

电子商务企业和传统企业一样，都面临着如何运营管理的问题。电子商务的产生和发展为企业注入了新的机遇和活力，但是也对企业的运作模式和运营流程提出了新的要求。电子商务企业通过将互联网引入到运营管理人员的运营活动中，极大地方便了企业的运管管理和工作效率。电子商务运营绝不是可有可无，凡是期望在现代商务运营中取得理想效果的企业，必须付出努力，以提高自身的电子商务运营素质和能力。

电子商务企业应用电子商务能力的高低，在很大程度上依赖于运营工作是否到位和高效。正确认识到企业电子商务运营管理的必要性，做好运营工作，搭建好电子商务的运作平台是开展电子商务运营活动的基础条件。

1.2.2 电子商务运营的基本概念

电子商务运营是一个宽泛的话题，与企业运营存在相似之处。企业运营是对企业经营过程的计划、组织、实施和控制，是与产品生产和服务创造密切相关的各项管理工作的总称。

运营管理涵盖了企业运作过程中的方方面面，包括供应链、产品质量、生产、销售与营销、安全与健康以及环保等。运营管理主要包括计划、组织、领导、人员配置、控制和激励等基本的管理工作，运用诸如绩效评估、流程图、最佳实践信息和标杆管理等方法发现问题，并找出解决这些问题的最佳方法。电子商务运营被视为一场革命，它改变着这些工作实现的方式。电子商务运营管理是将所有的运营管理工作在电子商务环境中的一种应用，这种应用对于成功的商务来说都是必需的。它将互联网和数字技术结合起来进行基本的运营管理活动，侧重的是管理与电子商务运营相关的工作内容。

电子商务运营的定义与企业运营的定义存在相似之处，只是更强调电子商务环境的应用。本书将电子商务运营（Electronic Commerce Operation，ECO）定义为：将所有的运营管理工作在电子商务环境中的一种应用，是指一切与企业电子商务有关的所有运营活动的总称，如电子商务战略制定、平台建设与推广、内容建设、网络营销、物流建设以及客户关系管理等工作内容。

电子商务运营从名字上来看就可以分成两块——电子商务和运营（E-Commerce 和 Operation），前者指的是后台所在的平台，它被最初定义为电子商务平台（企业网站、论坛、博客、微信公众号、APP 客户端、微博、商铺、网络直销店等），运营即围绕平台建设，开展各方面运营活动，如各搜索产品的优化推广、电子商务平台的维护重建、扩展以及网络产品的研发及盈利，从平台优化服务于市场，到创建执行服务市场的同时创造市场。

1.2.3 电子商务运营管理中的关键成功要素

电子商务运营涵盖的内容主要有以下几个方面，这也是运营经理的职责所在，是成功的电商企业运营管理所需的基本关键因素。

1. 电子商务运营战略的制定

电子商务运营战略对电子商务企业的成功起着举足轻重的作用。任何企业进行电子商务运营，都必须根据内外部环境变化，构建并实施在线运营的理念，规划一系列与电子商务相关的活动，以提升企业核心竞争力并最终达成运营目标。因此，需要了解电子商务运营战略制定的步骤和注意事项。近几年，数字革命，特别是移动互联网时代的到来，基础产业与信息产业互联互通、相互融合，不断涌现出新的市场需求；数量庞大的用户与更广泛的产业领域连接，技术创新喷薄而出，改变了传统产业的业态模式，“互联网+”催生了新的商业业态和新的商业模式，形成了更为强大的生产力。因此，需要了解“互联网+”背景下的电子商务战略转型、商业模式及其管理创新。

2. 电子商务盈利模式设计

电子商务运营的首要环节是设计盈利模式。电子商务盈利模式主要包括在线销售产品、网络广告、搜索引擎、数字内容、会员制、交易佣金及网络服务等，以及数据衍生的新盈利模式，如微博、微信等。充分了解各种盈利模式的特点及条件，才能正确选择出适合企业自身的盈利模式，确定出企业的电子商务产品类型和目标市场。

3. 网络营销

顺利开展电子商务运营的基础条件是：在数量庞大的电子商务企业中脱颖而出，以便被潜在客户找到，而网络营销是解决这个问题的重要手段。

网络营销通过互联网向用户传递公司信息和营销信息，为最终发展成购买提供决策支持。常见的网站推广策略有搜索引擎优化、网络广告、社会化媒体工具推广（微信、微博等）、口碑营销、电子邮件营销，以及信息发布（BBS、贴吧、博客、问答类推广、百度百科）等。针对不同性质的网站，需要对各种网站推广的工具和资源充分认识和合理使用，才能制定出行之有效的网站运营推广和网络营销策略。网络营销课程中的主要内容，本书不再详细介绍，而重点对搜索引擎的使用方法和应用技巧展开讲解。

4. 电子商务物流与供应链管理

电子商务企业的仓储物流管理是企业运营的核心工作之一，是效率的集中体现。电子商务仓储物流部门的任务就是利用最合理的成本和时间，将商品准确、完整地送至客户手中。供应链管理是一种策略，电子商务的出现和广泛使用可以使信息和资金都能迅速、准确地在供应链各节点之间传递，在满足用户需要的同时，实现了商品可用价值的最大化，提高了以核心企业为中心的供应链的整体竞争力。电子商务物流与供应链管理也是电商企业成功运营的关键要素。

5. 电子商务客户关系管理

电子商务运营中，客户关系管理同样是一个关键要素，其核心思想是通过优化客户服务和深入分析客户需求，向客户提供满意的产品和服务，以达到客户满意的目的，这样一个过程也是企业与客户建立长期、稳定、相互信任关系的过程。电子商务客户关系管理是电子商务企业的一项重要竞争战略，是一种改善企业与客户之间关系的管理机制。良好的客户关系管理能够帮助企业建立网上用户的品牌忠诚度，保持与客户的长远关系，挖掘潜在客户，把握未来商机，树立品牌形象。

6. 移动电子商务运营

移动电子商务是电子商务的扩展，为电子商务的应用拓展了新的领域，并且已经成为企业电子商务运营管理的重要内容。移动电子商务业务与传统电子商务业务的主要区别在于：用户的可移动性（泛在性）以及对有实时性要求的电子商务业务的支持。移动电子商务模式包括 APP、微博、微信运营等，只有掌握其策略要点，才能更好运用这一重要的电商模式。随着 4G 网络及移动设备的迅速发展，以及各种智能手机的普及，移动商务的战略价值会大幅提高。

7. 电子商务的线上线下运营策略

随着移动互联网的发展，电子商务模式也在不断更新，继 B2B、B2C、C2C 之后，O2O（Online to Offline）模式打破了“线上”与“线下”的隔离局面，促使了“线上”与“线下”的互动融合，也促使了电子商务生态发展。O2O 模式现已逐渐成为新的热点，为电商企业提供了新的商机，也成为企业电子商务运营管理的关键任务之一。

8. 电子商务人力资源管理

人力资源管理是传统企业的核心运营任务之一，是保证企业目标实现与职员满意度最大化的重要手段之一。电子商务企业所面临的环境以快速变化和难以预测为特点，在这种环境中，企业传统的战略、文化和时间导向都已不再有效，电子商务企业的人力资源管理是决定其运营管理成败的又一关键要素。电子商务运营团队管理的岗位划分、激励等有着不同于传统人力资源管理的特点与方法。

9. 电子商务运营效果监控测评

电子商务运营效果数据分析是根据用户习惯来调整网站方向，对网络媒介的每一个细节进行分析，完成和提高网站对用户的黏性，提高吸引力及网站关注度。这主要通过分析页面访问记录、借助多种互联网分析工具来实施，根据数据分析结果来调整网络介质的传播方式及表现形式，如系统功能改进、美工设计变动调整及改版等。以数据分析来指导运营才能有的放矢地抓住核心、抓住用户，从而更好地提升运营效果。因此这个环节虽然枯燥，但却是非常重要的不可或缺的一步。电子商务运营效果监控测评是指导可持续性运营策略的重要工作。

电子商务运营管理的主要目标就是确保电子商务顺利运营，使企业核心目标得以实现。以上关键因素对于电子商务运营管理目标的实现起到了至关重要的作用。

本章小结

1. 电子商务的发展与运营

1）电子商务的概念。所谓电子商务，就是利用计算机网络进行买卖、交换、配送商品、服务、信息的过程。

2）电子商务的发展。

3）电子商务的发展特点。

2. 电子商务运营管理的相关概念

1）电子商务运营的概念：指一切与企业电子商务有关的所有运营活动的总称，如网络营销、客户关系管理、平台建设与推广、内容建设、物流建设以及企业电子商务战略制定等工作内容。

2）电子商务运营的主要内容：盈利模式设计、物流与供应链管理、网络营销、客户关系管理、移动电子商务运营等。

习 题

1. 简要分析电子商务发展的特点。

2. 什么是电子商务运营？其主要工作内容是什么？

3. 请讨论：一家实体经营的企业如果想将线上和线下业务整合在一起，将会面临哪些挑战？

4. 搜集一些中小企业开展电子商务经营的成功案例，并指出它们成功的共同之处。

5. 关于本章的导入案例，回答下列问题：

1）请列出京东推出“阳光云采”战略的原因，并进行讨论。

2）请讨论在“互联网+”时代下，京东电子商务运营的主要变化。

3）和小组成员分享使用京东商城网站的体验，并说说该网站是如何满足你的需求的？

6. 实验与实践

浏览几家中小企业的网站，了解其电子商务的使用。根据你的发现写一份报告，内容是关于中小企业电子商务运营中的问题。

参考文献

[1] 樊坤. 电子商务概论［M］. 北京：人民邮电出版社，2013.
[2] 崔立标. 电子商务运营实务［M］. 北京：人民邮电出版社，2013.
[3] 刘宏. 电子商务概论［M］. 北京：清华大学出版社，2010.
[4] 朱晓敏，刘红璐. 电子商务管理［M］. 北京：电子工业出版社，2013.
[5] 黄岚，王喆. 电子商务概论［M］. 北京：机械工业出版社，2014.
[6] 马克·J. 施尼德詹斯，曹青. 电子商务运营管理［M］. 王强，译. 北京：中国人民大学出版社，2005.
[7] 高健，王晓静. 电子商务管理概论［M］. 北京：清华大学出版社，2013.
[8] 杜江萍. 电子商务管理［M］. 广州：华南理工大学出版社，2006.
[9] 吴清烈. 电子商务管理［M］. 北京：机械工业出版社，2009.
[10] 张庆丽. 电子商务安全策略研究［D］. 开封：河南大学，2012.
[11] 王硕. 电子商务概论［D］. 合肥：合肥工业大学，2000.
[12] 李建忠. 电子商务运营实务［M］. 北京：机械工业出版社，2014.
[13] 周伟，刘丽红. 电子商务——理论与实践［M］. 北京：化学工业出版社，2013.
[14] 金涛. 电子商务盈利模式分析［D］. 天津：天津大学，2009.

[15] 孙悦.《电子商务运营管理》课程教学内容体系研究与开发 [J]. 电子商务, 2014 (9).

[16] 埃弗雷姆·特班, 戴维·金, 等. 电子商务——管理与社交网络视角 [M]. 时启亮, 占丽, 等译. 北京: 机械工业出版社, 2014.

[17] 薛艳. 涌现与扩展: 电子商务20年——信息经济前景研究报告 [R/OL]. [2015-02]. http://www.aliresearch.com.

第2章

"互联网+"时代下的电子商务运营战略

本章学习目标

- 电子商务战略规划过程。
- 电子商务运营战略。
- 电子商务运营平台战略。
- "互联网+"时代下商业模式的重构。
- "互联网+"时代下的管理战略。

案例导入

Travelocity 旅游公司：新的电子商务战略让公司引领旅游市场[⊖]

Travelocity 旅游公司是旅游行业的世界领袖企业之一，是第一个成立在线旅游网站的公司。公司初创的时候，它的战略集中于机票和酒店预订以及广告销售。这样的商务模式开始做得很好，并使公司成为网络旅游市场上的佼佼者。然而，航空公司后来纷纷削减甚至取消中介的佣金，竞争者又不断涌入网络旅游市场，这种竞争模式就变得不那么有效了。

2002 年，Expedia 公司在网络旅游市场里异军突起，年营业收入是 Travelocity 公司的 5 倍。市场份额的减少导致 Travelocity 公司的财务状况不断恶化。很明显，原有的电子商务战略与市场需求不再符合了。

机遇

通过对客户行为的缜密研究，Travelocity 公司在商务模式和收益模式上制定了新的战略。首先，公司开发了各种定制化旅游套餐，他们将酒店客房预订与汽车租赁业务相结合。另外一个战略是开发一个快速而高效的搜索引擎，使消费者能够找到他们满意的最低价。公司还向客户提供预算报表，允许客户完整、方便地设计旅游行程。这种电子商务战略将传统的旅游管理服务和一流的自动化结合在一起，为客户提供综合的服务。

⊖ 该案例摘自埃弗雷姆·特班、戴维·金 等著的《电子商务——管理与社交网络视角》一书——编者注。

结果

到2006年第一季度为止，公司的经营收入已追赶到了Expedia公司的一半，比2002年业绩提高了300%。2005年，出于战略需求，公司并购了Lastminute公司（欧洲网络旅游企业的领头羊），随后又并购了ZUJI公司（亚太地区最大的网络旅游企业）。这样的两次并购活动帮助Travelocity公司成为全球经营的一家大型网络旅游企业。2008年，公司在汽车出租预订业务上顾客满意度排名第一，在客户转化率（从网站浏览到旅游套餐订购的转换）上排名第二。

Travelocity公司正在策划更加深入的网络化经营计划。2011年，公司为客户提供更加高级的报表系统，可以针对不同的出行方案进行比较和分析。不断改进客户服务、提供有竞争力的价格和强大的技术支持，这些策略使得Travelocity公司成为世界上最大的旅游公司之一，它一年的订单总额超过了100亿美元。

案例给予的启示

企业开展网络经营要学会在竞争中制定恰当的运营策略（包括信息技术战略和电子商务战略），帮助企业生存和发展。策略是以业绩指数为基础来评价经营的目标和指标是否完成。一旦工作目标确定，就应该改进运营计划并付诸行动。

运营管理战略规划对电子商务企业的成功具有举足轻重的作用。公司战略是一个比较宽泛的概念，它说明了一个企业如何完成其使命，其目标是什么，需要什么样的计划和政策来完成这些目标。在公司战略中，互联网扮演的角色越来越重要，对战略的各个层面都产生了影响，例如产品的开发与创新、产品和服务的配送、与供应商和客户之间的关系以及市场竞争等。所谓电子商务运营战略，就是企业运营管理者根据内外部环境变化，构建并实施在线运营的理念以提升企业核心竞争力并最终达成运营目标的一系列电子商务相关活动。电子商务运营战略是事先的思考和规划，而不包含具体的策划和执行，主要专注于方向性的选择，其战略制定过程会受到各种因素的影响。

我们知道，数字革命，特别是移动互联网时代的到来，如同一把锋利的双刃剑，一方面给传统产业带来了危机和焦虑，另一方面也能让传统产业获得勃勃生机，为传统产业的发展注入新的动力。

党的二十大报告指出，加快发展数字经济，促进数字经济和实体经济深度融合，打造具有国际竞争力的数字产业集群。基础产业与信息产业互联互通、相互融合，不断涌现出新的市场需求；数量庞大的用户与更广泛的产业领域连接，技术创新喷薄而出，改变了传统产业的业态模式；"互联网+"催生了新的商业业态和新的商业模式，形成了更为强大的生产力。移动互联网时代的碎片化、去中心化、去流量化等特征，使得"传统产业+移动互联网"的优势突出，"互联网+"融合创新给各个行业注入了新的生机与活力。

2.1 电子商务战略规划过程

一般来讲，企业的战略规划过程包含四个主要阶段，如图2-1所示，这几个过程是循环往复、持续不断的。

1. 战略准备

在战略准备阶段，企业审视自己的宗旨和目标、内外部环境与资源、优势劣势以及互联

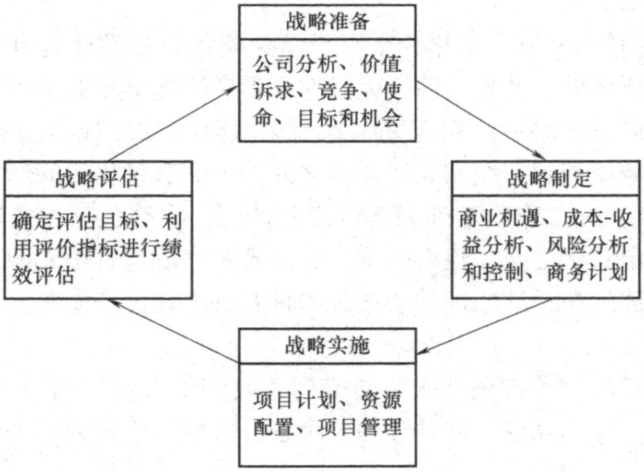

图 2-1　战略规划过程

网等新兴技术对企业经营所产生的潜在影响等。具体包括：

1）企业分析和价值定位。企业分析包括企业愿景、使命、价值诉求、目标、能力、制约因素和潜在客户。在分析的过程中，能够清楚表达出公司的价值定位，即公司的产品和服务能够为公司本身和客户带来的利益。在了解以上内容后，明确实施电子商务战略能为企业带来的潜在价值和将要采用的方法。

2）核心竞争力。核心竞争力是企业相较于竞争对手而言所具备的竞争优势与核心能力差异，是企业所特有的、能够经得起时间考验的、具有延展性，并且是竞争对手难以模仿的技术或资源和经验的特殊组合。例如，谷歌的核心竞争力是独特的信息搜索技术，而 eBay 的核心竞争力则是它从事的在线拍卖。

3）预测，即识别对业务有影响或潜在影响的商业、技术、政治、经济或其他相关的因素。例如，电子商务战略的实施可能导致的渠道冲突和品牌不统一等问题。

4）竞争分析指的是审视经营环境，了解并解释与直接、间接以及潜在的竞争者相关的信息。进行这种分析的方法很多，如 SWOT 分析（见图 2-2），也就是对优势、劣势、机遇和挑战的分析，还有给竞争者定位的分析。

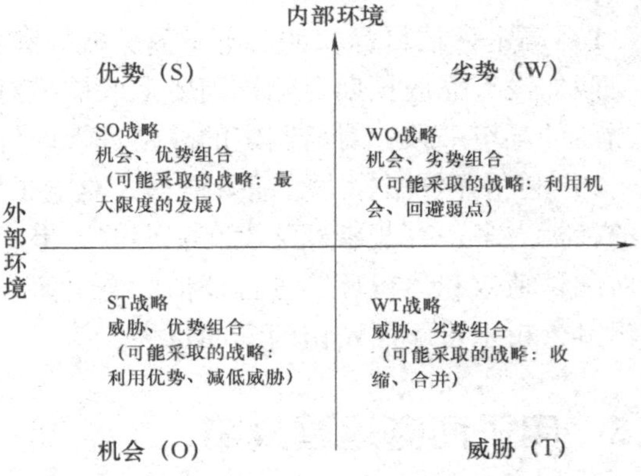

图 2-2　SWOT 分析

2. 战略制定

战略制定指的是根据企业自身的优势和劣势，在外部环境中制定战略来利用机遇，应对挑战，具体包括：

1）商业机遇。选择合适的电子商务机遇，制定未来的发展蓝图。

2）成本-收益分析。根据企业的宗旨和目标，评价每个机遇给企业带来的潜在利益，以及需要花费的潜在成本。

3）风险分析、评价和控制。如果一个电子商务项目面临明显的风险，则需要进行风险分析、评价和控制。所谓电子商务风险，就是在开发和实施电子商务项目的过程中可能出现的负面影响。在电子商务战略中，安全风险和商务风险（如转换风险和合作风险）都需要特别关注。另外，还需要控制在线和离线业务之间的冲突和价格等问题。

4）商务计划。在前面工作的基础上确定商业计划，内容包括：概述、技术状况、竞争态势、经营目标、确定目标受众、建立团队、编制预算、确定资金来源、网站开发规划、网络促销规划、安排媒体发布、计划评估、各种附件和确定辅助资源等。

3. 战略实施

在这个阶段，重点从“我们做什么”转变到“我们怎么做”。需要根据已经制定的战略设计具体的短期计划。具体来说，就是评估各种备选方案、安排具体的时间表、分配资源和管理项目。具体包括：

1）项目计划。战略实施就是通过一个电子商务项目或若干个项目来实施总的战略。项目计划包括具体的项目目标、制订时间表以及确定可以测量的业绩目标。

2）资源配置。企业的资源包括企业自有的资源、可以利用的资源和可以控制的资源，如人力、财力、技术、管理或知识以及商业流程等。另外，考虑是购买、租用，还是自主研发电子商务工具；可以将哪些业务外包，何时外包以及外包给谁；是否需要重组企业的业务流程等。

3）项目管理。项目管理指在项目活动中运用专门的知识、技能、工具和方法，使项目能够在有限资源的限定条件下，实现或超过设定的需求和期望的过程，包括雇用员工、购买设备、办许可证、购买或开发软件以及签订合同等。

4. 战略评估

该阶段就是瞄准企业目标，不断评估其进展情况，并做出必要的战略调整，甚至进行战略重构。

1）确定评估目标，如对电子商务战略和各种项目的预期目标及实际完成的结果进行比较，假如没有完成预期目标，则要采取措施对项目进行调整；判断电子商务战略和项目是否与当前的环境一致；对所制定的战略进行评价，发现和解决问题。

2）利用评价指标进行绩效评估。对电子商务运营进行绩效评估并不容易，因为需要评价的指标太多，有些指标又没有有形的结果。因此，网络团队需要制订一个严密的检查清单来对项目绩效和运行环境进行评估。电子商务战略评价的一个重要领域是网站分析，即通过点击流分析来了解网站访问者的行为。

2.2 电子商务运营战略

进行电子商务运营必须首先制定恰当的电子商务市场战略。在传统经济中，经济学家们通常把市场划分为四种类型，即完全竞争、垄断、垄断竞争和寡头垄断。在电子商务中出现了网络中的虚拟市场。电子商务市场结构的确定关系到一个电子商务企业的战略选择。

从市场增速来看，中国电子商务已经进入成熟期。中国电子商务市场竞争异常激烈，平均每天有很多电子商务网站推出，规模大小不一，良莠不齐，各具特色。激烈的竞争带来了产品、服务、网站建设内容的大大丰富。中国电子商务研究中心发布《2014年度中国电子商务市场数据监测报告》，截止到2013年12月，我国B2B电子商务服务企业达12000家，同比增长5.7%；国内B2C、C2C与其他电商模式企业数已达29303家。虽然如此，中国电子商务市场仍具有明显的寡头特点，以2015上半年的B2B市场为例，电子商务服务商营收（包括线下服务收入）份额中，阿里巴巴继续排名首位，市场份额为39%，接下来排名为上海钢联、环球资源、慧聪网等六家公司，这七家核心企业占比为60.6%。在通常情况下，电子商务最常见的市场结构即是寡头垄断。电子商务的某个行业往往被几个大的行业垄断，这些企业中，一个企业的任何战略都会使其他企业做出反应。每个企业都在潜心琢磨如何打败对手，以实现垄断行业的梦想。

案例：中国B2C市场格局及发展趋势

据中国电子商务研究中心监测数据显示，2015年上半年，中国网络零售市场交易规模占到社会消费品零售总额的11.4%，较2014年上半年的8.7%同比增长31%。网购已经成为拉动消费的重要渠道，从而推动经济的发展。2015年上半年，中国B2C网络零售市场（包括开放平台式与自营销售式，不含品牌电商），天猫排名第一，占57.7%份额；京东名列第二，占25.1%份额；苏宁易购位列第三，占3.4%份额。位于第4～10名的电商依次为：唯品会（2.5%）、国美在线（1.6%）、1号店（1.5%）、当当（1.3%）、亚马逊中国（1.2%）、聚美优品（0.5%）、易迅网（0.3%）。

中国电子商务研究中心认为，中国网购市场将呈现以下趋势。

趋势一：并购重组加大。

中小型电商生存空间被巨头挤压，会继续寻找强大的合作伙伴，以保证生存和发展；对巨头电商来说，通过收购、兼并等方式能够较快地布局新市场和新的业务领域。下半年出现了“猫宁”这样的组合，那么京东未来与国美进行合作也不是没有可能的。

趋势二：围绕电商主业的周边业务进行拓展。

到目前为止，电商主营业务发展趋于饱和，围绕电商周边业务，如物流、旅游、智能硬件、大数据、互联网金融等周边服务被不断拓展，未来将成为电商重点拓展的热点。

趋势三：寒冬到来，互联网进入冷静调整期。

随着中国消费支出疲软，阿里巴巴下调预期销售额及缩招降薪，似乎预示着互联网寒冬将要到来。加之此前互联网大热，确实要进入一个相对冷静的调整期。未来投资者们会更加慎重，那些具有创新力、独特商业模式的电商会受到青睐。

趋势四：电商服务商、品牌电商、垂直电商等有望成为下一个上市者。

各大巨头电商，如阿里、京东、苏宁、唯品会、国美在线、当当、聚美优品等都已经上市。

接下来能够上市的电商会是谁一直受到关注。2015年5月21日，作为电商服务商的宝尊电商上市，为电商服务商注入一剂“兴奋剂”。未来上市的电商或许会出现在电商服务商，品牌电商，还有垂直、移动的那些“小而美”的电商当中。

在目前的市场结构下，电子商务企业常采取的市场战略包括以下几种。

1. 市场进攻战略

所谓进攻型战略，指的是企业首先利用某种技术创新成果开发出新产品，并迅速成为该产品市场的领先者或绝对垄断者，或采用某种策略根据市场变化打乱对手的战略部署，从而获取更大的利润。这一战略的特点是开拓性强、风险性大、潜在利润高。在不同的产业中，进攻型战略各不相同，但它们都有着共同的特点，即这些战略试图破坏竞争对手的竞争优势，同时还要避免大规模重复。最成功的进攻型战略要把进攻和防御两方面结合起来，同时与其他战略最佳“融合”。不管是哪种情况，进攻型战略的基础始终是密集的科研开发活力和市场开拓能力。与此同时，进攻型战略要获得成功，其前提是企业在该科技领域处于绝对的优势地位。因此，进攻型战略是一项长期的风险性较高的投资活动，一旦成功，由于其绝对的领先地位，所获得的超额利润和潜在利润也将十分可观。

进攻性战略之所以成为企业常常选用的战略，是因为该战略的正确实施不仅能促使企业得到巩固和发展，而且能增强企业的核心竞争力。其主要目的表现在以下层面：①支持和扩张现有的经营领域；②拓展新的经营领域；③扩大和加深企业的技术核心能力；④扩大市场占有率并增强企业的核心竞争力；⑤获取超额利润和潜在利润。

运用进攻型战略需要清楚战略的适用条件。企业要想进入市场，不仅要具有洞察市场变化和需求的能力，而且要具备一些基本条件。第一，企业在创新领域的科学技术有某些优势。第二，企业拥有一种持久的独特竞争优势。进攻型企业必须拥有一种超过对手的、明显的、确定的竞争优势，这种优势可以是成本上的优势，也可以是差异化的能力。第三，能够设立障碍避免对手的报复。进攻型企业必须有一些减弱对手报复的方法和措施，使对手不愿或不能进行报复。

进攻型战略在企业发展的不同阶段有不同的表现形式和类型，有时同一个企业在同一发展阶段也可以采用几种进攻型战略的组合来发展自己。进攻型战略根据不同的进攻分为正面进攻、侧面进攻、包围进攻和迂回进攻等。

（1）正面进攻。正面进攻是指企业利用自己的全部资源从正面向竞争对手发起袭击，其攻击目标是对手的强项而非弱项。企业在实施战略前必须考虑自身的资源优势、成本优势、产品差异优势等，若使用不当，则将给企业带来巨大的损失。企业进行正面进攻可采取的方式包括降低价格、有针对性地进行广告宣传、增加产品的某些特征等，以吸引对手的顾客。

案例：向“魔鬼宣战”

正面进攻的经典案例是AOL反对微软MSN产品一案。1994年，当美国在线（AOL）准备发展Internet业务时，它发现其主要对手是微软。微软正在开发中的MSN将成为在线服务的主要技术。AOL的战术是正面进攻，把微软咄咄逼人的挺进变成自己前进的动力，而不是把它当作阻力。AOL的负责人在公司内外强调微软声称“我们将要主宰这个市场”，对AOL的员工进行宣传时，管理人员尽量把微软“妖魔化”，告诉他们“微软将要扼杀我们”。

正是在这种环境中，AOL员工进行全面备战。公司成立了作战室，以便收集微软的情报。公司的许多员工被指派为“微软观察家”。公司还进行进攻性的模拟演习。在一次会议上，公司的奥德非·韦尔佯装微软已经掠夺了AOL的地位，她将要入职微软并成为MSN在线服务的下一任总裁。当她把AOL的一系列弱点一一挑出来进行批判时，公司职员利昂西斯完全入戏，以为她真的要离开而感到十分愤怒。AOL称这场战役为“微软的越南战争”。

AOL认为，面对来自MSN的威胁，淡化不如强化的好。首先，强化MSN的威胁会引起同行的警惕。其次，如果AOL成功地传出微软将利用它对计算机操作系统的控制来启动MSN的信息，则美国联邦反托拉斯的官员就会对微软感兴趣。

1994年，就在微软向市场介绍MSN时，AOL根据掌握的信息，发起了一次有力的公开进攻，阻挠微软称霸。AOL称微软的MSN必须作为一个独立的服务项目才能销售，而不能和Windows 95捆绑在一起。AOL通过电子邮件等形式让人们了解到MSN可能通过捆绑销售而形成垄断。1995年，司法部对微软进行了反垄断调查。

（2）侧面进攻。这是一种避实就虚、以强克弱的进攻方式。侧面进攻就是集中优势力量进攻对手的弱点，找对手的薄弱环节下手，如市场中被对手忽视的产品或服务领域。1996年，微软拥有办公软件市场85%的份额，但在1997年就失去了领导地位，其原因就是受到了竞争对手的侧面袭击。微软的办公软件没有创新产品作为替代品，这是它的弱点。Lotus和Corel公司一起从产品角度下功夫，开发出新的软件并推向市场，从而削弱了微软的地位。

（3）包围进攻。这一战略指企业从各个方面向对手同时发动进攻，以夺取市场份额。企业只有具备了超强的人力、物力、财力以及技术创新能力，才能采取这种进攻方式，否则会使企业顾此失彼。电子商务的先驱者亚马逊在初涉图书行业时，就对1145家美国传统书店进行了包围进攻。亚马逊使用“宣传、再宣传、打折、再打折”的经营战略十分有效。

（4）迂回进攻。这一进攻方式是指企业绕过竞争对手的势力范围，以避免与其进行直接较量，而向较易进入的市场发动攻击，拓展自己的市场范围。采用迂回进攻战略，不仅可以在新的细分市场中使企业发现创新机会，从而取得第一行动的优势，而且还会改变现有的市场竞争规则，增强自己的核心竞争力，使自己在市场竞争中得到发展。这一战略采取的主要方法有：进入对手尚未察觉但对企业自身始终“游刃有余”的细分市场；通过具有差异性的产品来建立新的市场；采用新一代技术改进现有产品和生产过程等。

2. 经营业务战略

经营业务战略指企业在特定的市场或行业中通过某种手段，使自己具有某种独特的竞争力，从而更好地满足顾客的需要。电子商务企业和传统企业一样有三种经营业务战略可以选择，即成本领先战略、差异化战略和集中化战略。

（1）成本领先战略。成本领先战略就是企业要想办法使自己的产品或服务价格低于竞争对手，从而获得竞争优势。实施这种战略是有条件的，企业要在现代化设备方面进行大量领先投资，采取低价位的进攻策略，利用低成本给企业带来高额边际收益。企业还要建立严格的、以数量目标为基础的成本控制系统和具有结构化、职责分明的组织机构，实施最有效的控制。

成本领先战略可以使企业在进行交易时掌握更大的主动权以抵御购买者讨价还价的能力；可以使企业建立起巨大的生产规模，产生规模经济，形成行业进入障碍，使他人难以进入该行业。但是，这种战略有其危险之处。例如，可能一味追求低成本，企业丧失了预见产品市场变化的能力，导致生产出来的产品即使价格很低，顾客也不喜欢。还有就是生产技术的更新可能使过去的投资变成无效的资源等。电子商务企业面临的竞争主要来自同行传统企业和同行电子商务企业这两个方面。由于固有的成本优势，以及传统企业相比电子商务企业在低成本方面已经占有优势，因此需要考虑更多的是和同行电子商务企业之间的竞争。

（2）差异化战略。差异化战略是指企业通过各种手段使自己的产品或服务与众不同，在顾客看来具有独特性，从而建立竞争优势。差异化战略要求企业有很强的研究和开发能力，以及创造性的洞察能力，要求企业在产品质量和技术方面拥有领先的声望，在研究开发以及市场营销职能部门具有很强的协调性。它能使顾客缺乏与之可比较的选择，降低购买者对价格的敏感，降低顾客讨价还价的能力；能使顾客对本产品或服务产生信赖，使替代品无法在性能或服务上与之竞争。但这种战略也有其不足之处：首先，生产成本可能较高，如果与成本领先者的产品或服务价格相差太大，则顾客可能牺牲差异化的性能、服务或质量，而去购买价位低的产品或服务；其次，差异化可能被竞争对手模仿，以致削弱了差异化产品或服务的优势。在同行业的电子商务竞争中，这一点显得特别重要。例如，在旅游行业中，携程旅行网就是利用先进的电子通信手段，为会员提供快捷灵活、体贴周到和充满个性化的服务来建立独特的竞争力，从而形成自己的品牌。

（3）集中化战略。集中化战略是指只针对有限的细分市场，核心是针对特定的顾客群。它可以分为产品线集中化战略、顾客集中化战略和地区集中化战略。现在已经有很多专业化经营的电子商务企业，如专门经营古玩、邮票、玉器等。电子商务企业通过集中化战略选择了一个细分市场后，还可以考虑是采取低成本战略还是差异化战略，这是它的两种变化形式。

3. 市场合作战略

市场合作战略就是两个或两个以上的企业实体通过合作，将能源、技术、资产等结合在一起，共同使用以求得发展，有利于企业进入新市场、获得新技术，从其他组织、个人甚至竞争对手那里获得所需的技术和人才，并迅速提高竞争能力，占领新市场。一般来说，电子商务企业至少可以寻找以下两种合作对象，即传统企业和相关行业。

（1）与传统企业合作。互联网的精髓在于速度，正是这个速度给电子商务带来了巨大商机，这样的商机是传统企业无法想象的。而传统企业的优势在于业务，它拥有自己的业务流程，拥有自己的客户群，拥有自己的品牌和高质量的业务处理能力，这些也是电子商务企业梦寐以求的。一些新兴的电子商务企业，一般在品牌、知名度和物流渠道上付出了过高的代价，使得在近期内很难有盈利的可能，如果这些企业能取得和传统企业的合作，则既可以获得网上竞争优势，又能够吸收传统企业的竞争优势，从而获得更快的发展。

（2）与相关行业合作。所谓相关行业，是指与自身行业相关的行业，这些行业提供的产品或服务与自己行业的产品或服务能形成很好的互补。例如，网上商城的相关行业有银行业、大型门户网站、电信集团等；旅游电子商务企业的相关行业有娱乐业、银行业、保险业、航空公司和电信集团等。如今已有一大批电子商务企业建立了自己的合作伙伴，如淘宝网和各大物流公司合作；懒财网和华瑞银行达成战略合作协议；携程旅行网与国内外航空公司、电信集团、保险公司等多家相关行业公司取得合作。这些都是电子商务企业为赢得竞争优势实施的与相关行业合作的战略举动。

另外，在与相关行业合作的同时，还要考虑在企业之间建立技术标准联盟。企业之间标准的竞争之所以越来越激烈，是因为技术标准能够获取价值链中的大部分增值。如果电子商务企业之间在技术标准建立上结成联盟，共同开发与制定行业标准，则定能大大提高标准化效率和企业竞争优势。

（3）职能拓展战略。职能拓展战略是指企业可以“向前扩张”和“向后扩张”以求得发展，由电子商务企业本身承担起产品或服务的供应商和面对顾客的职能，通过横向收购、纵向收购、公司业务重组等方式得以实现。例如，航空公司依靠强大的电子商务系统承担起机票零售业务，成立自己的旅行社，从事旅游、租车、宾馆预订等业务。携程旅行网收购北京现代运通订房网络，成为中国最大的宾馆分销商之一；收购北京海岸航空服务公司，建立全国统一的机票预订服务中心；收购上海翠明国际旅行社，扩大自己的规模。当国际电子商务巨头亚马逊在全球有了六个站点时，它就开始考虑第七个全球站点的建设，于是成功地收购了卓越网，通过卓越网获得了中国这一全球最活跃的市场。还有 eBay、当当等一些大型电子商务企业也正在通过收购、合作等方式进行业务整合。这些企业之所以能获得强大的竞争优势，正是因为它们通过电子商务手段实施了职能拓展战略。

除了在业务职能方面的拓展以外，电子商务企业还可以利用网络环境使其他方面的职能得以延伸，从事生产、研发、财务、人事职能等。例如，神华集团为了提高财务人员的工作质量和实现财务管理的规模效益，增强核心竞争力，公司将信息技术和管理融合，构建财务集中管理模式，成功地把财务管理职能拓展到了企业外部前端供应链和后端客户关系的管理。

4. 市场跟进战略

市场跟进者与挑战者不同，它并不想向市场领导者发起进攻并图谋取而代之，只是想维持自己稳定的市场份额，同时因害怕在混战中损失更大而不希望扰乱现有的市场局面，所以，市场跟进者跟随在领导者后面，自觉地维持共处局面。在一些资本密集且产品差异非常不明显的行业，如钢铁、肥料、化工等行业，其产品价格的敏感度很高，如果轻易发动市场争夺战，其结果往往是两败俱伤。在这种情况下，大多数企业采取的行动是效法市场领导者，为获得相对稳定的收益而进行市场追随。采取市场跟随策略，可以避开锋芒，潜心经营。

跟进战略的特点：①跟进战略是一种市场导向型战略，是以盈利为目的，以市场为依托，按市场运行的趋势而自行调整的战略；②实施跟进战略的经营者的前方必有战略先行者，跟进的经营者在某一个方面追随战略先行者；③实施跟进型市场战略的经营者可以是不同类型的经营主体，它们有可能全方位地追随战略先行者，也可能只有少量跟进者；④跟进者在实施跟进型市场战略的同时，可以实施其他战略，如差异化战略和创新战略等，从而形成跟进中有差异或跟进中有创新的情形。

跟进者可以通过模仿获得成功。产品效仿有时和创新一样都能获得成功，因为一种新产品的开发需要进行大量的投资才能获得成功，而跟进者模仿或改良这种产品，虽然不能取代市场主导者的地位，但不需要大量投资也可以获得较高的利润。

微软就曾做过这样的选择。SUN 微系统公司开发了 Java 后，微软意识到了 Java 的重要性，开始研究改进 Java 语言的方法，后来创造出比 Java 性能更好的产品。

跟进战略主要有以下三种方法：①紧密跟进，这种战略是在各个子市场和市场营销组合方面，尽可能地效仿主导者，这种跟进不从根本上侵犯主导者；②选择跟进，这种跟进在某些方面跟进主导者，而在另一些方面各行其是，不是盲目跟进，在跟进的同时也有自己的独创性；③距离跟进，这种跟进者在主要方面，如市场目标、产品创新和价格水平等方面跟进主导者，但仍和主导者保持差异。

5. 市场补缺战略

在市场经济发展中，人们非常关注成功的企业，往往忽略每个行业中存在的小企业，但正是这些不起眼的星星之火，在大企业的夹缝中求得生存且发展后呈现燎原之势，这些小企业就是所谓的市场补缺者。市场补缺者，就是那些精心服务于市场的某些细小部分，而不与主要的企业竞争，只是通过专业化经营来占据有利市场位置的企业。常见的补缺者有：①专门致力于为某类最终用户服务的最终用户专业化；②专门致力于分销渠道中某些层面的垂直层面专业化；③专门为那些被大型企业忽略的小客户服务专业化；④只对一个或几个主要客户服务的特定顾客专业化；⑤专为国内外某一地区或地点服务的地理区域专业化；⑥电子商务中只做某些技术服务的特定技术专业化；⑦专门按客户订单生产预订的产品的客户订单专业化；⑧专门服务于某一类分销渠道的分销渠道专业化。

2.3 电子商务运营平台战略

随着企业的电子商务意识逐步提高，越来越多的企业开始选择电子商务，并力求在控制最小成本的前提下，获得最好的市场回报利润。企业电子商务运营的一个关键问题是选择一个好的模式和电子商务运营平台。

1. 电子商务运营平台的分类

传统企业转型电子商务必须根据公司实际情况做出平台战略选择，是在第三方交易平台开店还是独立建站，或外包给代运营公司。从模式上区分，企业电子商务运营通常可以分为以下两类。

（1）B2B、B2C、C2C、C2B 等第三方电子商务运营平台。B2B 模式是企业对企业的电子商务，即企业与企业之间通过互联网平台进行产品、服务及信息的交换，包括发布供求信息，订货及确认订货，支付过程及票据的签发、传送和接收等。常见的 B2B 平台有阿里巴巴和聪慧网等。

B2C 模式是企业对消费者的电子商务，是我国最早产生的电子商务模式，如今的 B2C 电子商务网站非常多，比较大型的有京东商城、天猫、亚马逊、当当等。企业可以选择在第三方大型 B2C 电子商务平台上开设企业店铺。

C2C 电子商务平台本来是个人对个人的交易，但很多中小企业甚至一些大企业也在淘宝等第三方 C2C 电子商务平台中开设店铺进行运营。

C2B 是一种新兴的消费者对企业的电子商务模式，最先从美国流行起来。C2B 模式的核心是通过聚合分散分布但数量庞大的用户形成一个强大的采购集团，以此来改变 B2C 模式中用户一对一出价的弱势地位，使之享受到以大批发商的价格买单件商品的利益。我国现在应用最广泛的 C2B 网站有大众点评网、美团网（已与大众点评网合并，但二者保留各自的品牌且业务独立运营，包括高频到店业务，同时将加强优势互补和战略协同，推动行业升级）、百度糯米等。

借助第三方平台，如天猫商城提供的技术支持、在线支付、运营辅导、品牌推广及方便的推荐物流，加盟企业只需要支出一定的加盟费用，就能直接面对消费者。在第三方电子商务运营平台开设店铺，投入低、维护方便，成为众多企业开展电子商务运营的首选，但也正是由于平台上大量企业的涌入，使得中小企业的产品信息在平台上的曝光机会与可见度越来越小，因此订单被稀释的现象也越来越严重。由于平台上的企业始终处于消费者的地位，游戏规则掌握在平台运营商手里，运营商会根据市场情况对运营重心不断调整，服务体系也会随之变化，企业在竞争中比较被动，在客户比价中也往往被迫陷入价格竞争，因此，企业选择自建网站运营平台也就提到了日程上。

（2）自建网站运营平台。有的传统企业通过投入资金，招聘业内的技术、运营等专业人才，以自建或外包的形式搭建企业的运营平台，并设立专门的电子商务部门负责网上交易平台的运营。这种模式的优点是网站的所有权和产出盈利都是自己的，能树立企业的良好形象，网站设计更符合企业需要、更加个性化、面向用户更有针对性；但缺点是投入大、产出周期长，且在网站平台的技术和运营推广层面都有较高的要求。

2. 中小企业第三方电子商务平台选择的主要要素

2012 年，我国很多电子商务平台都遇到了极大的冲击，传统的 B2B 和 B2C 模式在当今的商务市场中发展已经太过于单一，竞争也越来越激烈，企业必须综合多种运营平台的优劣势分析，建立起全方位的运营平台战略。企业，特别是中小企业，除有能力的可自建经营网站外，很多均要借助第三方电子商务运营平台。但各种平台数量繁多、良莠不齐，从时间、成本、人力投入等多方面因素考虑，企业必须选择出最适合自己的运营平台，在选择时一般需要注意以下几个要素：

（1）了解平台概况。平台的建立是否具备了一定的发展基础，包括这家公司的发展历史、经营状况和诚信度等，这是需要中小企业去理性分析的一个参考方面。

（2）平台传播效果。一般情况下，该要素直接与平台的品牌知名度有关。

（3）平台服务质量。电子商务平台属于高科技服务行业，主要还是以服务为主。平台能否为入驻企业提供技术支持、在线支付、运营辅导等全方位、高质量的服务，直接影响其运营效果。

（4）后期售后服务。这是消费者群体最关心的问题之一，如平台的监督效果、对投诉的处理效率、相关物流等服务的完善度等。

（5）要因地制宜。选择平台要力求精准、专业和深入，充分考虑市场空间、区位优势和成本预算，先定位于一个点上，再进行全方位扩展。

一方面，我们需要根据实际状况选择适合当代市场发展的平台运营模式；另一方面，选择好平台后，基于该平台的特点制定并使用恰当的运营战略对于电子商务的运营和管理也大有帮助。

2.4 “互联网+”时代下商业模式的重构

2015年政府工作报告中首次提出了制定“互联网+”行动计划，互联网上升为国家发展战略。在这样的背景下，对于处在改革与发展关键期的企业而言，研究如何在“互联网+”时代进行战略创新与转型自然而然也成为一个重要的课题。

当前，我们正经历着从工业化思维向互联网思维的转变。互联网对经济社会发展的一切领域都产生了巨大影响。随着互联网进一步的深入发展，经济全球化、信息社会化、整个社会主题的模式、社会治理的方式、经济运行的方式都发生了革命性的变化，互联网也在促生着各种新的业态。企业的商业模式创新越来越成为经济发展的取胜之道。电子商务与传统实体经济的跨界融合，为互联网环境下商业模式的创新开辟了新格局。电子商务也因此渗透到工业、农业、旅游等不同的领域，正在融入普通老百姓的生活。

互联网为什么能够如此迅速地颠覆传统行业呢？互联网颠覆实质上就是利用高效率来整合低效率，对传统产业核心要素进行再分配，重构生产关系，并以此来提升整体系统的效率。互联网企业通过减少中间环节，减少所有渠道不必要的损耗，减少产品从生产到进入用户手中所需经历的环节来提高效率，从而降低成本。“互联网+”时代下商业模式的重构，即是利用互联网精神（平等、开放、协作、分享）来颠覆和重构整个商业价值链。

因此，对于互联网企业来说，只要抓住传统行业价值链条中的低效或高利润环节，利用互联网工具和互联网思维，重新构建商业价值链，就有机会获得成功。就目前来看，“互联网+”背景下商业模式的重构主要分为以下五种。

1.“工具+社群+商业”模式

互联网的发展，使信息交流越来越便捷，志同道合的人更容易聚在一起，形成社群。同时，互联网将分散的需求聚拢在一个平台上，形成新的共同需求，并形成了规模，解决了重聚的价值。

如今，互联网正在催熟新的商业模式，即“工具+社群+电商/微商”的混合模式。例如，微信最开始就是一个社交工具，先是通过各自工具属性/社交属性/价值内容的核心功能过渡到海量的目标用户，加入了朋友圈点赞与评论等社区功能，继而添加了微信支付、精选商品、电影票、手机话费充值等商业功能，形成“工具+社群+商业”的模式。该类模式以社交工具做流量的入口，但它无法有效沉淀粉丝用户；社群是关系属性，用来沉淀流量；商业是交易属性，用来变现流量价值。三者融合在一起，相辅相成。

2. 长尾型商业模式

长尾概念由克里斯·安德森提出，是指企业从面向大量用户销售少数拳头产品，到销售庞大数量的利基（niche）产品的转变，虽然每种利基产品相对而言只产生小额销售量。利基是指针对企业的优势细分出来的市场，这个市场不大，而且暂时没有得到令人满意的服务。产品推进这个市场要有盈利的基础，如针对性、专业性很强的产品。企业在确定利基市场后往往是用更加专业化的经营来获取最大限度的收益，以此为手段在强大的市场夹缝中寻求自己的出路。

但利基产品销售总额可以与面向大量用户销售少数拳头产品的传统销售媲美。它通过 C2B 实现大规模个性化定制，核心是“多款少量”。所以，长尾模式需要低库存成本和强大的平台，并使得利基产品对于兴趣买家来说容易获得。

例如，ZARA 总部拥有一支 300 人的商业团队，由设计专家、市场分析专家和采购人员组成。该团队始终坚持快速设计，保持与时尚同步。ZARA 利用强大的信息平台采集市场需求信息，“按需设计”节约大量产品的导入时间，降低了产品风险。每年设计的新产品近 40000 款，公司从中选择 10000 多款投放市场。但同时控制各款的数量，在 ZARA 专卖店中，每款衣服的上架时间不超过 3 周，每种款式最多补货一周，两三个星期后未卖出的产品将被运往该国其他专卖店或西班牙本部，以让专卖店始终保持新鲜。ZARA 模式与传统模式的对比如图 2-3 所示。

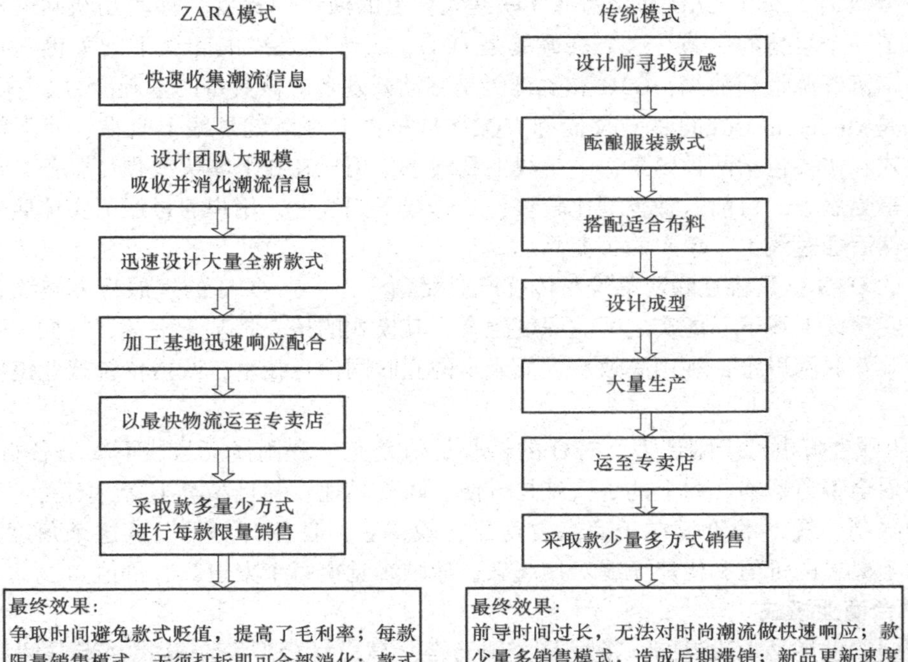

图 2-3　ZARA 模式与传统模式对比

3. 免费商业模式

“互联网+”时代是一个“信息过剩”的时代，也是一个“注意力稀缺”的时代，怎样在“无限的信息”中获取“有限的注意力”，便成为“互联网+”时代的核心命题。注意力稀缺导致众多互联网创业者们开始想尽办法去争夺注意力资源，而互联网产品最重要的就是流量，有了流量才能以此为基础构建自己的商业模式，所以说，互联网经济就是以吸引大众注意力为基础，去创造价值，然后转化成盈利。

免费商业模式指以免费、好的产品吸引到很多的用户，然后再向不同用户提供新的产品或服务，如360安全卫士和QQ用户等。

互联网颠覆传统企业的常用打法就是采用免费商业模式，在传统企业用来赚钱的领域免费，从而彻底把传统企业的客户群带走，继而转化成流量，然后再利用延伸价值链或增值服务来实现盈利。

信息时代的精神领袖克里斯·安德森在《免费：商业的未来》一书中归纳了基于核心服务完全免费的商业模式：一是直接交叉补贴，二是第三方市场，三是免费加收费，四是纯免费。

4. O2O商业模式

2012年9月，腾讯CEO马化腾在互联网大会上的演讲中提到，移动互联网的地理位置信息带来了一个崭新的机遇，这个机遇就是O2O，二维码是线上和线下的关键入口，将后端蕴藏的丰富资源带到前端，O2O和二维码是移动开发者应该具备的基础能力。

O2O是Online to Offline的英文简称。O2O从狭义上理解就是线上交易、线下体验消费的商务模式，主要包括两种场景：一是线上到线下，用户在线上购买或预订服务，再到线下商户实地享受服务，目前这种类型比较多；二是线下到线上，用户通过线下实体店体验并选好商品，然后通过线上下单来购买商品。

广义的O2O就是将互联网思维与传统产业相融合，未来O2O的发展将突破线上和线下的界限，实现线上线下、虚实之间的深度融合，其模式的核心是基于平等、开放、互动、迭代、共享等互联网思维，利用高效率、低成本的互联网信息技术，改造传统产业链中的低效率环节。

1号店联合董事长于刚认为，O2O的核心价值是充分利用线上与线下渠道各自的优势，让顾客实现全渠道购物。线上的价值就是方便、随时随地，并且品类丰富，不受时间、空间和货架的限制。线下的价值在于商品看得见、摸得着，且即时可得。从这个角度看，O2O应该把两个渠道的价值和优势无缝对接起来，让顾客觉得每个渠道都有价值。

5. 平台商业模式

互联网的世界是无边界的，市场是全国乃至全球。平台型商业模式（专题阅读）的核心是打造足够大的平台，产品更为多元化和多样化，更加重视用户体验和产品的闭环设计。

在互联网时代，用户的需求变化越来越快，越来越难以捉摸，单靠企业自身所拥有的资源、人才和能力很难快速满足用户的个性化需求，这就要求打开企业的边界，建立一个更大的商业生态网络来满足用户的个性化需求。互联网平台是开放的，可以整合全球的各种资源，可以让所有的用户参与进来，实现企业和用户之间的零距离。因此，通过互联网平台以最快的速度汇聚资源，满足用户多元化的个性化需求。所以，平台模式的精髓在于打造一个多方共赢互利的生态圈。

但是对于传统企业而言，不要轻易尝试做平台，尤其是中小企业不应该一味地追求大而全或做大平台，而是应该集中自己的优势资源，发现自身产品或服务的独特性，利用互联网瞄住精准的目标用户，围绕产品打造核心用户群，并以此为据点快速地打造一个品牌。

2.5 “互联网 +” 时代下的管理战略

互联网最大的特征之一就是变化与不确定性。对于传统企业来说，移动互联网时代变幻莫测，企业成长周期缩短，环境剧烈变动。互联网颠覆了很多旧的商业模式，同时也颠覆了企业的管理模式。在互联网时代新的竞争环境下，企业必须结合自身资源、流程和传统优势，建立适应电子商务环境的管理模式。“互联网 +” 时代下的管理战略主要有以下几个特点。

1. 战略转型中适度的灰度性

传统企业的互联网战略转型，是一个没有借鉴、没有参考的探索领域，虽然大方向是清晰的，但在实践的过程中，需要不停地摸索和试错，找到每一个阶段新的方向。因此，企业在制定战略决策时，在战略方向范围内设置一个可变化、可调控的弹性空间，留出灰度的区域，以灵活应对市场随时可能出现的各种变化。

在战略转型时所涉及的创新和变革，势必与传统的体系发生冲突，一方面，只有冲突才能转型和发展；另一方面，过度的冲突又容易造成转型中冲突双方互不妥协，最后导致整体失败。因此，在诸多的矛盾和冲突的转型中适度妥协，才能避免过激的冲突影响转型目标的达成，即需要设置黑白之间的灰度区，保持转型中一定的灰度。

2. 高度敏捷化和扁平化的组织结构

在电子商务，特别是移动电子商务时代，我们所面临的外部市场环境具有高度不确定性。这就意味着企业要时刻保持高度的灵活性，贴近消费者，以变应变。但传统企业要想成功转型，以变应变还远远不够，主动变化比应变能力更为重要。高度的敏捷性成为互联网的重要竞争要素。“互联网 +” 背景下企业的敏捷性就是指企业响应市场变化的能力，比竞争对手更加快速把握机会的能力。这已成为互联网企业的重要标准之一。

主动遇见问题、主动解决问题、主动变化，就不会陷入被动。正如马化腾所说，在维护根基、保持和增强核心竞争的同时，企业各个方面的灵活性非常关键，主动变化在一个生态型企业里应该成为常态。

传统企业的特征是改良、完善、规范、效率、稳定，用精益管理和严谨的科层体系在延续性创新上不断成长，而移动互联网时代的市场环境具有高度的不确定性和变化性，企业需要在突破性创新上更加柔性、动态和灵活。以科层为导向的组织结构在急剧变化的移动互联网时代已不适用，企业必须在保持核心竞争力的同时改变组织结构。传统企业组织形式流程过长，难以适应快速变化的市场环境，如某个新的创意需要层层汇报而有可能丧失战略机会。因此，企业必须向扁平化、网络化和轻捷化转变，提高其敏捷性，建立灵活敏捷的组织结构，用按需建立、适时调整的跨领域且高自治的业务单位代替刚性架构、职能单一、依赖集中控制的传统部门。

依赖于这种灵活敏捷的模块化组织，业务单位能够实现自我管理和自组织，这种“轻捷”使组织更加快速灵活，在极具不确定性的环境中具有极强的适应力，可以更加快速灵活地对变化做出反应并极大激发组织成员的创新能力。同时，用先进技术代替低效作业，用战略联盟代替并购来获取资源和能力，保持组织的竞争力和活力，令竞争者难以复制。

3. 鼓励创新和变革的激励机制

互联网时代不仅组织结构发生了重大变化，激励体系也发生了重大的变化。在高度不确定的环境中，企业特别需要具备创新能力和变革能力的人才，需要善于总结教训、不断试错并灵活调整策略的管理者，以及敢于做出决策的领导者。但人永远是企业中最不可控的因素，在这个高度不确定、以颠覆性创新见长、保持灵活性的时代，用钱留住人、用钱砸出业绩的方法不再适用。这已无法支撑移动互联网时代的激励体系变革，真正让大家爱上工作的动力因素是：工作有挑战性、在组织中可以获得认可、责任感以及个人成长。只有当一个企业根据市场的变化和互联网的特征，建立起鼓励创新和变革的组织结构和机制，才能留住员工，发挥员工的工作积极性，推动企业蓬勃发展，也才真正开始了互联网转型。

4. 因趣而生、内外链接的工作社群

互联网时代，个性需求代替了共性需求。互联网上产生了无限的个性化和多样化需求，用户可以在互联网上提出个人需求，希望企业按照自己的意愿进行生产。用户和企业之间能够实时连接、直接对话，两者之间的距离已经无限贴近。消费者不仅希望参与产品的购买和分享环节，也希望介入生产环节。当产品能让消费者随时参与并根据其意愿生产的时候，就需要企业重新构建新的销售渠道、新的生产方式和设计方式，构建一个与消费者直接沟通、交流、互动的平台。当顾客全程参与企业价值链的所有环节时，顾客和企业之间就形成了相互依存的关系。

在企业与顾客通过互联网协作沟通的过程中，不仅了解到消费者的需求，还可以将对某个事业充满热情、对某个工作或产品充满兴趣的人聚合成一个社群。这种以自组织为基础，以自主选择为导向，具有相同兴趣、共同价值取向和共同工作方向的企业内部员工与外部消费者聚合起来的群体，就称为工作社群。带有非正式组织性质的工作社群，实际上代替了传统企业所固有的、典型的自我管理型组织。工作社群是基于互联网精神成立的，以社群成员之间的真诚友善促进社交性，有助于激发士气和团队精神，可发挥社群成员的创造力和创新力，产生跨界效应；因追求共同的目标，所以更有助于促进成员团结并专注于市场环境变化，快速做出反应，促进整个工作群组的绩效上升。通过企业与顾客的共同创造，企业可以更加充分地了解消费者及其消费趋势的变化。从某种程度上来说，消费者已经演变成品牌的创造者。因此，工作社群将消费者转化成为合作伙伴，转化成传统企业互联网化转型的竞争力，实现了与顾客一起协同创新和开放创新。

5. 边界消失、多方共享的生态平台

互联网的本质是连接、开放、协作、分享。随着未来企业的发展，互联网无组织力量、个性化需求、无界的供应链等组成的是一个平台型的商业系统，在这个系统中，内部高度扁平化，层级结构逐渐取消；外部企业边界已经模糊，能够吸收多方知识资源、资金资源、创意资源、设计资源、渠道资源等，各组成方成为利益相关者，广泛进行合作伙伴间横向或纵向的合作，形成了一个生态体系。在生态战略的布局之下，未来考验的不是企业单打独斗的能力，而是与整个生态的协同能力。生态有一个重要的特征，就是相互依存、相互依靠，甚至是相互依赖。理想的生态体系应是结构合理、功能齐全、相对稳定的，生态一旦建立，生态链一旦形成，整个生态就非常团结且会本能地阻挡或延缓下降态势，企业间利用已有的优势，共同提供更好的解决方案。

企业、社会和自然界一样，同样具有生态性。在生态环境中，差异性、多样性、进化性对物种生存是非常重要的。而在互联网时代，要提高企业的生存能力，企业生态组成的差异性、分布的广泛性和进化性也至关重要，具体表现为以下几个方面：

（1）差异性。生态体系允许不同物种相互和谐生存。在企业生态体系中，各企业应产生与众不同的创造力，能够兼容并且有意地保持在经验、价值观、能力结构方面的多元化和多样化，致力于相互兼容、相互跨界，产生不同寻常的想法和创意，生态体系才会健康、有序地可持续发展。

（2）分布的广泛性。由于网络的外部性，参与的企业越多越广泛，网络的价值就越大，用户需求越能得到满足，生态链中每一个参与协作的组织从中获取的收益也越大。因此，合纵连横是未来的重要趋势。当企业的边界消失时，创新的生态系统规模将决定资源的控制和效益，生态中的协同速度决定企业的响应速度。企业如何能最大范围地扩大视野和边界，突破组织的力量，吸收可利用资源，形成协同发展的生态圈，成为互联网化转型的重要方向。企业内部需要为创新一线的人员提供更多的创新工具、允许试错、给予更多的实验时间和空间，更重要的是将创新要素、体系和知识植入整个管理体系的进化和互联网转型之中，让更多、更广泛的人群而非仅技术人员参与创新，让自下而上、广泛分布的创新成为创新的主流力量。

（3）进化性。组织需要保持持续的进化性以能够敏锐察觉环境变化，更新企业的基因。在环境瞬变的互联网时代，传统企业僵化的体系、部门的界限等都将阻碍组织快速决策、灵活应对和提升创造能力。当创新性、创造力、灵活性成为整个管理导向的首要原则时，互联网的精神就被赋予到管理文化之中，企业及整个生态体系才会不断进步和发展。

本章小结

1. 电子商务战略规划过程

规划过程包括：①战略准备；②战略制定；③战略实施；④战略评估。

2. 电子商务运营战略

主要战略：①市场进攻战略；②经营业务战略；③市场合作战略；④市场跟进战略；⑤市场补缺战略。

3. 电子商务运营战略选择

从模式上区分，企业电子商务运营通常可以分为第三方 B2B、B2C、C2C、C2B 等电子商务运营平台和企业自建网站运营平台。

4. “互联网+”时代下商业模式的重构

包括：①“工具+社群+商业”模式；②长尾型商业模式；③免费商业模式；④O2O商业模式；⑤平台商业模式。

5. “互联网+”时代下的管理战略

主要特点：①战略转型中适度的灰度性；②高度敏捷化和扁平化的组织结构；③鼓励创新和变革的激励机制；④因趣而生、内外链接的工作社群；⑤边界消失、多方共享的生态平台。

习题

1. 如果一家小企业想开展电子商务运营，它该如何制定其战略？
2. 简述“互联网+”时代下企业进行电子商务战略转型的几种典型商业模式。
3. “互联网+”时代下企业管理战略的主要特点是什么？
4. 实验与实践：

1）浏览几家在线旅游代理公司（携程、艺龙、去哪儿、途牛等，以及国外旅游网站），比较其中3家公司的经营战略。它们是如何与实体旅游代理公司展开竞争的？

2）亚马逊公司是全球化程度较高的公司，搜集一些它的全球化战略和案例，你从中能学到哪些有用的知识？

参考文献

[1] 王吉斌，彭盾. 互联网+——传统企业的自我颠覆、组织重构、管理进化与互联网转型［M］. 北京：机械工业出版社，2015.

[2] 马克·J. 施尼德詹斯，曹青. 电子商务运营管理［M］. 王强，译. 北京：中国人民大学出版社，2005.

[3] 宋林林. 电子商务网站的推广策略解析［J］. 辽宁经济职业技术学院学报，2011（02）.

[4] 宋小英. 电子商务企业盈利模式和运营策略研究［D］. 青岛：青岛大学，2006.

[5] 卢彦. 互联网+时代，要玩转的六种商业模式［EB/OL］. http://www.siilu.com/20150630/138905.shtml，2015，06，30.

[6] 埃弗雷姆·特班，戴维·金，等. 电子商务——管理与社交网络视角［M］. 时启亮，等译. 北京：机械工业出版社，2014.

[7] 戴夫·查菲. 电子商务管理战略、执行与实务［M］. 甄阜铭，译. 大连：东北财经大学出版社，2011.

第3章

电子商务的盈利模式

本章学习目标

- 盈利的概念及内涵。
- 电子商务常见的盈利模式。
- 电子商务网站的盈利条件。
- 电子商务产品及目标市场。
- 电子商务创业。

案例导入

亚马逊（Amazon）的成功之路

1994年夏天，杰夫·贝佐斯（华尔街上一家投资银行的高级副总裁）了解到互联网用户每年增长2300%，意识到了巨大商机的存在。于是，他从金融服务公司辞职，决定创立一家网上书店。贝佐斯认为书籍是最常见的商品之一，标准化程度高，而且美国书籍市场规模大，十分适合创业，具备开展电子商务网站的基本条件。

在筹措了几百万美元的风险资金后，亚马逊网站于1995年7月正式上线。公司选址在西雅图，贝佐斯选择西雅图并非主观臆断，而是因为西雅图具备一系列条件，为日后业务的开展奠定了坚实的基础。首先，西雅图拥有大量的软件技术人才，可为其网上技术支持和服务提供丰富的人才资源；其次，西雅图毗邻Ingram Micro公司经营的世界上最大的图书仓库，为公司采购货源提供保障；最后，西雅图属华盛顿州，该州对邮购业务所征收的营业税较低，有利于公司降低成本，从而具有价格优势。

为了和美国较大的实体书店Barnes & Noble、Borders竞争，贝佐斯把亚马逊定位成“地球上最大的书店”。为实现此目标，亚马逊采取了大规模扩张策略，以巨额亏损换取营业规模。和Barnes & Noble经过几次交锋，亚马逊通过强大的技术支持、丰富的图书种类、迅速的配送服务，终于在网络销售市场占据了领先地位。

亚马逊成功的关键因素是选择了合适的盈利模式。①巨大的长尾给亚马逊带来超额利润：常规的最大的书店只有几十万本书，亚马逊书店有310万本书，长尾理论挑战传统的20%的重度消费者购买80%产品的营销理论，互联网的低成本让80%的低度消费者成为利润的重要来源。②由低价批发到产品定制：收集用户的购物信息和购物喜好，主动定制产品。③Amazon Kindle电子书平台的搭建，完成卖硬件到内容盈利的模式。Kindle是由Amazon设计和销售的电子书阅读器及软件平台。④转型购物网站：亚马逊拥有1000万用户之后，网上书店成功转型为网络购物平台。1997年5月，亚马逊在美国纳斯达克上市，开始布局商品品类扩张。经过前期的供应和市场宣传，1998年6月亚马逊的音乐商店正式上线，仅一个季度就成为最大的网上音乐产品零售商。到2000年，亚马逊的宣传口号已经改为"最大的网络零售商"。2001年开始，亚马逊把"最以客户为中心的公司"确立为努力的目标，打造以客户为中心的服务型企业为其发展方向。⑤专业云计算服务：亚马逊弹性计算网云（Amazon EC2）、亚马逊简单储存服务（Amazon S3）、亚马逊简单队列服务（Amazon Simple Queue Service）以及Amazon CloudFront等。亚马逊从2001年开始大规模推广第三方开放平台，2006年推出AWS，即云计算服务，以Web服务的形式向企业提供IT基础设施服务，其主要优势之一是能够以根据业务发展来扩展的较低可变成本来替代前期资本基础设施费用。

今天在美国生活，人们几乎可以只跟亚马逊一家公司打交道：在亚马逊网站上购买从牛奶、麦片到割草机、沙发等所有的日用品；用Kindle阅读电子书、报纸、杂志；从亚马逊mp3音乐商店下载歌曲，或通过亚马逊流媒体点播服务观看电影；投资Amazon的股票积累创业资金；购买EC2服务，创办自己的网络公司。

3.1 盈利模式的概念及内涵

盈利模式是企业在市场竞争中逐步形成的企业特有的、赖以盈利的商务结构及其对应的业务结构，是企业的一种获利方式。商务结构主要是指企业外部交易对象、交易内容、交易规模、交易方式、交易渠道等；业务结构指满足商务结构需要的企业内部从事的研发、采购、生产、营销、管理等业务内容。业务结构直接反映的是企业资源配置的效率，商务结构直接反映的是企业资源配置的效益。

从狭义上讲，盈利模式就是企业相对稳定、系统的盈利途径和方式。盈利模式决定任何行业企业的生死，决定企业核心竞争力价值的高低。

不管什么企业，其盈利模式都包括五个基本要素，即利润源、利润点、利润杠杆、利润屏障和利润通道。

（1）利润源。利润源是企业（网站）的目标市场，也是其产品与服务的购买者和使用者群体，顾名思义，是利润实现的源泉。一个企业如果想拥有理想的利润源，则首先要保证其具备一定的规模，其次要对利润源的需求和消费行为有深刻的认识和了解，最后，还应该善于挖掘和创造新的、潜在的利润源。

（2）利润点。利润点是企业（网站）赖以盈利的产品和服务，是实现利润的基础。好的利润点，一要符合目标市场的需求，二要为构成利润源的客户创造价值，并且能够为企业带来利润而不仅仅是收入，利润点反映的是企业的产出。

（3）利润杠杆。利润杠杆是指企业（网站）为了获得利润而进行的产品生产、服务提供、内部管理以及吸引顾客购买等一系列业务与管理活动，这是实现利润最大化的关键。

（4）利润屏障。利润屏障是指企业（网站）为防止竞争者掠夺本企业的利润而采取的防范措施，这是实现利润的必要保障。

（5）利润通道。利润通道是指企业（网站）获得利润的路由与途径，这是利润实现的必经之路。它反映了信息、产品、服务、资金的流向，以及由此连接的企业（网站）实现利润的直接来源。

3.2 电子商务网站常见的盈利模式

电子商务盈利模式是企业如何利用电子商务方式获取利润和降低成本的方式。由开篇案例可以看出，亚马逊的盈利方式多种多样。

第一，在线销售商品。在线销售商品是亚马逊的主要盈利方式，公司成立初期选择图书作为主营产品，取得了极大成功。1998 年增加了音乐和 DVD，标志它首次突破单一的书籍业务。1999 年，又增加了电子产品、玩具、游戏、软件等。至今，亚马逊已经成为一家综合服务提供商。

第二，第三方平台费。亚马逊除了销售自有产品之外，同时构造了一个第三方平台，类似于 C2C 模式中的网上交易平台，提供交易市场。亚马逊充当这样的交易平台，可以为企业发布信息和广告，提供安全方便的交易环节，从中收取手续费。

第三，应用服务。2007 年亚马逊推出第一代 Kindle，2012 年 9 月，亚马逊发布新一代电子书 Kindle Paperwhite。2013 年，在 Brand Keys 针对 54 个品类的 375 个商业品牌的消费者情感投入程度的调研中发现，亚马逊的平板电脑击败了苹果平板电脑。

除数字化图书外，亚马逊推出了弹性计算网云（Amazon EC2）、亚马逊简单储存服务（Amazon S3）、亚马逊简单数据库（Amazon Simple DB）、亚马逊简单队列服务（Amazon Simple Queue Service）、亚马逊灵活支付服务（Amazon FPS）、亚马逊土耳其机器人（Amazon Mechanical Turk）以及 Amazon CloudFront 等网络服务。

亚马逊是典型的 B2C 电子商务网站，对于同一商业模式的电子商务企业，其盈利模式有相似之处。但对于不同的商业模式，其盈利模式也是不同的，下面简单介绍 B2B 和 C2C 电子商务模式的盈利方式。

B2B 电子商务模式是指企业与企业之间通过专用网络或 Internet，进行数据信息的交换和传递，并开展交易活动的商业模式。目前，B2B 电子商务模式包括两种类型，一种是大型企业自建 B2B 网站来开展电子商务活动，企业通过 B2B 站点可以进行企业推广及宣传、网上营销活动开展、网上订购及支付管理、客户管理、业务管理等，如海尔、联想、戴尔等企业。另一种是作为第三方电子商务平台，是目前 B2B 中最常见的。第三方电子商务平台又分为两种类型，一种是综合性平台，指可服务于多个行业与领域的电子商务网站，如阿里巴巴、网盛生意宝、慧聪网、环球资源网、中国供应商等；另一种是行业垂直性平台，指定位于某一特定专业领域的电子商务网站，如中国化工网、中国医药网、中国服装网、中国纺织网、机电之家等。B2B 模式主要是通过广告、搜索、交易、增值服务、线下服务、商务合作等方式盈利。

目前，C2C 模式是企业通过为买卖双方搭建拍卖平台，按比例收取交易费用，或提供平台方便个人在上面开店铺，以会员制的方式收费。由于 C2C 的交易风险更加难以控制，因此合理的交易机制是必需的。例如，eBay 的 PayPal、阿里集团的“支付宝”、腾讯的“财富通”等支付工具以及赔付制度在很大程度上改善了这种购买信任危机，由此也衍生了新的盈利模式。以支付宝为例，其主要盈利来源于交易中的手续费和常驻资金的银行存款利息；另外支付宝为个人用户推出的一项余额增值服务产品——“余额宝”，通过余额宝借助天弘基金销售功能实现盈利。

综上所述，电子商务的盈利模式主要包括：在线销售产品、网络广告、搜索引擎、数字内容、会员制、交易佣金、其他网络服务等。

3.2.1 在线销售产品

在线销售产品盈利模式主要有纯网络型网上商店和传统零售企业网上商店两种类型。前者主要典型代表如亚马逊、当当网、京东商城等；后者主要典型代表如国美网上商城、海尔网上商城等。

在线销售产品盈利模式成功的关键，首先要有合适的产品，如亚马逊和当当网选择图书、京东商城选择 3C 类产品。其次，要有全面的产品目录分类，如亚马逊随着商品门类扩张，已经为消费者提供图书、音乐、影视、手机数码、食品、母婴等 32 大类，上千万种的产品，商品种类齐全，已经成为一家综合商城。第三，要有方便的定购流程，满足客户消费体验。例如，亚马逊通过“货到付款”等多种支付方式，为消费者提供便利、快捷的订购体验。第四，要有完善的售后服务。例如，亚马逊为消费者提供商品推荐、订单跟踪、客服中心（呼叫中心和客户留言）、便利的退换货等完善的售后服务。

3.2.2 网络广告

网络广告就是在网络平台上投放的广告，利用网站上的广告横幅、文本链接、多媒体的方法，在互联网刊登或发布广告，是通过网络传递到互联网用户的一种高科技广告运作方式。网络广告盈利模式是主要依靠网络广告获得收入的盈利方式。以广告为主营收入的网站类型有门户网站（包括行业门户网站）、搜索引擎、报业出版商、分类广告网站、短视频网站、社区网站等网站。

网络广告是电子商务网站盈利比较普遍的方式，其形式繁多，主要有网幅广告（包括 Banner、Button、通栏、竖边、巨幅等）、文本链接广告、电子邮件广告、按钮广告、赞助式广告、与内容相结合的广告、插播式广告、主页型广告和关键字广告等类型。2014 第二季度，我国网络广告市场规模达到 381.5 亿元，同比增长 48.7%，环比增长 29.2%。其中，搜索引擎广告份额居首，为 33.9%，百度占到 77.1%；门户网站之一的网易 2014 年第一季度广告收入达到 2.45 亿元。

移动端的快速增长成为搜索引擎广告上升的重要推动力。移动客户端（特别是新闻类客户端和微博客户端）的广告形式主要包括开机报头、Banner 广告、信息流广告与栏目冠名。

3.2.3 搜索引擎

搜索引擎的主要收益来自其他网络公司和一些希望借搜索引擎推广自己产品的企业。可以概括地说，搜索引擎的收入来自两个方面，一个是技术授权；另一个就是广告收入。而广告收入又分为关键词广告和竞价排名等。搜索引擎的广告不同于各类网页上的传统弹出式广告，基本是文本广告。这些广告让人感觉就是搜索结果的一部分，而不是商家推出的广告，但在不知不觉中，就让用户留下了深刻的印象。

1. 技术授权

由于搜索引擎自身对技术的要求很高，有些公司不愿将巨大的人力物力花费在搜索引擎的研究上。它们可以从一些大的搜索引擎公司买到搜索技术转为己用，这可以为搜索引擎公司带来不小的收益。例如，雅虎、AOL、宝洁等均使用 Google 的搜索技术，Google 按照搜索的次数来收取授权使用费。这种盈利方式主要是在较大门户网站和搜索引擎公司之间进行，虽然发生金额一般较大，但频率一般较低。百度曾经向新浪转让搜索引擎技术，后来双方于 2003 年 4 月结束合作关系。

2. 关键词广告

关键词是目前采用较多的一种盈利方式。在用户向搜索引擎输入需要查询的关键词或主题后，可以得到这些关键词或与主题的各条链接。如果厂商需要，搜索引擎可把和这些关键词或与主题密切相关的介绍性广告也都搜索出来。但为了不影响用户在搜索结果中快速寻找自己想要的结果，这些链接广告一般单独排在网页的右边，用户可以选择性地查看或不查看，不会影响用户使用搜索引擎的效果和心情。经过检验，这种区别于传统广告方式的营销方式具有非常明显的效果，商家产品的广告可以准确地送到它们期待的目标消费者群体。搜索引擎公司则可以根据网络广告的点击量，按照事先约定的单价向厂商收取一定的费用。关键词广告为搜索引擎公司带来经济利益，拓展了搜索引擎公司的盈利模式，也给搜索市场的发展带来了更大的空间。

3. 竞价排名

雅虎子公司于 2000 年首次开始使用竞价排名的收费方式，这种收费方式推出以后很快成为搜索引擎的主流收费模式。竞价排名的主旨思想是根据用户的点击率进行收费，在用户搜索的结果中，排名企业的推广信息优先显示在用户面前，该条广告如果没有被用户点击，则不收取广告费。若被点击，则根据点击的次数来收取费用。在各个相同关键词的广告中，为每次点击支付价格最高的广告会排在第一位，其他位置同样按照广告主自己设定的广告点击价格来决定广告的排名位置。相对于其他收费模式来说，竞价排名按照点击效果付费，厂商的广告费用能够用到刀刃上，厂商可以根据点击情况判断自己产品的受关注程度。传统广告、弹出广告或固定排名等一般收费固定，并且费用较高，一般实力雄厚的大企业才会运用这种方式，因此这种根据点击率收费的方式受到各层次厂商尤其是中小企业的青睐。但是，竞价排名在给网站带来收益的同时，也引发了突出的社会问题，让搜索引擎面临更多的法律争议，应谨慎对待。我国也在积极研究相应的法律法规，予以引导和规范。

4. 网络实名

第一代上网方式是用 IP 地址上网，第二代上网方式是用域名上网，网络实名现被称为第三代中文上网方式。这种上网方式就是各种机构可以将本机构的名称、品牌、产品等注册为网络实名，也就是相关的中文名称。用户以后想要进入该机构的网站无须记忆复杂的域名网址，直接在搜索引擎窗口或浏览器地址栏中输入已经注册的中文网络实名，即可进入网站。如用户需要进入天津大学的网站，以前需要输入 http：//www. tju. edu. cn /，而现在只需直接输入天津大学即可。通过这种方式搜索出来的不是有关的网络链接，而是直接将指定的网页打开，搜索引擎公司可以为用户提供这种查询服务。这种服务的好处是跨过了显示网络链接的中间环节，方便用户直接进入该机构的网页，可以带动访问量，这时搜索引擎公司主要是靠出售网络实名来盈利。网络实名与网络广告等传统互联网营销模式相比，网络实名的查找指向性更强，能方便用户有目的地查找相关商业信息。网络实名尽管面向几乎所有的互联网用户，但营销成本只有网络广告的几十分之一，甚至几百分之一。

3.2.4 数字内容

数字内容是指以互联网技术为核心，将图像、文字、声音、影像等内容运用数字化处理技术进行整合和运用的产品或服务，包括新闻、报刊、图书、软件、游戏、动漫、音乐等。数字内容盈利模式的网站以数字内容为主要收入来源。

数字内容提供多种盈利方式，其中，内容和版权盈利是数字内容产业最根本也是最原始的盈利模式。内容和版权盈利模式指在数字内容产业中，主要依靠所生产的数字内容产品对外版权收费和内容产品使用收费的盈利模式。主要表现为数字内容（视频、音频、电子文字、图片）的版权使用以及以数字化内容组合而成产品的对外销售服务模式，如超星数字图书馆、中国知网、佐罗网等。

然而，数字娱乐是对相关产业带动最广、增长最快、发展潜力最大的一种盈利方式。数字娱乐指以动漫、卡通、网络游戏等基于数字技术的娱乐产品。数字娱乐是涉及移动内容、互联网、游戏、动画、影音、数字出版和数字化教育培训等多个领域。例如，腾讯 2014 年第一季度财报显示，总收入 184 亿，其中网络游戏收入达到 103. 87 亿；网易在 2014 年第一季度财报显示，总收入 25. 19 亿元，网络游戏收入更是达到 21. 56 亿元，约占总收入的 85. 6%。

移动数字内容也成为一种新的趋势，用户对娱乐内容在移动设备上的消费迅猛攀升。中国游戏产业报告的数据显示，2014 年 1 ~6 月，中国游戏市场实际销售收入达 496. 2 亿元，其中，客户端游戏收入 255. 7 亿元，移动游戏收入 125. 2 亿元，跃居第二，网页游戏贡献 91. 8 亿，位居第三。

3.2.5 会员制

会员制收费模式是指包括网上店铺出租、公司认证、产品信息推荐等多种服务组合而成的套餐式增值服务，它一般适用于提供企业之间交易平台的 B2B 电子商务网站，其典型代表网站是阿里巴巴。

阿里巴巴现有业务的95%以上收入来自会员制收费模式，包括国际网站以中国外贸企业为服务目标的“中国供应商”会员和中文网站以国内内贸企业为服务目标的“诚信通”会员。“中国供应商”年费2万~6万元，服务范围包括第三方认证、阿里巴巴商铺、优先名、买家信息独享、到国外参加各种展会、客户培训等服务。

会员制收费模式竞争对手主要来自于B2B电子商务模式，此类模式的收费较稳定。会员制收费模式必须根据客户的需要不断完善服务的内容。会员制服务可以把网站的各种增值服务打包销售，服务对象可以包括大大小小所有企业。

3.2.6 交易佣金

交易佣金盈利是指企业通过支持一个交易活动来收取相关费用，费用根据所处理交易的数量或规模来确定。网站作为新的中介形式，对交易相关信息进行整理和过滤，帮助交易双方完成网上交易，其业务主要包括旅行服务、汽车销售、证券交易、在线订票、在线银行、拍卖等。

交易佣金模式的关键成功因素主要有三点：其一，完善的交易平台；其二，专业的服务支持；其三，安全、便捷的在线支付系统。以携程网为例，携程是中国领先的在线旅行服务公司，是将有资质的酒店、机票代理机构、旅行社提供的旅游服务信息汇集于互联网平台供用户查阅的互联网信息服务提供商，主要以通过向酒店、航空公司、保险公司收取代理费；向VIP会员收取会员费和酒店机票预定保险等代理费；向广告主收取广告推广费等方式盈利。

3.2.7 其他网络服务

互联网的发展不能缺少的是网络服务，如企业网站建设、域名注册、服务器虚拟主机租用服务、网站推广服务、搜索引擎优化、网站运营咨询服务等。既然互联网已经成为经济体系和生活的重要组成部分，那么就会需要一大批的互联网服务提供商。

3.3 电子商务盈利的条件

电子商务的运营和盈利要考虑的因素很多，包括商务网站建设、推广、销售的产品、竞争对手情况、营销水平、网站成熟度、网站规模、客户服务、人力资源等。总而言之，电子商务盈利需要具备五个基本条件：第一，合适的产品；第二，网站功能定位明确；第三，有目标流量；第四，高转化率；第五，良好的客户关系。

3.3.1 合适的产品

产品既包括通常意义上的产品，也包括服务等，合适的产品是一切的基础。所谓合适，即产品或服务要适合网络销售，产品的质量要过硬。虽然网站推广一般并不与客户见面，但网站要以合适的产品和服务为基础。例如，B2C零售，首先，网络零售的产品需要便于运输，即体积不宜过大，不宜过重，不容易损坏或变质；其次，商品的货值不能过低，如果货值低于运费，则这种商品的利润空间就非常小，不利于盈利，最好商品的价格在大部分人的信用卡额度之内，因为消费者在网上完成支付需要使用信用卡，所以这个价位的商品要便于消费者直接网上支付；最后，还要判断消费者从当地购买和网上购买的区别，消费者在当地买不到的产品或虽然能够买到但是价格很昂贵的产品更有利于进行网上零售。

随着 Web 2.0 网站，微博、微信等移动社会化网络的快速发展，网上负面新闻传播范围广且速度快，一点小事就可能毁了一个网站，所以，保证产品质量就显得更加重要。以京东商城为例，京东商城是中国 B2C 市场最大的 3C 网购专业平台之一，是中国电子商务领域最受消费者欢迎和最具影响力的电子商务网站之一。京东商城之所以成功，其很大一部分归因于它的产品，京东商城承诺所有的商品都是正品，且可以享受到与传统店面一样的售后服务，在为用户创造价值的同时，自己也获得了巨大的成功。

3.3.2 网站功能定位明确

商务网站建设的好坏，直接关系企业实施电子商务能否成功，能否为企业带来价值和利益。网站不仅代表着企业的网上品牌形象，同时也是开展网络营销的根据地，网站实现的功能对网络营销的效果有直接影响，网站功能定位不明确、不准确是许多网站失败的主要原因。因此，对企业网站功能准确定位是网站建设中要解决的首要问题。

网站功能定位必须在动手建立网站之前的网站策划阶段就确定下来，不能走一步看一步。网站目标要非常明确，具有可操作性。针对电子商务网站，购物引导性的网站设计是让网站亲和消费者和提高商家销售的核心。购物引导性网站设计就是按照潜在消费者的购物习惯，引导消费者一步步在网站上展开购物的网站设计思路。这种思路会应用到网站建设的各个方面，集中体现在网站的购物流程中。对于面向营销的网站来说，如果吸引潜在客户，则如何使其能按照预先设想的道路，从主页到需求的产品页面，再到支付页面，直至最后交易的结束页面，其中每一步都是不容出错的。

但有的网站并不一定适合让用户直接在网站上购买商品，例如，如果网站销售的产品是软件，则很可能网站目标不是试图让浏览者直接购买，而是吸引不同的浏览者下载免费试用软件，最后的销售达成通过软件本身的易用性及强大的功能说服用户，试用软件有效期结束后以适当方式提醒免费用户升级为付费版本，或付费才能继续使用。

观察一下腾讯网站就会清楚，如图 3-1 所示。网站的目标是尽快让用户下载 QQ，其他一切都是在浏览者已经变成 QQ 用户之后才有意义的，才能进一步达成。不下载 QQ 软件，QQ 号、网络形象秀、广告都无从谈起，商业活动都以软件本身为载体。

另外，还有些网站是为了辅助实体店的营销活动，网站本身并不能产生任何交易。有实体店的企业，如服装、玩具、餐厅等，线下和网上直接销售并不矛盾，但也很有可能企业纯粹是由于某种原因选择建设网站来辅助实体商店，如网站定位促使用户拿起电话，询问实体商店的具体地址和营业时间等。再进一步考虑，在网站上提供折扣券，浏览者在网上打印折扣券，可以到实体店使用，如肯德基餐厅（见图 3-2）。

不管网站功能定位如何，网站作为电子商务的窗口和工具，其重要性就像一个成功人士需要合适的、有品位的衣装一样，要具备最起码的专业形象。首先，商务网站应通过文字、图案、颜色甚至声音等媒介充分展示产品或服务的特色，让用户能在最短的时间内抓住企业所要传递给目标消费者的核心思想。例如，百度主要提供搜索引擎功能，界面简洁，空白的

图 3-1　腾讯网站

图 3-2　肯德基网上折扣券

一张网页中集中凸显检索文本框以吸引用户注意。考虑用户视觉信息接收量的大小，消除用户视觉疲惫冲击，以简约设计取胜，如图 3-3 所示。

图 3-3　百度首页

其次，处理好信息服务与在线销售的关系。网络和电子商务的最大优势在于信息的传递，可以在企业网站上提供丰富的相关产品信息、专业知识介绍和售前/售后服务。

3.3.3 有目标流量

网站流量是网络营销人员最熟悉的部分。有了网站流量，就有潜在用户，就有销售的机会。得到网站流量的方法很多，网站要得到的不是泛泛的流量，而是目标流量，即吸引与网站相关的人群，该人群寻找网站销售的产品，想了解网站上提供的信息，或想通过网站产品解决遇到的问题。

只有目标流量才能给网站带来利润。网上有一些方法可以带来大量非目标流量，如优化一些与网站不相关但热门的关键词，购买强迫式的弹出广告，甚至使用流氓插件等。但是这样的方式反而会给用户带来负面影响，如一个正在看世界杯新闻的用户，突然弹出一个窗口，强迫这个用户打开一个卖儿童玩具的网站，这位用户会在该网站购买任何东西吗？90%的可能性是增加这个用户对该网站的厌恶。这样的网站流量没有任何意义。

3.3.4 高转化率

提高网站转化率就是要卖出网站的产品。潜在用户访问站点，只是给了站点一个机会。该网站必须能够充当一个最好的销售员，用各种方式说服用户购买。在某种意义上来说，网站卖出东西，是打赢了一场心理战。

提高网站转化率需要考虑的因素非常多，包括精确设定网站目标、考虑网站的实用性和易用性、以网络营销为导向设计网站风格和网站文案写作、尽量提高用户的信任度、引导用户行为、优化购物流程等。

3.3.5 良好的客户关系

电子商务盈利的另一个主要因素是建立“以客户为中心”的服务理念。客户是企业赖以生存的基础，客户关系的好坏与企业的生存密切相关。作为电子商务网站来说，提供优质服务、让客户满意是建立良好客户关系的重要前提。

在今天的消费市场中，顾客需求多样化、个性化的特征，要求电子商务企业都能对这些变化做出及时快速的反应，这也是立足于市场与发展的必要条件。同时，企业之间的竞争在很大程度上是客户资源的竞争，谁能把握住客户的需求，并以最快的速度做出响应，谁就能吸引新客户、保持老客户，从而在竞争中取胜。由于市场的激烈竞争使得许多商品的品质区别越来越小，产品的同质化倾向也越来越强，这种商品的同质化结果，使得品质不再是顾客消费选择的主要标准，越来越多的顾客更加看重的是商家能为其提供何种服务，以及服务的质量和及时程度。为了保持企业持续、稳定、健康的发展，企业网站必须注重提高自身的服务质量，增进与顾客的沟通，树立良好的服务形象和品牌形象，加强企业的竞争能力。

3.4 电子商务产品的类型与选择

对在传统商务条件下盈利的产品，如果是简单地、不加选择地移植到电子商务中，那么能盈利吗？回答是否定的。对“什么东西可以在网上销售”“网上能卖出什么样的东西”进行思考和研究，选择出适合由电子商务企业来经营的产品，重新确定电子商务产品的内容是很重要的。

产品的整体概念可分为五个层次：

① 核心利益层次，即产品能够提供给消费者的基本效用或益处，是消费者真正想要购买的基本效用或益处。

② 有形产品层次，即产品在市场上出现时的具体物质形态，主要表现在品质、特征、式样、商标、包装等方面，是核心利益的物质载体。

③ 期望产品层次。在电子商务中，顾客作为主导地位，消费呈现出个性化的特征，不同消费者可能对产品的要求不一样，因此产品的设计和开发必须满足顾客这种个性化消费需求。

④ 延伸产品层次，即顾客购买有形产品和期望产品时，附带获得的各种利益的总和，包括产品说明书、保证、安装、维修、送货、技术培训等。

⑤ 潜在产品层次，即在延伸产品层次之外，由企业提供能满足顾客潜在需求的产品层次。它主要是产品的一种增值服务，与延伸产品的主要区别是，顾客没有潜在产品层次仍然可以很好地使用需要的产品的核心利益和服务。

电子商务大多是以 Internet 作为营销渠道的，那么 Internet 具有的随时性、全球性、数字化、网络外部特性、交互性、多媒体、整合性等特征，使得符合这些特征的产品更适合通过电子商务销售。一般而言，适合在电子商务平台销售的产品通常具有以下特点。

1. 相对标准化的产品

现在很多产品几乎都是通过电子商务来销售了，互联网发展得越来越快，而且普及到各行各业。但是，相对来说，标准化的产品更适合电子商务。首先，便于宣传，如华为的某一款手机，康佳的某一款电视，这些产品都是可以标准化的，且经过长期的宣传，本身厂家已经积累起了较好的口碑，这类产品在消费者心中知名度较高。其次，适合标配，退货率较低。

标准化适合电子商务，其实这是一个争论比较多的话题。标准化有标准化的好处，但在享受它带来的福利的同时也要付出高昂的代价。其中，最直接的代价就是标准化导致竞争太激烈。例如，和京东、亚马逊等大企业相比，如果价格没优势，信用没优势，物流又跟不上，那么还是留不住消费者。

2. 价格区间定位合理的产品

产品本身价值不宜过高或过低。合理的产品适合做电子商务，价格太低的，没必要在网上买。价格太高的产品，消费者大多不信任，或选择去实体店买，即使在网上买也会选择几个做得比较大的商家，而不会选择一个刚创业的商家。

产品定价策略一般采用低价位定价。互联网作为信息传递工具，在发展初期是采用共享和免费策略发展而来的，网上用户比较认同网上产品的低廉特性。此外，由于通过互联网进行销售的成本低于其他渠道的产品，因此在网上销售产品一般采用低价位定价。

3. 产品要适合物流

首先，物流是电子商务的一个瓶颈。其次，贵重物品不适合做物流。贵重物品一直是电子商务行业物流的短板，贵重物品需要交高保费，这是大多数企业和消费者都不能承受的。尽管几家大的物流公司也在尝试在部分地区做贵重物品的实验，但大多数地区快递公司不做贵重物品的业务。

4. 电子媒介产品

电子商务的销售成本很大一部分是花在产品的制造、运输、库存上的费用，如果这些费用能够降低甚至消除，那么整个网站的利润率将大大提高。电子形式产品包括电子书、软件、游戏、线上服务平台、数据库、付费会员网站、音视频教程、点卡、电话卡、联署网站、付费电子杂志等。这些电子媒介形式的产品或服务，一旦研制成功，复制及运输成本为零。而且整个销售过程可以完全自动化，不必人工做任何事，是最适合在网上销售的。很多这类产品在线下销售都不太可能，只有在互联网出现后才迅速普及，成为很多网络营销高手的首选。

5. 网上热卖的产品

网上热卖的产品表明了两个现象。其一，别人正在卖的产品，说明一定有不错的销路，不然其他网店经营者和站长不会开设和维持网站，持续销售这类产品。其二，已经热卖的产品，说明消费者已经克服了网上购买这类产品的心理障碍，其他网站卖类似产品时对消费者来说是多了一个选择，而不必考虑是否安全等问题。

研究热卖产品的渠道，就是访问京东、亚马逊、当当、淘宝、易趣、阿里巴巴等大型电子商务网站，这些网站通常都会列出最热销产品。例如，当当网的热销榜，就列出每月每年度各类图书最热销的书目。

没有在热销榜中的产品也都可以自由查看有多少网店在销售、哪些产品人气最旺、问的问题最多、促销活动有多少、销售量如何等信息。虽然说网络营销需要创意，但也需要寻找利基产品，但是模仿其他已经成功的盈利方式是最安全可靠的。

找到已经热销的产品，并不意味着就应该卖同样的产品或在同样的地方去卖。这些热销产品只是提供一个大致方向，还应该尽量挖掘相似或同样类型但有特色的产品，并且以自己特有的方式进行销售。

6. 重复购买的产品

有些产品或服务大体上是一次性的，如数码相机、电视等。有些产品是可持续性的，也就是说，客户要持续消费，只要成功向客户推销一次，接下来可能会从这里消费数年，如收费会员网站、打印机耗材、虚拟主机服务等。

很多产品并不是明显需要多次消费的，但是却可能把一个偶然进入网站的用户发展成为不断购买的忠诚用户，如服装、化妆品、母婴产品都是很容易多次购买的产品。数据也表明，这类电子商务网站盈利的主力确实就是回头客。要想持续发展，不仅要有吸引流量的能力，更要有黏住客户的能力。尽量寻找可持续的产品，发展一个客户的成本比维护一个老客户要高得多，一个客户能持续购买，利润率和客户终身价值将极大提高。

7. 易被关注的品牌和式样

在网络营销中，生产商与经营商的品牌同样重要，一方面要在网络上浩如烟海的信息中获得浏览者的注意，必须拥有明确、醒目的品牌；另一方面，由于网上购买者可以面对很多选择，同时网上的销售无法进行购物体验，因此，购买者对品牌比较关注。

通过互联网对全世界国家和地区进行营销的产品要符合该国家或地区的风俗习惯、宗教信仰和教育水平。同时，由于网上消费者的个性化需求，网络营销产品的式样还必须满足购买者的个性化需求。

3.5　电子商务目标市场

3.5.1　确定目标市场

运行一个电子商务网站，首先要找出目标市场，然后再考虑产品。很多企业和个人站长最容易犯的错误就是，研发或找到一种自己觉得不错的产品，然后再去市场上征求意见、试销。这种产品有可能是研发部门技术人员的灵感，也有可能是企业领导觉得某产品应该受欢迎。但实际上是不是用户所需要的产品呢？只有等产品开发出来，才能拿到市场上检验，有的时候结果是失败的。

如何一个小企业或个人想运行电子商务网站，应该先找出目标市场，再开发产品。如果产品是目标市场人群一直在主动寻找的，那么销售的阻力就会小得多。为什么网上卖赚钱窍门、减肥美容等产品非常多，而且销量及利润率都很高，因为大家都对财富、健康、仪表有需求。

考虑销售什么产品，首先要抹去对任何产品的偏好，不要假设某一个产品肯定会受到欢迎，更不要无缘无故地就爱上自己的产品。虽然是自己的心血，但别人的想法可能不一样。

其次，要从自己的兴趣出发，到论坛、贴吧、微博里看看爱好相同的人都在讨论什么？他们有什么需要？有什么困难？有什么焦虑？哪些问题问得最多？把这些问题都记下来，然后问问自己：我能帮他们解决这些问题吗？如果能，是通过某种产品吗？这样找到一个最有前途的产品。

例如，Corey Rudl 是个赛车爱好者，经常浏览关于汽车的论坛和新闻，他发现很多人都在问去哪儿买奔驰车上的那个标牌？想买这个标牌的人还真不少，不过卖车的公司又不屑于卖这小东西，所以还不好买。Corey Rudl 就建了一个只有一两页的网站，专门卖这个标牌。货源其实很简单，直接找奔驰美国分公司就行了。他直接在车主们聚集的论坛发帖子营销，利润在每个月 1 万美元以上。

最后，具体研发产品。生产产品可能仅靠小企业或个人的能力不行，但在这个时代，确定目标市场难，找到某种产品并不难。大部分情况下，在某个地方有某个企业，就在生产你想要的这种产品。那么你要做的就是挖出这种产品，然后提供给需要这种产品的人群，来解决他们遇到的问题。

3.5.2 发现用户真正需求

新可乐的例子中有意思的地方是，可口可乐公司在研发之前进行了市场调研，询问消费者是否对一种口感更好的可乐感兴趣。大部分被调查者回答说会对新可乐感兴趣，会适应新的可口可乐，愿意尝试新的可口可乐，只有10%左右的顾客对新口味可乐不乐观。

这与Corey Rudl市场调研方法的区别是，可口可乐做的是直接问用户是否会对新产品感兴趣，这就是问题所在。谁不对新东西感兴趣呢？尤其是当新可乐被描述为更好喝时，谁又会拒绝呢？但用户不会对自己的言论负责任。调查时表示会对新口味感兴趣，但最后产品推出，大部分人还是选择了旧可乐。

而Corey Rudl的调研方式则稍有不同，他并没有问用户需不需要奔驰车的标牌，而是调查用户自己在主动寻找什么、用户自己有什么一直存在的困难和烦恼。这种主动的表达才是最真实的需要。真要问奔驰车主需不需要标牌，恐怕大部分都说不需要，因为他们的标牌还没被偷呢。

很多用户并不知道自己需要什么；有的用户以为自己需要某件东西，但其实不需要；有的用户需要解决一个问题，但却想使用错误的方法和产品。

苹果公司是另一个经常引领大众需求，而不是盲目听从用户意见的公司。在研发Mac计算机时，苹果公司的创始人乔布斯走进会议室，把一本电话簿往桌子上一扔，对设计师们说：我要一个这样的机器。在苹果个人计算机推到市场之前，用户压根不知道自己需要个人计算机，更不知道计算机竟然可以做成电话簿那么小。那时候的人还以为计算机至少得像大衣柜那么大。

有的时候，用户需求隐藏得更深。例如，一个用户要买电钻，也许他要解决的问题只是想在墙上钻个洞，然后打个钉子挂东西。要解决这个问题很可能不需要使用电钻，而只需要一个能粘在墙上的强力贴而已。所以要摸清用户真正的需求，直接问用户想要什么有时候并不准确，用户的回答可能会误导至错误的方向。

研究用户面临需要解决的问题或正在寻找的产品，常用的方法是到网上搜索，在返回的搜索结果中能看到各种各样的需求，如果能从中找到重复出现的产品，并且能满足这个需求，那么就确定了网站应该开发什么样的产品。

3.6 电子商务创业分析与建议

党的二十大报告指出，完善促进创业带动就业的保障制度，支持和规范发展新就业形态。近年来我国电子商务发展迅猛，不仅创造了新的消费需求，引出了越来越多的盈利模式，开辟了盈利新渠道，而且为大众创业、万众创新提供了新空间。在“互联网+”时代背景下，电子商务正加速与制造业融合，推动服务业转型升级，催生新兴业态，成为提供公共产品、公共服务的新力量，以及经济发展新的原动力。

电子商务创业区别于传统创业，存在很多不确定因素，面临着很大压力和挑战。因此，电子商务创业前要认真思考、反复评估、考虑成熟后再行动。要明确创业的目的，自身是否具备创业者应有的能力与素质，是否能够承担创业风险，是否具备创业成功的核心资源以及明显优势的条件等。简而言之，电子商务创业的关键要素包括创业团队组建、创业项目选择和风险控制等。

3.6.1　创业团队组建

创业过程中，团队和人才是创业成败的核心要素。电子商务创业能否成功的关键性因素在于创业团队的综合实力，一个优秀的创业团队是创业成功的保障。创业活动的复杂性，决定了所有事务不可能由创业者个人包揽，要通过组建分工明确的创业团队来完成，创业团队的优劣，基本决定了创业能否成功。成功的创业者是以正确的创业理念来指导创业活动和组建创业团队的，创业理念决定着创业团队的性质、宗旨和获取创业的回报，并且关系到创业的目标和行为准则，共同的创业理念是组建团队的一个基本准则。

创业团队是由创业团队的领导者所组建的，创业团队领导者是创业团队的核心，创业团队领导者将那些具有共同创业理念、志同道合的团队成员联合起来，为共同的创业目标而奋斗。在创业团队中，团队的领导者是至关重要的，他必须有创业者的胸怀和品质，有素养和能力来组建团队和发挥团队的作用，并在创业过程中，随时做好团队成员间的协调工作，使团队的整体水平不断提高。创业团队领导者应对团队不同成员的个性、知识、技能和能力进行有效的整合，以保持团队的竞争优势。作为创业团队成员，应该具备创业者的特征和技能，如工作积极主动、有明确的目标；不满足于现状，有责任感；善于接受新事物，勇于变革和敢于承担责任等。同时，还应该注意创业团队成员的性别、技能、专业的互补，以便形成合力。

对于一个创业团队而言，应具备经营管理人才、网络营销人才、软件开发人才和业务经验人才。

1. 经营管理人才

一般要领导者自己来担任，不仅要做一个领导者还要做一个管理者，甚至在很多情况下做一个“万金油”的角色，哪里有需要就要跑到哪里去。对于经验较少的创业者，虚心地学习是必需的。通过项目的开展，一定要大量地学习各个方面的知识和经验，并且与团队中各行各业的专业人员展开持续不断地沟通，扮演沟通者的角色和知识传播者的角色是团队领导者必然的结果。作为一个领导者，需要在团队中树立道德权威和专业权威，同时还必须懂得协调好人际关系。在前期非正规的管理中，有两条很实用的管理经验可以借鉴：首先管理就是管得合理，要考虑到人情世故和规矩准则；其次就是细节决定成败，盯住每一个细节，跟踪发展状况，做到发现问题随时调整。

2. 网络营销人才

一家公司的核心竞争力主要体现在营销实力和产品研发实力这两个方面，互联网上的公司也一样，只是营销更侧重于网络营销方面。网络营销比线下营销有更多技术方面的要求，所以网络营销的人才也更专业。寻找网络营销方面的人才不是很容易，尤其在中国，有经验的网络营销人才非常稀缺，这类人才一般应该有网站 SEO 的经验、关键词广告投放经验和其他网络营销方式的操作经验。做过一种网络营销方法的人才都比较难找，更不用说有综合性经验和能够组织营销策划的人才了。而且网络营销也需要团队来开展，所以实力有限的企业最好的方式还是与专业的网络营销公司来合作或聘请专业的顾问。

3. 软件开发人才

网络商业项目会用到大量的软件，软件开发人才是必不可少的，这种人才如果开发过电子商务网站则更好。软件开发可以借用很多的现有的资源，如 PHP 技术方面有大量的开源系统，可以以此为基础，这样可以减轻绝大部分的工作量。软件开发的专业性也决定了找专业的软件公司是一个比较好的选择。还需要提醒的是，软件开发一定要贴合自己的业务，这就需要团队里的业务人员和软件开发者深入地全程配合。

4. 业务经验的人才

所经营的产品有非常多专业知识的需求，围绕产品各个方面的知识是网上销售的重要配合。例如，在网上销售珠宝类的产品，就需要提供珠宝的鉴别，珠宝的背景、收藏和使用注意事项等方面的资料作为网站的内容和客户服务的准备。将更了解产品的人与网络营销方面的人相结合能够发现非常多的、新的、有效的推广思路，这不论是对项目的初期推广还是对以后的持续发展都是必不可少的。

3.6.2 创业项目选择

创业项目的选择是市场分析的结果，通过市场分析，说明创业项目市场前景广阔，能够发挥创业团队的优势，值得创业团队为之而奋斗。针对具体的创业项目，可以从宏观方面即宏观环境、行业竞争，以及微观方面，即创业项目和创业团队本身的内在条件进行分析研究，提炼出对于电子商务创业的有利因素和不利因素，进而把握全局，进行决策。电子商务可以应用于国内外贸易、金融、证券、旅游、广告、新闻出版等各个领域，发展潜力巨大。

电子商务创业选择的项目主要有两种：①建立个人网站，建立个人网站需要极大的勇气，并且要有独特的创意；②开网上商店，在网上开店主要有两种模式，一是建立自己的商品网站，二是借助于大型的、成熟的网络平台，如淘宝、当当、亚马逊等。

选择一个好的适合创业团队的创业项目，是创业成功的关键。要考虑创业团队各个成员的专业背景、社会背景、成长环境，以及一切可以利用的资源，充分发挥各自的优势。如学技术的，可以侧重于技术方面；学经济管理的，可以侧重于市场营销方面；具有独特资源的，可以对其资源进行分析整合，实现其市场价值。创业项目的选择要充分考虑宏观的电子商务环境，如国家在电子商务方面的法律法规、互联网的发展程度、网民的数量与结构、电子支付的方便程度、网络安全及物流的支持力度。而对于具体项目，还要考虑项目执行地的实际情况，如当地的网络环境、信息安全、网民的支付水平等，创业项目的选择必须获得外在环境的支撑。

3.6.3 风险控制

创业团队在经营管理创业项目过程中将不可避免地遇到各种风险，如果处理不当，则任何风险对创业都有可能是致命的打击。风险不同于危险，在创业过程中大多是基于投机风险的决策问题，是可以通过风险管理进行规避的，将风险降低到可能的最低限度。按照风险的来源可以分为技术风险、内部风险和外部风险三个方面。技术风险是指相关产品科学技术难度以及模仿性；内部风险是指在内部管理和财务方面可能存在的风险；外部风险主要来自同行业市场的竞争、国家的产业政策、自然灾害以及相关法律和政策等。而对于大学生电子商务创业项目，其创业风险同样有市场风险、财务风险、技术风险等。

（1）市场风险。由于电子商务创业资金门槛低，进入容易，因此大量的创业者已经进入了这个领域。一些传统企业也纷纷上网，将市场扩展到网络中，这使新进入者面临巨大的竞争压力。根据波特的五种竞争力量模型分析，创业者不但要面对已有竞争对手的威胁，还要面对新加入者的威胁，消费者讨价还价能力的威胁，供应商要价能力的威胁，还有潜在竞争对手的威胁。并且电子商务创业不但要面临同类网站的竞争，还要面对传统市场的竞争。针对创业的市场风险，可以通过市场调研、了解消费者需求、加大网站推广力度和品牌推广力度、增加增值服务、不断总结经验、重视市场调查在市场营销中的地位等手段，来尽可能地规避市场风险。

（2）财务风险。任何公司在创业的时候都会存在资金短缺的问题，如何有效地利用资金，采用何种融资的方式和手段，这对于创业团队都十分重要。财务风险是指创业企业在经营管理过程中，由于其所需要的资金不能够适时供应，以支持企业正常运行，从而导致创业失败的可能性。创业的资金来源可以分为自筹、贷款、股权投资和各种风险投资。无论何种资金来源，资金都有成本，需要付出代价，并且资金的供给也是有限度的。创业者都可能面对资金短缺的现实，面对资金链断裂的危险。要想规避创业过程中的财务风险，必须做好财务的收入和支出的短期及长期预算，建立和完善财务制度，同时创业者必须时刻关注现金流，以及预算的现金流和现实的现金流之间的差异，一旦发现问题，要及时采取弥补措施。

（3）技术风险。电子商务创业面临的技术风险主要来自网络环境和交易安全方面。网络环境风险指服务器遭受到黑客的袭击；网络中的信息系统受到攻击后无法恢复正常运行；网络软件常常被人篡改或破坏；网络中存储或传递的数据常常未经授权被篡改、增删、复制或使用等。交易安全风险是指很多消费者担心网上购物的风险，交了钱不给东西怎么办；网络支付时银行卡密码会不会被盗；拿到手的东西跟网上看到的东西是不是一样；个人信息的保密程度等问题。此外，现阶段，电子合同、在线支付、商品交付等问题虽有了初步的法律规范，但还没有做到全面的法律保护，个人隐私权保护、欺诈等问题困扰着消费者，使之不敢大胆地在网上购物。要想有效规避技术风险，可以将电子商务网站的软硬件进行升级，建立完善的风险监控和跟踪系统，并制订风险防范计划，甚至可以考虑将网站安全服务外包给第三方可信的互联网安全公司。

3.6.4　内部创业

在创业者中，有几种成功的类型：自己从零开始独立创业成功者、有技术与他人合作成功者，以及在企业内部创业成功者。

一个创业者比较好的选择就是有计划与策略地进入一家成功公司，先取得老板的信任，再找准机会，建议老板从公司发展的角度投资新项目，这样创业的机会就有了，作为项目的提出者，自然会被老板赋予重任。很多企业都会有发展新项目的需要，如果冒昧地找人投资，则合作机会不会太多，关键是一个信任感的问题，萍水相逢，人家为什么要信任？国内企业管理控制乏力，企业用人时，对忠诚度的在意，甚至超过对能力的重视。

从企业内部创业，有很多有利条件：雄厚资本实力的支持、管理的指导、综合资源的共享、业务资源的利用、品牌形象借助等，如果创业公司的业务与母体公司的业务有延续性或关联性，则创业起来更容易成功。

本章小结

1. 盈利模式的概念及内涵

1）盈利：有两个意思，一是指扣除成本获得的利润；二是指经营所得。

2）盈利模式的概念及内涵：盈利模式是企业在市场竞争中逐步形成的企业特有的赖以盈利的商务结构及其对应的业务结构，是企业的一种获利方式。盈利模式包括五个基本要素，即利润源、利润点、利润杠杆、利润屏障和利润通道。

2. 电子商务网站常见的盈利模式

（1）在线销售产品

（2）网络广告

（3）搜索引擎

（4）数字内容

（5）会员制

（6）交易佣金

（7）网络服务

3. 电子商务网站盈利的条件

（1）合适的产品

（2）网站功能定位明确

（3）有目标流量

（4）转化率高

（5）优质服务

4. 电子商务产品的类型与选择

（1）相对标准化的产品

（2）价格区间定位合理的产品

（3）产品要适合物流

（4）电子媒介产品

（5）网上热卖的产品

（6）重复购买的产品

（7）易被关注的品牌和式样

5. 电子商务目标市场

（1）确定目标市场

（2）发现用户真正需求

6. 电子商务创业分析与建议

1）创业团队：对于一个创业团队而言，应具备经营管理人才、网络营销人才、软件开发人才和业务经验人才。

2）创业项目：电子商务创业选择的项目主要有两种：①建立个人网站；②开网上商店。

3）风险控制：创业风险主要有市场风险、财务风险、技术风险等。

4）内部创业：企业内部创业的有利条件包括雄厚资本实力的支持、管理的指导、综合资源的共享、业务资源的利用、品牌形象借助等。

习 题

1. 电子商务的盈利模式主要有哪几种？
2. 商务网站盈利应具备哪些条件？
3. 电子商务创业前应该具备哪些资源？请举例说明。
4. 电子商务产品应具备哪些特征？
5. 列举几种常见的网络广告。
6. 实验与实践：

比较京东、天猫、易购三个网站的产品特点，并进行目标市场和价格策略的分析等。

参考文献

[1] 崔立标. 电子商务运营实务［M］. 北京：人民邮电出版社，2013.

[2] 戴建中. 电子商务概论［M］. 2 版. 北京：清华大学出版社，2012.

[3] 昝辉 Zac. 网络营销实战密码：策略、技巧、案例［M］. 北京：电子工业出版社，2013.

[4] 丁奕盛. 网络营销实战解析［M］. 北京：电子工业出版社，2015.

[5] 程大为. 电子商务概论［M］. 北京：中国财政经济出版社，2015.

第4章 网络营销

本章学习目标

- 网络营销的概念。
- 网络营销与传统营销的比较。
- 网络营销的职能和方法。
- 搜索引擎营销与优化。
- 搜索引擎优化的误区。

案例导入

大数据浪潮来袭　搜索引擎该如何变身?

2013年中国互联网大会上，大数据、云计算成为嘉宾讨论的热点话题。在专家发布一系列相关数据之后，更加证实了一点，大数据时代浪潮已经来袭，并深入到生活的各个领域，正在悄然间改变人们的生活习惯。

中国互联网协会理事长邬贺铨在演讲中提到，2012年和2013年互联网产生的流量，等于有史以来产生的数据量总和，换而言之，两年等于一万年。如此庞大的信息数据是一把双刃剑，一方面用户流量的信息更加丰富，但另一方面搜索精准的信息却变得困难起来，这对于搜索引擎而言将是一个挑战。大数据浪潮下，搜索引擎该如何变身成为新的课题。

在当前模式下，在搜索框中输入一个关键词，可以得到数百万甚至更多的结果，但是真正有价值的信息只集中在前几页，甚至是首页，这样许多信息就成了没有价值的内容。反过来思考，用户需要如此多的搜索结果吗？搜索引擎是不是应该考虑一下用户的真正需求在哪里，这样才能对症下药。

例如，搜索“苹果”这个关键词，不同年龄的用户对于“苹果”的理解就不同。10岁儿童首先想到的是水果，20多岁的年轻人想到的是苹果电子产品，用户的出发点是不同的。而在搜索引擎提供的结果里，几乎全是苹果电子产品的信息。

其实，搜索引擎在当前的环境中，应该融入更多其他互联网元素，如社交功能、电商功能、提示功能等，这样才能满足用户的不同搜索需求。在大数据环境下，其中有许多内容来自于社交类网站、电商网站等，这些也将是搜索结果的组成部分。

同时，大数据结构下，搜索引擎结果的呈现需要做出改变，不应该再是传统列表的展现方式，应由新的方式来代替。

据悉，搜索引擎行业已经有企业率先做出了改变。中搜推出了第三代搜索引擎，颠覆了传统的搜索引擎模式，在搜索结果中融入人工智慧，用户既是参与者又是分享者。改变更明显的是展现方式，第三代搜索采用的是门户式呈现方式，既有常规的新闻、图片、网页，还有微博、团购、投票等内容，让用户在一个结果中找到所有想要的内容。

智能化是未来搜索引擎的一大特征，能够分析和判断用户行为，并给出准确的判断。同样是搜索“苹果”，第三代搜索会给出水果、电子产品、服装、游戏等不同类型的判断，用户可单击进入相应结果，浏览更精确的结果。同时，第三代搜索还会根据关键词提供相关联的内容，这恰是知识分享的特征体现。

其实，搜索引擎的“变身”归根结底是技术创新，大数据时代下让搜索创新的步伐变得更为迫切，这也是搜索引擎的必然趋势。不过，如何变身？向什么方向变身？还有待时间来验证。

（资料来源：http：//www. chinabyte. com）

4.1 网络营销的发展

电子商务产品要进入市场，电子商务运营的第一件事情就是营销。

营销一直是商业运营活动的一个重要组成部分。营销的目的就是要吸引更多的客户并保持他们。传统的市场营销使用多种手段，包括定价、广告、渠道选择等。网络出现后，进入了营销的新时代，新的工具被添加到营销手段中，市场划分越来越细，营销理念越来越新。

4.1.1 营销的概念

营销（Marketing）的定义很多，西方学者 J. E. Mccarthy 于 1960 年对市场营销下了定义，市场营销是“企业经营活动的职责，它将产品及劳务从生产者直接引向消费者或使用者，以便满足顾客需求及实现公司利润”，这个定义指出了满足顾客需求及实现企业盈利成为公司的经营目标。

美国市场营销协会对市场营销的定义影响最为广泛，该协会认为市场营销是对构思、产品及服务进行设计、定价、促销及分销的计划与实施的过程，其目的是产生满足个人和组织目标的交换。这个定义的特点是：①产品概念扩大了，它不仅包括产品或劳务，还包括思想；②强调了交换过程；③突出了市场营销计划的制订与实施。我们认为美国市场营销协会的定义比较准确。

总之，市场营销是一种企业经营活动，是企业有目的、有意识的行为。满足和引导消费者的需求是市场营销活动的出发点和中心。

4.1.2 网络营销的概念

网络营销这一概念的产生是以互联网（Internet）的发展为基础的，伴随着互联网的不断发展壮大，基于 Internet 的应用也在不断增多。网络营销是借助互联网络、信息通信技术和数字交互式媒体来实现营销目的的活动。网络营销通过 Internet 等电子手段促进产品、服务及思想（知识）的交换，以实现买卖双方的目标，从而建立并维护客户关系。这一定义包括以下拓展含义：

第一，网络营销是一个过程。网络营销是确立企业战略、营造市场机会、阐明销售方略、摸清客户情况、设计营销计划、评估销售业绩等一系列活动的持续过程。

第二，建立并维护客户关系。营销的目的是建立并产生持久的客户关系。本书第 6 章会专门讲述客户关系管理，是本节的拓展。

第三，网络营销要满足消费者的需求。这种需求不仅包括产品效用的满足，而且包括价值需求；这种需求不仅包括消费者现在的需求，也包括未来潜在的需求。

第四，具有“技术”的特点。网络营销具有传统营销的特点，但更多的营销活动依赖于网络在线执行。利用网络为基础的信息技术，包括利用 Web 技术的网站建设、搜索引擎、电子邮件、链接、数据库、数据仓库和数据挖掘、多媒体技术、虚拟现实技术等，为企业和市场提供了以前无法达到和想象的获得信息和处理信息的技术能力。因此，面对新的营销环境，应该充分利用新的营销手段。

第五，网络营销是通过互联网进行信息交换的，它具有许多网络带来的新特点，如空间的虚拟性、全球性、时间无限制性、信息沟通的互动性和廉价性等。它可以实现无店面销售，可以二十四小时经营和进行信息沟通等。因此，网络营销要特别注意和研究这些网络技术和特性对交易的影响。

第六，实现企业的目的。网络营销不仅要满足消费者的需求，也要满足企业的目的，包括企业的利润目的。网络营销是一个双向价值的创造过程，客户获得比其付出价格更高的价值，而企业则支付低于交易的价格，实现利润。

4.1.3 网络营销与传统营销的比较

从本质上说，网络营销是营销的一部分，但它与传统营销相比，仍有很多不同，具体有以下几点。

1）网络营销具有传统营销无法比拟的优势。它不只是那些有实力的大企业才可以利用的营销方式，中小企业也可以利用网络营销发掘商机，进行商业活动，把小企业做大。

2）网络营销的互动性极强，有助于实现企业的全程目标。在互联网环境下，企业，尤其是中小企业可以通过电子布告栏（BBS）和电子邮件等方式，与消费者进行双向互动式的沟通，让他们参与产品的设计、生产、推广等，提高消费者的参与性和积极性。同时，企业可以了解全世界同类产品的相关信息，实现了以较低的成本在营销全过程中收集到消费者即时的信息。

3）网络营销的一个突出特点是网络消费者个性化趋势日益突出。同传统营销相比，网络营销更加关注消费者的变化，把握消费者的需求。网络为消费者充分体现个性化提供了平台。消费者通过网络可以更广泛地选择商品和服务，或向企业直接提出自己的要求。企业也可以通过网络及时了解最终用户的需求，使企业能更好地掌握最终客户的需求信息，能为客户提供个性化的服务。网络缩短了企业与消费者之间的时空距离，从而能制订更有效的营销策略，更好地满足顾客的需要。

4）网络营销使购物过程更加容易和理智。在传统营销中，企业向顾客传递商品的信息是一种单向的传播沟通手段。而网络营销使消费者通过网络非常方便地了解自己想知道的任何有关商品和企业的信息，足不出户便可获取丰富的商品信息，极大地改变了传统市场中信息不对称造成的消费者处于劣势的境况。消费者可以从容地对各种商品进行比较，选择合适的产品和满意的服务。

5）网络营销有利于降低企业的成本费用，增强竞争优势。对企业而言，运用网络营销手段，一方面可以降低企业的采购成本，另一方面也可以降低营销成本。很多网络营销公司依赖于网络直销模式或借助于第三方网络平台的营销模式。

4.1.4 传统营销理论与网络营销理论

1. “4Ps”营销理论

20世纪后半叶，“以产品为中心”的市场营销策略主导着企业的销售与服务运作，企业以自身为出发点来面对外部的市场环境，围绕着产品（Product）、价格（Price）、地点（Place）、促销（Promotion）——“4Ps”进行营销管理。

2. “4Cs”营销理论

进入网络时代，尽管这些传统要素仍然有效，但已不足以支撑和应对网络经济时代的竞争，因为今天的竞争已变成为争夺消费者对网站的忠诚。对网站的忠诚度是网络经济时代市场营销最主要的目标。美国学者罗伯特·劳朋特（Robert · Lauterborn）教授在1990年提出了“4Cs”营销理论。它以消费者需求为导向，重新设定了市场营销组合的四个基本要素，即顾客（Customer）、成本（Cost）、便利（Convenience）和沟通（Communication）。它强调企业首先应该把追求顾客满意放在第一位，其次是努力降低顾客的购买成本，然后要充分注意到顾客在购买过程中的便利性，而不是从企业的角度来决定销售渠道策略，最后还应以消费者为中心实施有效的营销沟通。

（1）Customer（顾客）。Customer（顾客）主要是指顾客的需求。企业必须先了解和研究顾客，根据顾客的需求来提供产品。同时，企业提供的不仅仅是产品和服务，更重要的是由此产生的客户价值（Customer Value）。

（2）Cost（成本）。Cost（成本）不单是企业的生产成本，或者说4P中的Price（价格），它还包括顾客的购买成本，同时也意味着产品定价的理想情况，应该是既低于顾客的心理价格，又能够让企业有所盈利。此外，这中间的顾客购买成本不仅包括其货币支出，还包括其为此耗费的时间、体力和精力消耗，以及购买风险。

（3）Convenience（便利）。Convenience（便利），即为顾客提供最大的购物和使用便利。“4Cs”营销理论强调企业在制定分销策略时，要更多地考虑顾客的方便，而不是企业自己方便。要通过好的售前、售中和售后服务来让顾客在购物的同时，也享受到便利。便利是客户价值不可或缺的一部分。

（4）Communication（沟通）。Communication（沟通）则被用以取代4P中对应的Promotion（促销）。4Cs 营销理论认为，企业应通过同顾客进行积极有效的双向沟通，建立基于共同利益的新型企业/顾客关系。这不再是企业单向的促销和劝导顾客，而是在双方的沟通中找到能同时实现各自目标的通途。

4.2 网络营销的职能和主要方法

4.2.1 网络营销的职能

开展网络营销的意义就在于充分发挥各种职能，让电子商务运营的整体效益最大化。网络营销的职能是通过各种方法来实现的。网络营销的各个职能之间并非是相互独立的，同一个职能可能需要多种方法的共同作用。下面介绍网络营销的几种主要职能。

1. 树立品牌

网络营销的重要任务之一就是在互联网上建立并推广企业的品牌。知名企业的网下品牌可以在网上得以延伸，一般企业则可以通过互联网快速树立品牌形象，并提升企业整体形象。网络品牌建设是以企业网站建设为基础，通过一系列的推广措施，达到顾客和公众对企业的认知和认可。在一定程度上说，网络品牌的价值甚至高于通过网络获得的直接收益。

网络品牌是在传统品牌的基础上发展起来的。传统的品牌对于企业来说就是企业的品牌在消费者心中树立的形象。一个好品牌的客户影响是深入人心的，在此基础上将品牌延伸到网络产品，如网站名称、网址域名、网站标志（Logo）等。在网络用户心目中树立的形象就是网络品牌，这个定义是狭义的定义。广义的网络品牌定义是：一个企业、个人或组织在网络上建立的特定产品或服务在人们心目中树立的形象。那么，如何建设网络品牌呢？

第一，网站建设是网络营销的基础，也是网络品牌建设和推广的基础。在网站中有许多可以展示和传播品牌的机会，如网站上的标识、网页上的内部网络广告、网站上的介绍和新闻等有关内容。搜索引擎常被作为网站推广和产品促销的主要手段。

第二，利用网络广告进行品牌营销。网络广告在网络品牌推广方面具有针对性和灵活性的特点，可以根据营销策略需要设计和投放相应的广告，如根据新年、情人节、购物节等不同节日设计相关的形象广告，并采用多种表现形式投放于不同的网络媒体。利用网络广告开展品牌推广可以是长期的计划，也可以是短期的推广。

第三，渗透性营销对于网络品牌推广同样有效。例如，借助于有趣的微信链接使网友主动相互传播，达到品牌传播的目的。除此之外，常见的渗透性营销的信息载体还有免费电子邮箱、电子书、节日电子贺卡、在线优惠券、免费软件、在线聊天工具等。

第四，建立网络营销导向的网络社区。网络社区营销不仅是指建立论坛、聊天室等网络社区，也可以是企业在微信上建立的公众号。通过二维码推广等方式吸引大量粉丝关注企业公众号，这样不仅可以向粉丝定时传播产品或服务信息，还可以实现与粉丝互动，消费者之间也能相互交流经验，这时网络社区对网络品牌的价值就表现出来了。当然，建立网络社区要有合理的经营管理方式，一个吸引用户关注和参与的网络社区才具有网络营销价值。

2. 网上调研

市场调研是网络营销的重要内容和基本职能。企业一般通过在线调查表或电子邮件等方式完成网上市场调研。根据市场调查的结果，企业才能提出解决问题的建议，作为营销决策的依据。例如，企业可以在网上展示尚未试制的虚拟产品，利用网络互动的特性，请消费者参与设计，提出自己的要求并可开展订购，从而减少新产品样本开发的费用和风险。

相对于传统方式，网络调研突破了时空的限制，更加便捷、经济、实时和客观，同时兼具可检验性和可控性。

网络调研一般要经历确定网络调研问题和调研目标、确定网络调研对象和调研方法、进行信息收集、整理和分析、提出研究报告等步骤，为企业开展数据库营销和智能营销等提供数据基础。采用的方法主要有网络问卷法、专题讨论法、网络观察法、在线实践法，这四种方法均采用直接向网络用户收集信息的调研活动，也可以称为直接调研法。另外，还可利用网络环境中的二手信息资料进行间接调研，不直接与信息收集对象发生正面接触，完全从第三方的立场收集信息，因而具有较高的客观性，如利用搜索引擎查找资料、访问网站收集信息、利用网络数据库收集信息等。

3. 信息发布和销售促进

网站是一种信息载体，通过网站发布信息，将一定的信息传递给目标人群，包括顾客、潜在顾客、媒体、合作伙伴、竞争者等，这是网络营销的主要方法和基本职能之一。为实现有效的信息发布，企业需抢占优良的网址并加强网站宣传、精心策划网站结构、维护网站。相对于其他功能来说，网站推广显得更为迫切和重要，网站所有功能的发挥都要以一定的访问量为基础。

营销的基本目的是为增加销售提供帮助，网络营销也不例外。大部分网络营销方法都直接或间接地与促进销售有关，但促进销售并不限于促进网上销售，事实上，网络营销在很多情况下对于促进网下销售也十分有价值。

4. 网络消费者分析

Internet 用户作为一个特殊群体，它有着与传统市场群体截然不同的特性，因此要开展有效的网络营销活动必须深入了解网上用户群体的需求特征、购买动机和购买行为模式。Internet 作为信息沟通工具，正成为许多兴趣爱好趋同的群体聚集交流的地方，并且形成一个特征鲜明的网上虚拟社区。了解这些虚拟社区的群体特征和偏好是进行网上消费者行为分析的关键。

确定和找到适当的消费群体或目标市场是企业营销成功的前提。网上用户作为一个特殊的消费群体在购买需求动机、购买心理动机、购买行为方式、购买过程等方面与传统市场上的消费群体在特征上有着明显的区别。因此，有效的网络营销活动必须深入了解网上用户群体的需求特征、购买动机和购买行为方式，找到正确的消费市场并做好客户关系管理。

5. 网络营销策略制定

不同的企业在市场中处于不同的地位。在采取网络营销实现企业营销目标时，必须采取与企业相适应的营销策略。

企业的营销活动是从确定向目标市场提供产品和服务开始的。产品是市场营销组合中最重要的因素。作为网上产品和服务营销，必须结合网络特点重新考虑产品的设计、开发、包装和品牌推广策略，根据网上消费者的总体特征确定最适合于在网络上销售的产品和服务，在网上充分展示产品的性能、特点、品质、使用说明等，并针对消费者的个性化需求开展一对一的营销服务。

适当的价格策略是企业赢得竞争的重要手段。网络固有的全球性、信息公开和低交易成本等特点使消费者对产品和价格充分了解，因此电子商务定价必须从实际出发，分析目标用户的支付能力、比哪些竞争对手的产品更有价格优势、采取什么样的促销活动、多长时间内实现目标等，并根据企业战略目标把握好利润空间，适度控价。

渠道建设也是营销策略的重要组成部分。所谓营销渠道，是指产品从生产者转移到消费者或使用者所经过的途径。互联网将企业和消费者直接连在一起，使渠道更加简单和多功能化。渠道的选择可以是直销方式或中介的多层次的网上营销渠道，如 Dell 的直销计算机模式、阿里巴巴的网络中介模式等。

促销是企业为了激发顾客的购买欲望，扩大产品销售而进行的一种宣传工作。Internet 作为一种信息双向沟通渠道，最大的优势是可以实现双方沟通，突破时空限制直接进行交流，而且简单、高效、费用低廉。通常采取的方式有网上折价促销、网上变相折价促销、网上赠品促销、网上抽奖促销、积分促销、网上联合促销等。

4.2.2 网络营销的主要方法

网络营销需借助一定的方式来实现。随着移动互联网、智能设备等的发展，各种新的网络营销方法层出不穷。本书只介绍几种主要方法。

1. 网络广告

网络广告作为最重要的促销工具之一，目前得到迅猛发展。它作为新型媒体，同传统的报纸杂志、无线广播和电视等相比具有交互性和直接性。网络广告是网上开展促销活动最有效的沟通渠道之一。

传统广告是基于印象的联想型劝诱机制，通过反复的感官冲击使受众留下印象。传统广告与消费者的交互作用较弱，其广告效果的测试也是比较困难的。网络广告的沟通方式不是传统促销中“推”的形式而是“拉”的形式，不是传统的“强势”营销而是“软”营销。网络广告主要基于信息的理性说服机制，通过提供海量信息、信息展现、信息比较，使消费者更易做出理性的判断。同时，网络广告是一种即时交互式广告，它的营销效果是可以测试的，在一定程度上克服了传统广告效果测试的困难。

企业发布网络广告，一般有以下几种方式：

1）按钮型广告（Button）。这是网络广告中最早和最常见的方式。通常是一个链接着公司的主页或站点的公司标志，并注明“Click Me”，希望网络浏览者主动点击。

2）旗帜型广告（Banner）。网络媒体在自己网站的页面中分割出一定大小的一个个画面来发布广告，因像一面旗帜，故称旗帜广告。旗帜广告允许客户用极简练的语言和图片介绍企业的产品或宣传企业的形象。

3）移动广告（Mobile）。这是一种为改变旗帜广告比较呆板的缺点而出现的新广告形式。该广告是一种可以在屏幕上移动的小型图片，当用户单击该图片时，该广告会自动扩大到全屏。

4）主页广告（Homepage）。企业将所要发布的信息内容分门别类地制作成主页，放置在网络服务商的站点或企业自己建立的站点上。主页广告可以详细地介绍企业信息。

5）分类广告（Classifieds）。它类似于报纸杂志中的分类广告，是一种专门提供广告信息服务的站点，在站点中提供按产品或企业等可以分别检索的深度广告信息。这种形式的广告向那些想了解广告信息的访问者提供了一种快捷、有效的途径。

2. 广告联盟营销

广告联盟营销，也称为网络联盟营销，是指商家（又称广告主，在网上销售或宣传自己产品和服务的厂商）利用专业联盟营销机构提供的网站联盟服务拓展其线上及线下业务，扩大销售空间和销售渠道，并按照营销实际效果支付费用的新型网络营销模式。网络广告联盟包括三要素：广告主、联盟会员和联盟营销平台。

广告联盟营销主要有两类形式。一类是靠中小会员站来发布广告的，如搜狗、百度、雅虎等广告联盟，多数都属于这一类。联盟自己本身没有广告发布网站，依靠在数量庞大的中小网站展示广告并且产生点击来挣取佣金。另外一类就是大型门户站的广告联盟，如新浪竞价，他们的广告发布都是在新浪站上进行发布的，广告联盟下面没有中小网站。

1）按照用户指定行为的不同，广告联盟营销主要分成三种付费方式：

① 按点击量付费（Pay Per Click）。用户只要单击联盟链接，广告商就要支付一定数额的佣金。一般广告商把按点击量收费作为联盟营销的辅助手段。

② 按引导付费（Pay Per Lead）。用户单击联盟链接来到广告商网站后，需要完成某个引导行为，如注册用户账号、下载试用软件等。这里的引导行为通常都是免费的，不需要用户付费购买。

③ 按销售付费（Pay Per Sale）。用户单击联盟链接来到广告商网站后，需要完成购买并产生销售额，广告商才按商定的金额支付佣金。按销售付费是最常见的联盟计划营销付费方式。

2）广告联盟营销的主要优势有以下几点：

① 双赢局面。对于广告主，这种“按效果付费”的营销方式意味着他们只需要在对方真正带来了“生意”才付钱，而且客户的每一个点击行为和在线活动都可以被管理软件记录下来，从而更清楚地了解广告费用的用途；而对于脸书会员，只要有访问量，他们不需要有自己的产品就能产生利润。

② 更广的网络覆盖面以及品牌强化。如果广告主的网站在百度搜索结果中的排名较低，而联盟会员网站却可能在排名较高的位置中占据了很高比例，那么，广告主无须特别对自身网站进行网站优化就可直接凭借自己在联盟会员网站上的链接和旗帜广告吸引目标市场的大部分潜在用户，这对于提高访问量和强化品牌是非常有效的。

③ 可计算的结果。强大的联盟营销管理平台具有跟踪记录、分析记录，并使用这些记录分析来为产品开发和营销策略提供科学决策依据的功能。由于通过这种方式可以基本上解决网站访问量的问题，因此商家可以集中精力放到产品开发、客户服务以及销售渠道上面，

从而大大提高工作效率。

④ 额外的增值服务。提供中间联盟营销管理平台的服务商可以为广告双方提供许多额外的增值服务，包括有价值的市场营销报告和广告主在联盟营销平台上的业绩报告。中间服务商还可以为网站促销活动提供策划及运作、E-mail 营销支持、与联盟网站进行交流及宣传活动等支持服务，以提高广告主的营销活动效果。

3）使用广告联盟营销最主要的方式是使用第三方联盟计划服务，一般步骤如下：

① 广告商注册及管理。网站在第三方联盟平台注册信息。

② 链接管理。广告商可以在后台上传自己的广告旗帜、图标、推荐的广告语等，也可以在后台上传自己的产品数据库。

③ 跟踪。联盟计划平台会跟踪用户的行为。

④ 统计。广告商的统计报表包括各个联署网站的点击率、引导或销售数字及转化率、佣金数额等；联盟会员网站站长的统计报表包括所有站长参加的广告商联署计划列表、点击率、显示率、转化率、佣金数额等。

⑤ 付费。广告商按指定付费方式付费。

⑥ 推广联盟计划。积极推广广告商的联署计划。

3. 电子邮件营销

电子邮件营销是互联网上最早出现的商业活动之一。电子邮件营销是网络营销信息传递的有效方式，也是主要的顾客服务手段之一。电子邮件营销（E-mail 营销）是指通过电子邮件的方式向目标用户传递有价值信息的一种网络营销手段。电子邮件营销的定义中强调了三个基本因素：基于用户许可、通过电子邮件传递信息、信息对用户是有价值的。三个因素缺少一个，都不能称之为有效的电子邮件营销。

（1）电子邮件营销的主要优势有：

1）范围广。随着国际互联网的迅猛发展，全球网民总数已经超过 28 亿。面对如此巨大的用户群，只要企业拥有足够多的电子邮件地址，就可以在很短的时间内向数千万目标用户发布广告信息，营销范围可以是中国全境乃至全球。

2）成本低廉。电子邮件营销是一种低成本的营销方式，所有的费用支出就是上网费，成本比传统广告形式要低得多。

3）应用范围广。广告的内容不受限制，适合各行各业。因为广告的载体就是电子邮件，所以具有信息量大、保存期长的特点。电子邮件具有长期的宣传效果，而且收藏和传阅简单方便。

4）针对性强、反馈率高。电子邮件是点对点的传播，可以实现非常有针对性、高精准的传播，如针对某一特点的人群发送特定邮件，也可以根据需要按行业和地域等进行分类，然后针对目标客户进行邮件群发，使宣传一步到位。

5）实现连续推销。电子邮件营销可以使网站营销人员与邮件订阅者保持长期联系，实现连续沟通。以这种方式建立的强烈信任和品牌价值是很少有其他网络营销方式能够达到的。网站有任何新产品，或有打折促销活动，都能及时传达给长期订户，销售转化率也比随机来到网站的用户高得多。

(2) 开展电子邮件营销的一般过程。开展电子邮件营销的过程，就是将有关营销信息通过电子邮件的方式传递给用户的过程。为了将信息发送到目标用户电子邮件，首先应该明确向哪些用户发送信息，发送什么信息，以及如何发送信息。开展电子邮件营销一般要经历下列几个主要步骤：

1）制订电子邮件营销计划，分析目前所拥有的电子邮件营销资源，如果公司本身拥有用户的电子邮件地址资源，则应先利用内部资源。

2）决定是否利用外部列表投放电子邮件广告，并且要选择合适的外部列表服务商。

3）针对内部和外部邮件列表分别设计邮件内容。

4）根据计划向潜在用户发送电子邮件信息。

5）对电子邮件营销活动的效果进行分析和总结。

(3) 开展电子邮件营销需要注意的问题。电子邮件是企业和现有客户沟通常用的渠道之一。但是做好电子邮件营销也并非那么简单，不恰当的邮件投放不仅不能收到理想的投资回报，甚至可能造成收信人的反感。在开展电子邮件营销时需要注意以下问题：

1）不要在未经用户允许的情况下发送电子邮件，切忌滥发邮件。如果强制性地将邮件发送到目标者的邮箱，那么在违背了邮件营销的基本概念下，一方面降低了自己网站的品牌美誉度，另一方面有可能使收件人将网站拉入黑名单。获得用户允许的方式一般包含线上与线下两大类，线上的方式有注册、订阅、促销活动等，线下的方式有名片交换、展会收集用户信息等。

2）邮件的内容要注意精挑细选。邮件内容的可读性决定着阅读者是否愿意花费时间去阅读。邮件的内容一定要保证主题鲜明、精简、灵活，切忌邮件没有主题、内容繁杂或采用附件形式。

3）发送邮件要有一个固定周期。为发送邮件设置一个固定时间，如每周二中午，按时发送邮件一方面反映出企业的专业化，增加用户的信心，另一方面也有助于规范营销人员的工作。切忌邮件没有一定的发送周期或发送过于频繁，有时每周发送几次，有时又连续几个星期没有任何音讯。这样不仅使用户无法对接收邮件产生一定的预期，而且还可能招致用户反感。

4）及时回复邮件。评价电子邮件营销成效的标志之一是顾客反应率。但有了顾客回应还必须及时回复。顾客对服务及时性的要求越来越高，希望能在几个小时之内获得来自企业对自己咨询问题的及时回复，否则就会失去耐心。

5）清晰的邮件退订说明。所有电子邮件必须包含有关收件人如何退订或修改首选项的清晰说明。每封电子邮件必须包含一个链接让收件人可以选择退出接收来自发件人的邮件。通过单击该链接，收件人将自动从邮件列表中移除其电子邮件地址，并停止接收来自发件人的邮件。不能退订的邮件或没有明确告诉用户退订方法的邮件，实则等同于垃圾邮件，反而引起用户的反感。

6）最佳的邮件格式。邮件内容需要有一定的格式，如纯文本格式、HTML 格式和富媒体格式，或是这些格式的组合。哪种邮件格式更好，目前没有绝对的结论，与邮件的内容和用户的阅读特点等因素有关，如果可能，则最好给用户提供不同内容格式的选择。

7）发件人信息要明确。发件人显示的内容也是一种信息传递方式，即使收件人不打开邮件阅读，从发件人名称也可以对该公司的品牌增加一些印象。切忌隐藏发件人姓名和地址，使收件人产生疑惑和不信任，甚至直接加入垃圾邮件列表。

4. 社会化媒体营销

社会化媒体主要是指一个具有网络性质的综合站点，其内容大多由用户自愿提供，而用户与站点不存在直接的雇佣关系。如微信、QQ、微博，它们极大地改变了人们的生活，将我们带入了一个社交网络的时代。社会化媒体营销是指利用社交网络、在线社区、博客、百科或其他互联网协作平台媒体来传播和发布资讯，从而形成营销、销售、公共关系处理和客户关系服务维护及开拓的一种方式。

（1）社会化媒体营销的优势。由于社会化媒体具有用户互动交流、由用户产生和共享内容、形成用户关系和社区的特点，因此使得社会化媒体营销具备了如下主要优势：

1）提高网络曝光量和点击流量。社会化媒体一般都拥有海量注册用户，企业利用社交媒体网络上的粉丝关注效用和社群效应，增加企业的产品与服务信息的曝光量，增加注册用户数量并实现与潜在用户之间更为广泛的沟通，持续深化关系。由于社会化媒体用户数量巨大，且用户之间分享、互动频繁，因此品牌信息极容易被迅速传播，尤其是当品牌信息与社会焦点事件相关联时，提升了品牌知名度。

2）准确定向目标客户。通过社交网络可以了解用户大量极具价值的信息，如年龄、工作等基础数据并通过对用户发布和分享内容的分析，有效判断用户的喜好、消费习惯及购买能力等信息。此外，随着移动互联网的发展，社交用户使用移动终端的比例越来越高，移动互联网基于地理位置的特性也将给营销带来了极大的变革。这样通过对目标用户的精准人群定向以及地理位置定向，企业在社交网络的推广信息自然能收到比在传统网络媒体更好的效果。

3）吸引更多的业务合作伙伴。社交媒体的属性特征使得用户在社交媒体上能够获得比搜索引擎更加全面和完善的资讯，也更容易判断合作伙伴的经验和能力，从而为企业带来更多潜在的合作机会。企业的社会化营销团队还可以实时发起与潜在用户的互动，持续深化与潜在用户的关系，促进对企业产品与服务的兴趣，并且适时地发起社会化营销活动来促进成交。

4）提升搜索排名。传统的官方网站以产品信息发布为主，内容多是静态信息和资讯，内容更新频率比较低，主要通过关键词来被搜索引擎收录。而社交媒体上的信息更新与内容互动要频繁得多，企业在社交媒体上频道页面的更新率非常高，容易在搜索中排在更靠前的位置。

5）带来高质量的销售机会。社交媒体对于销售机会具有显著的促进效应。企业通过社交媒体发布消息，发放网络优惠券，发起与产品有关的话题，监控感兴趣的客户行为，结合邮件营销、视频营销、病毒营销和博客营销等，带来了大量的销售机会。荷兰皇家航空公司（KLM）就在2011年3月新开航的迈阿密航线上，成功地运用社交媒体营销传播，利用Twitter发起话题，通过Youtube实现视频分享，以极低的投入对新航线的推广起到了意想不到的传播效果，同时也大大增加了公司的品牌美誉度。

6）有利于进行舆论监控和市场调查。在社交网络出现以前，企业想对用户进行舆论监控，难度是很大的。而如今，社交媒体在企业危机公关时发挥的作用已经得到了广泛认可，任何一个负面消息都是从小范围开始扩散的，只要企业能随时进行舆论监控，便可有效地降低企业品牌危机产生和扩散的可能。其次，通过对社交平台大量数据的分析，或进行市场调查，企业能有效地挖掘出用户的需求，为产品设计开发提供很好的市场依据。

（2）社会化媒体营销对策。社会化媒体营销对于很多企业来说已经是企业营销的必备项目，在营销中关键的几点有：让目标客户触手可及并参与讨论；传播和发布对目标客户有价值的信息；让消费者与品牌或产品产生联系；与目标客户形成互动。具体对策包括以下几点：

1）精准定位。企业应精准定位目标群体。不同的社交平台有着不同的用户群特征，企业第一步就要根据自身定位和客户群特征来判断和选择适合企业的社交平台。

2）建构品牌社群。在开放的网络结构下，消费者的身份已经从原来的受众、顾客，转变成了品牌建构全程的参与者，甚至消费者比品牌本身拥有更大的品牌建构权，在开放的网络结构里，品牌与消费者是相互作用的关系。企业利用社交媒体建立起自己的品牌社群。

3）建立关系链。在社会化属性日益增强的互联网中，关系链自然是社会化媒体最重要的组成部分。社会化媒体营销的一个显著优势就是用户对于信息的信任度高，而信任度高的原因就是社交关系链。社会化媒体营销一定要增大营销内容的传播动力，通过社交关系链实现内容的快速传播。

4）做好数据监测和报告。实时的监控和定期的数据分析是必不可少的。企业需要有一套监控机制来服务，找到关心的问题和相关人物。哪些客户在社交网络上提到了自己？他们对品牌的评价如何？哪些人是最关心自己的，他们是否有消费的需求？企业需要找到这些内容，并加以回馈。同时，定期的报告和总结也是推动企业社会化营销的关键，互联网上的信息千变万化，企业的营销策略也应该与之相适应。

5. 口碑营销

口碑营销是指企业在品牌建立过程中，通过客户间的相互交流将自己的产品信息或品牌传播开来。口碑营销又称为病毒式营销[㊀]，其核心内容就是能“感染”目标受众的病毒体——事件，病毒体威力的强弱则直接影响营销传播的效果。在今天信息爆炸的时代里，消费者对广告甚至新闻都具有极强的免疫能力，只有制造新颖的口碑传播内容才能吸引大众的关注与议论。口碑营销具有宣传费用低、可信任度高、针对性强、提升企业形象、发掘潜在消费者成功率高、缔结品牌忠诚度、更加具有亲和力等优势。

有效的口碑营销的基本要素如下：

1）提供有价值的产品或服务。大多数病毒营销计划提供有价值的免费产品或服务来引起注意，因为“免费”一直是最有效的营销工具。

㊀ 病毒式营销是指通过类似病理方面和计算机方面的病毒传播方式，即自我复制的病毒式传播过程，利用已有的社交网络去提升品牌知名度或达到其他的市场营销目的。病毒式营销是由信息源开始，再依靠用户自发的口碑宣传，达到一种快速滚雪球式的传播效果。——编者注

2）提供无须努力向他人传递信息的方式。携带营销信息的媒体必须易于传递和复制，如微信、微博、电子邮件等。

3）信息传递范围很容易从小规模向大规模扩散。信息传递方法必须有利于从小到大迅速改变。

4）利用公共的积极性。巧妙的病毒性营销计划会让公众产生积极性。

5）利用现有的关系网络。大多数人都是社会性的，每个人都有自己的“朋友圈”和关系网络。只有把信息置于人们现有的通信网络之中，才能迅速地把信息扩散出去。

6）利用他人的资源。最具创造性的病毒性营销计划利用他人的资源达到自己的目的，如会员制计划。在别人的网站设立自己的文本或图片链接，对对方网站进行推广的同时也为自己带来了访问量。

6. 定制营销

定制营销（Customization Marketing）是指在大规模生产的基础上，将市场细分到极限程度——把每一位顾客视为一个潜在的细分市场，并根据每一位顾客的特定要求，单独设计、生产产品并迅捷交货的营销方式。它的核心目标是以顾客愿意支付的价格并以能获得一定利润的成本，高效率地进行产品定制。美国著名营销学者科特勒将定制营销誉为21世纪市场营销的最新领域之一。

全新的网络环境为定制营销的形成提供了技术基础。定制营销的一个重要特征就是数据库营销，通过建立和管理比较完全的顾客数据库，向企业的研发、生产、销售和服务等部门和人员提供全面的、个性化的信息，来理解顾客的期望、态度和行为，根据消费者的要求及在需求上存在的差异，将信息或服务化整为零或提供定时定量服务，顾客根据自己的喜好去选择和组合，形成定制营销。

（1）定制营销的优势。与传统的营销方式相比，定制营销体现出其特有的竞争优势：

1）能体现以顾客为中心的营销观念。从顾客需要出发，与每一位顾客建立良好关系，并为其开展差异性服务，满足其个性化需求。

2）实现了以销定产，降低了成本。定制化营销将确定和满足客户的个性化需求放在企业的首要位置，同时又不牺牲效率，它的基本任务是以客户愿意支付的价格并以能获得一定利润的成本，高效率地进行产品定制。

3）在一定程度上减少了企业新产品开发和决策的风险。在定制营销中，顾客可直接参与产品的设计，企业也根据顾客的意见直接改进产品，从而实现一定程度上的产品创新，并能始终与顾客的需求保持一致。

（2）定制营销的不足。当然，定制营销也并非十全十美，它也有不利的一面。

1）由于定制营销将每一位顾客视作一个单独的细分市场，这固然可使每一个顾客按其不同的需求和特征得到有区别的对待，使企业更好地服务于顾客。但另一方面也将导致市场营销工作的复杂化、经营成本的增加以及经营风险的加大。

2）技术的进步和信息的快速传播，使产品的差异日趋淡化，今日的特殊产品及服务，到明天则可能就大众化了。产品、服务独特性的长期维护工作因此变得极为不容易。

3）定制营销的实施要求企业具有过硬的软硬件条件。首先企业应加强信息基础设施建设；其次企业必须建立柔性生产系统；第三，也是最重要的，定制营销的成功实施必须建立在企业卓越的管理系统之上。

7. 其他营销方法

除以上方法外，还存在搜索引擎营销、目录登录、文章营销、事件营销、资源合作营销、线上线下相结合营销、付费搜索竞价广告等很多营销方法。企业必须选择最合适的营销方法组合，并注意营销效果的监控和测评，才能获得好的效果，取得网络营销的成功。

网络营销方法在“网络营销”课程中是重点内容，本书不再详细讲解，在下一节，仅针对搜索引擎营销做重点介绍。

4.3 搜索引擎营销

随着互联网的迅速发展，能够接触到互联网的人越来越多。而当这些网民需要寻找什么东西的时候，只需轻轻一点，打开百度，往搜索框中输入自己需要查询的内容，再按〈Enter〉键，便可查到千千万万个结果。而为网民所广泛使用的这个工具，就是搜索引擎。所谓搜索引擎营销，就是根据用户使用搜索引擎的方式，利用用户检索信息的机会尽可能地将营销信息传递给目标用户。

4.3.1 搜索引擎的分类

搜索引擎按其工作方式主要可分为三种，即全文搜索引擎（Full Text Search Engine）、目录索引类搜索引擎（Search Index/Directory）和元搜索引擎（Meta Search Engine）。

1. 全文搜索引擎

全文搜索引擎是名副其实的搜索引擎，国外代表有Google，国内则有著名的百度搜索。它们从互联网提取各个网站的信息，建立起数据库，并能检索与用户查询条件相匹配的记录，按一定的排列顺序返回结果。

根据搜索结果来源的不同，全文搜索引擎可分为两类，一类拥有自己的检索程序，俗称蜘蛛（Spider）程序或机器人（Robot）程序，能自建网页数据库，搜索结果直接从自身的数据库中调用，Google和百度就属于此类；另一类则是租用其他搜索引擎的数据库，并按自定的格式排列搜索结果，如Lycos搜索引擎。

2. 目录索引类搜索引擎

目录索引类搜索引擎是以人工方式或半自动方式搜集信息，由编辑员查看信息之后，人工形成信息摘要，并将信息置于事先确定的分类框架中。信息大多面向网站提供目录浏览服务和直接检索服务。该类搜索引擎因为加入了人的智能，所以信息准确、导航质量高，缺点是需要人工介入、维护量大、信息量少、信息更新不及时。

目录索引虽然有搜索功能，但严格意义上不能称为真正的搜索引擎，只是按目录分类的网站链接。用户完全可以按照分类目录找到所需要的信息而不依靠关键词进行查询。目录索引中最具代表性的如雅虎和新浪分类目录搜索。

目录索引，顾名思义就是将网站分门别类地存放在相应的目录中，因此用户在查询信息时，可选择关键词搜索，也可按分类目录逐层查找。如以关键词搜索，返回的结果与搜索引擎一样，也是根据信息关联程度排列网站，只不过其中人为因素要多一些。如果按分层目录查找，则某一目录中网站的排名一般是由标题字母的先后顺序决定的。

3. 元搜索引擎

元搜索引擎接受用户查询请求后，同时在多个搜索引擎上搜索，并将结果返回给用户。著名的元搜索引擎有 InfoSpace、Dogpile、Vivisimo 等，中文元搜索引擎中具代表性的是搜星搜索引擎。在搜索结果排列方面，有的直接按来源排列搜索结果，如 Dogpile；有的则按自定的规则将结果重新排列组合，如 Vivisimo。

一个真正的元搜索引擎由三部分组成，即检索请求提交机制、检索接口代理机制和检索结果显示机制。

1）检索请求提交机制：负责实现用户“个性化”的检索设置要求，包括调用哪些搜索引擎、检索时间限制、结果数理限制等。

2）检索接口代理机制：负责将用户的检索请求“翻译”成满足不同搜索引擎“本地化”要求的格式。

3）检索结果显示机制：负责所有元搜索引擎结果的去重、合并、输出处理等。其具体原理是：用户向元搜索引擎发出检索请求，元搜索引擎再根据该请求向多个搜索引擎发出实际检索请求，搜索引擎执行元搜索引擎检索请求后将检索结果以应答形式传送给元搜索引擎，元搜索引擎将从多个搜索引擎获得的检索结果经过整理，再以应答形式传送给实际用户。

4.3.2 搜索引擎的工作流程

搜索引擎的工作流程实际上非常简单。首先抓取数量庞大的网页，然后经过一系列算法筛选之后放入数据库。当用户查询时就立即对索引数据库进行查找，然后反馈给用户准确的关键字查询结果。

搜索引擎工作流程大致上可以分为以下四个步骤。

(1) 爬行和抓取。搜索引擎派出一个能够在网上发现新网页并抓取文件的程序，这个程序通常被称为蜘蛛或机器人。搜索引擎蜘蛛从数据库中已知的网页开始出发，就像正常用户的浏览器一样访问这些网页并抓取文件。

搜索引擎蜘蛛还会根据网页上的链接，访问更多网页，这个过程就叫爬行（Crawl）。当通过链接发现有新的网址时，蜘蛛将把新网址记录入数据库等待抓取。跟踪网页链接是搜索引擎蜘蛛发现新网址的最基本方法，所以反向链接成为搜索引擎优化的最基本因素之一。搜索引擎蜘蛛抓取的页面文件与用户浏览器得到的完全一样，抓取的文件存入数据库。

(2) 索引。搜索引擎索引程序把蜘蛛抓取的网页文件分解、分析，并以巨大表格的形式存入数据库，这个过程就是索引。在索引数据库中，网页文字内容，关键词出现的位置、字体、颜色、加粗、斜体等相关信息都有相应记录。

搜索引擎索引数据库存储巨量数据，主流搜索引擎通常都存有几十亿级别的网页。

(3) 搜索词处理。用户在搜索引擎界面输入关键词，单击“搜索”按钮后，搜索引擎程序即对输入的搜索词进行处理，如中文特有的分词处理，对关键词词序的分析，去除停止词，判断是否需要启动整合搜索，判断是否有拼写错误或错别字等情况。搜索词的处理必须十分快速。

（4）排序。对搜索词进行处理后，搜索引擎排序程序开始工作，从索引数据库中找出所有包含搜索词的网页，并且根据排名算法计算出哪些网页应该排在前面，然后按一定格式返回“搜索”页面。

排序过程虽然在一两秒钟之内就完成并返回用户所要的搜索结果，但实际上这是一个非常复杂的过程。排名算法需要实时从索引数据库中找出所有相关页面，并实时计算相关性，加入过滤算法，是当今规模最大、最复杂的计算系统之一。

但是，即使最好的搜索引擎在鉴别网页时也还无法与人相比，这就是为什么网站需要搜索引擎优化（SEO）。没有 SEO 的帮助，搜索引擎常常不能正确返回最相关、最权威、最有用的信息。

4.3.3 搜索引擎优化的概念

搜索引擎优化（Search Engine Optimization，SEO）指的是在符合用户友好性及搜索引擎算法的基础上，使用网站内及网站外的优化手段，使网站在搜索引擎的关键词排名提高，从而获得目标搜索流量，进而产生直接销售或建立网络品牌。

简单讲，SEO 的原始含义就是想办法从搜索引擎中获取免费流量。但到底什么是 SEO 呢？在实际的 SEO 工作中，不仅要注重从搜索引擎中获取流量数量，还要注重这些流量的质量，即从各个角度把网站做强。SEO 涉及网页上和网页外的很多因素，包括关键词分析、内容设计、网站之间关系的建立、权威度提高、用户体验改善、社会化搜索的融入等。SEO 是技能和方法，必须综合很多因素，要遵循搜索引擎的原则，即尽量让用户在网上找到想要了解的内容。在某种意义上来说，SEO 是技术和艺术的结合。

SEO 是网络营销的一部分，网络营销又是网站运营总体的一部分。网站可以通过很多形式进行推广，SEO 是其中之一。网站推广好了，有了流量，再加上适当的盈利手段、客户服务、物流服务等一系列措施，才能保证好的网站运营效果。

4.3.4 搜索引擎友好的网站设计

从搜索引擎蜘蛛的角度去看待一个网页，在抓取、索引和排名的时候会遇到哪些问题呢？解决了这些问题的网站设计就是搜索引擎友好的。

1. 基本原则

一个网站要想被搜索引擎抓取并出现在排名的前列，必须要有相关性、权威性、实用性。

网站内容的相关性是指用户搜索的关键词与网页内容是否匹配，是否相关。相关性的加强可以通过页面内优化和链接优化来实现，包括页面内的关键词位置布局、关键词的强调、内部链接的安排、网页标题等。外部链接锚文字以及链接页的内容，也会对目标网页的相关性产生影响。

网站或网页的权威性大部分是由外部链接所决定的。高质量的外部链接越多，网站或网页本身的权威性就越高。另外，域名注册历史、网站的稳定性、隐私权政策等一些细节也会影响网站的权威性。另外，外部链接对网站权威性的影响是有选择性的，来自相关内容网站的链接对提高权威性帮助最大，不相关内容的链接则帮助很小。例如，在化工行业网站首页上加一个链接到某个美食网站，对对方的权威性几乎没什么帮助。因为很明显，在化工行业再权威的网站在美食方面也没有什么权威性。

网站的实用性是指对用户来说，网站到底有多大用处？是不是能满足用户的需求？如果用户在某个网站花的时间多，浏览页数多，在不同的时间经常来访问网站，加入了浏览器书签，并且在不同的网上书签站进行了评论，则这些都可以帮助搜索引擎理解网站对用户的实用性。搜索引擎的工具条可以帮助收集这类信息，也可以利用越来越多的社会网络网站收集信息。

2. 网站设计的基本要求

（1）搜索引擎蜘蛛能找到网页。首先应保证搜索引擎能找到主页，在找到主页之后还必须能找到更深的内容页，因此要求有外部链接和良好的网站结构。网页之间要有良好的链接结构。一般网站需要有一个网站地图，把所有重要的部分和网页以文字链接列进去。如果网站比较大，则网站地图还可以分成几个。网站的所有页面都要能从主页开始顺着链接找到，并且最好控制在三四次点击之内。

（2）搜索引擎蜘蛛找到网页后能抓取网页。其次，网页的 URL 必须是可以被抓取的。如果网页是由数据库动态生成的，那么 URL 一般要改写成静态的，也就是去掉那些 URL 中问号参数之类的不规范符号，避免陷入无限循环。尽量避免搜索引擎不易读取的情况，如网站整个是 Flash 文件，采用框架结构等。去除不必要的、搜索引擎不能读的元素，如音频文件、图片、弹出窗口等。

（3）搜索引擎蜘蛛抓取网页后能提炼有用信息。最后，只有搜索引擎能顺利找到网站的所有网页，抓取这些网页并取出其中真正有相关性的内容，这个网站才可以被视为是搜索引擎友好的。一般应注意的几点包括：网页的 HTML 码必须优化，即格式标签占的比例越低越好，真正内容占得越多越好，整个文件越小越好；把 CSS、JavaScript 等放在外部文件中；把关键词放在应该出现的地方；检查网页对不同操作系统和不同浏览器的兼容性等。

要提高网站搜索排名，就需要研究搜索引擎喜欢什么样的网站。其实说到底，搜索引擎友好的网站也就是用户喜欢的网站。

4.3.5 关键词优化分析

关键词研究是搜索引擎优化领域最重要、最有价值和高回报的活动之一。想要对网站进行搜索引擎优化，首先要为网站的页面选择适当的关键词，之后围绕着核心关键词展开相关工作，以让关键词能在搜索引擎排名中达到满意的结果。关键词研究使一个网站能预测需求的变化，对市场条件的变化做出反应，并确保所提供的产品、服务和内容是 Web 搜索者正在积极寻求的。

1. 关键词的含义

关键词源于英文“keywords”，在搜索引擎中，关键词指用户在寻找相关内容时所使用的字符串信息。我们常说的关键词其实就是用户输入搜索框中的文字，即用户命令搜索引擎寻找的内容，包括某类产品、人名、网站、新闻、小说、软件、论文等。

当我们在搜索框中输入如图4-1所示的“数码相机”时，这时候的“数码相机”就是关键词，用户将这个词语看成与搜索引擎交互的桥梁，而搜索引擎将这个词语作为在自己庞大的网页数据库中查询资料的主要依据，最后返回和“数码相机”这个关键词相关的各种网页结果，如图4-2所示。

图4-1 搜索关键词

图4-2 “数码相机”的搜索结果

对搜索引擎优化人员来说，如果要让想了解“数码相机”相关信息的用户来到自己的网站，就必须在自己的网站上放置和“数码相机”相关的内容，以让搜索引擎能抓取到这个网页，并采取一定的搜索引擎优化手段将自己网站的排名尽量提升，促使用户进行点击，最后才能实现让潜在有需求的用户完成整个过程——“通过搜索引擎搜索”→“在搜索结果中出现自己的网站”→“排名靠前”→“吸引用户点击访问网站”。

在关键词类别的划分上，针对网站特点，一般情况下会有主要关键词（或称核心关键词）和辅助关键词（或称次要关键词、长尾关键词、相关关键词）的划分方法，以满足不同的用户需求。

网站上的虽为非目标关键词、但也可以带来搜索流量的关键词，称为长尾关键词。长尾关键词的特征是比较长，往往由 2 ~ 3 个词组成，甚至是短语，存在于内容页面，除了内容页的标题，还存在于内容中。关键词长尾理论，即大部分长尾关键词的搜索量虽然很小且不稳定，但是所有长尾词流量的总和比有限的那几个核心关键词所带来的流量大得多，并且长尾关键词一般都是细分和目的明确的关键词，容易产生转化，其带来的客户转化率比目标关键词高很多。在关键词搜索中长尾效应是十分明显的，有 20% ~ 25% 的关键词都是以前从没有被搜索过的。用户会搜索各种各样稀奇古怪的关键词，这些词的总和搜索数量巨大。所以在优化网站关键词时，主要的目标关键词是一方面，这些长尾关键词也是非常重要的一方面。

很多时候，网站的关键词其实就是网站主题的细致表现。一个网站的内容建设，往往都需要围绕关键词做出比较有价值的内容，最终建设出让用户满意的网站。就目前的搜索引擎技术而言，关键词是搜索应用的基础，也就是搜索优化的基础。因此关键词的选择应该在网站设计开始之前就着手，并精准定位。

2. 选择关键词的主要原则

（1）关键词需要紧扣网站主题。从关键词和网站主题的关系可以看出，关键词实际上是为网站主题服务的，所以关键词需要与主题紧密相关。对于一个网站来说，所有的内容应该都是围绕着主题展开的，关键词也不例外。如果选择的关键词是和网站主题不相关的、没有联系的，那么这样的关键词即使能给网站带来很高的流量，也不能选择，因为这样的关键词对网站品牌和网络营销没有丝毫的意义，还可能造成来访者的疑问与反感。

（2）站在用户角度考虑关键词。潜在客户在搜索产品时将使用什么关键词？网站经营者和设计者由于过于熟悉自己的行业和自己的产品，在选择关键词的时候容易想当然地认为某些关键词是用户会搜索的，但真实用户的思考方式和商家未必相符。例如，一些专用词汇、行业用语，卖产品的人因为每天接触，觉得这些词很重要，但普通用户可能很不熟悉，并不会用它去搜索。

要避免上述情况，搜索引擎优化者应该在选择关键词时，尽量站在普通用户的角度进行思考，包括从客户、供应商、品牌经理和销售人员那里获知其想法，然后借助一些权威的调查和统计数据进行关键词的选择。

（3）关键词应具体、有针对性。关键词太宽泛是最常出现的问题。很多企业选择关键词时，首先想到的就是本行业的名称。例如，从事机械制造的公司选择用“机械”这个词进行优化；做旅游的公司，就想将自己的网站优化到“旅游”关键词的第一位。选择这样宽泛的关键词是不明智的，一方面，要想将这些非常宽泛的关键词优化上去，需要投入非常大的金钱成本和时间成本；另一方面，即使是网站排到某个关键词搜索的前几名，也难以确定搜索这个词的用户的目的。例如，从房地产公司的角度而言，确定“房地产”为自己的关键词，但搜索“房地产”的用户目的就是买房子吗？未必。越是宽泛的关键词，搜索者的目的也越不容易判断，由此而带来的有效转化率就肯定不会高。

实际上，为了准确找到需要的信息，搜索用户倾向使用具体词汇及组合去寻找信息（尤其是多词组合），而不是使用那些大而泛的概念。网站正确的做法是根据公司业务、网站主题、内容方向提炼出更精准、更有针对性的关键词。例如，做房地产的公司，其主要业务特点是进行“海景别墅”的开发和销售，那么完全可以将“海景别墅”，甚至更精准的“某地海景别墅报价”作为自己网站的关键词。如果是教育培训公司，选择的网站关键词应该是直接的业务项目名称，如“天津英语培训”等。

总的来说，在关键词选择上，精准、具体、有针对性是基本原则之一，太宽泛的关键词往往不能获得很好的效果。

（4）主打关键词不宜太长、太特殊。关键词需要精准，很多人可能会走入极端的误区：选择的关键词非常特殊，涵盖的范围非常小。这样的关键词选择也是不正确的。网站主页上应瞄准行业中比较热门的关键词，且为了最大可能地吸引最多的潜在用户，关键词的涵盖度也不宜过小。例如，一个销售童装的网站，若将关键词选择为“天津童装冬装上衣销售”，这样的核心关键词就太长、太特殊，完全没有考虑到受众群体的数量。若根据网站销售的产品特点，将关键词定为“童装销售”，则更为合适，如果有必要，可将“天津童装冬装上衣销售”作为辅助关键词或长尾关键词存在。

（5）选择被搜索次数最多、竞争最小的关键词。最有效率的关键词就是那些搜索量大但是竞争小的词。有的关键词很可能竞争的网页非常多，使得成本效益很低，要花很多钱、很多精力才能排到前面，但实际搜索这个词的用户并不是很多。

因此，网站应该在做了详细调查的基础上，列出综合这两者之后效能最好的关键词。

3. 关键词选择步骤

进行关键词选择时，可以遵循一定的方法步骤，具体如下。

（1）列出大量相关关键词。关键词可以从几方面得到：了解所要优化的网站所在的行业，运用自己的常识，或对用户进行调研，了解他们会用什么关键词来搜索；访问同行业竞争者的网站，去搜索引擎看一下前20名的网站，他们都在标题标签里放了哪些关键词；搜索引擎本身也会提供相关信息，例如，在搜索一个关键词时，很多搜索引擎会在底部列出“相关搜索”或“搜索了‘ABC’这个词的人，也搜索了‘DFF’”等，这些都是可以扩展关键词的地方；关键词研究工具也会列出扩展关键词，如Google关键词工具：https：//adwords.google.cn/select/KeywordToolExternal；一些线上工具会提供近义词和错拼词等。

（2）看关键词竞争程度。经过第一步以后，备选关键词通常应该至少有几十个，甚至成百上千个了。然后就要研究这些关键词的竞争程度如何，以找到竞争比较小，同时搜索次数比较多的关键词。主要有两个指标可以体现关键词的竞争程度。

第一，各个搜索引擎在搜索结果页面列出的某个关键词返回的网页数。例如，在百度搜索“羽毛球培训　天津”，如图 4-3 所示的页面上列出的数字大致反映了与该关键词相关的网页数，反映出其竞争程度。

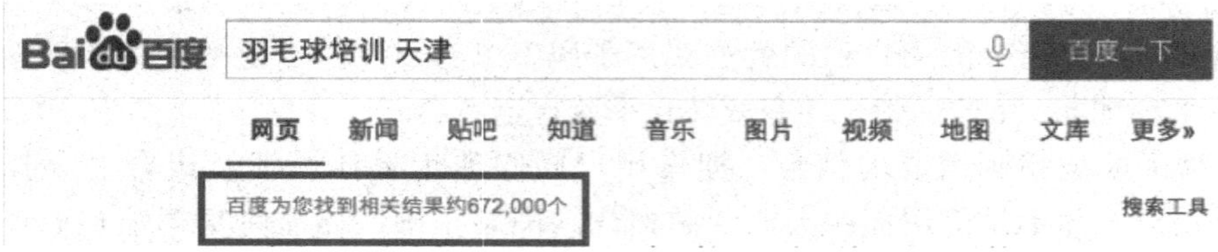

图 4-3　关键词搜索竞争程度

第二，判断关键词竞争程度还可以查看在竞价排名广告中需要付出的价钱。可以注册一个百度竞价账号，当选择某个关键词时，网站会提示所需要支付的价钱。

总的来说，这些关键词的竞价排名价格比竞争网页数量更能说明竞争程度，因为每一个关键词的价钱都是有一个竞争对手做过市场调查的，并且愿意付出相应的成本去竞争，很好地说明了该关键词的竞争程度。

(3) 关键词被搜索次数。然后，是看关键词被搜索的次数。关键词的竞争程度是一方面，另外一个很重要的方面是这些关键词是否真的被用户搜索过？搜索的次数是多少？当然被搜索的次数越多越好。百度指数显示了关键词被“关注”的程度。

(4) 计算关键词效能。有了关键词的竞争程度和被搜索次数，就可以计算出哪些关键词效能最高。

最简单的计算方法如下：

效能 = 搜索次数 ÷ 竞争程度

在这个公式里还可以做适当的变化。例如，在竞争程度中，可以根据重要程度的不同给总相关网页数和 PPC 价格（Pay Per Click 的缩写形式，其中文意思就是点击付费价格）不同的权重。

表 4-1 所示是一组关键词的效能数据。

表 4-1　关键词的效能数据

关键词	搜索结果数	常规化搜索结果数	Adwords 价格	搜 索 次 数	关键词效能
减肥有效	9，420，000	0.4958	0.95	40，500	52，712
针灸减肥	1，410，000	0.0742	1.58	27，100	27，718
减肥方法	3，880，000	0.2042	1.67	201，000	185，479
减肥健康	19，000，000	1	2.08	49，500	30，036
苦瓜减肥	387，000	0.0204	0.76	14，800	31，891

注：关键词效能 = 搜索次数/(规格化搜索结果 ×0.4 + Adwords 价格 ×0.6)。

这里分别给出了总相关网页数和 PPC 价格 0.4 和 0.6 的权重。另外，表中数据仅为示意。

这里要注意的是，无论哪个关键词工具，显示数据的绝对误差都是相当大的，数据的准确性也有很多人怀疑。但在研究关键词时，重要的是列出的这些关键词之间的相对值。

通过以上步骤的查询和计算，就能看出所列出的关键词哪些具有相对高的效能。选择出效能高的2~3个关键词作为网站主页的目标关键词。剩下的其他相关关键词可以作为辅助关键词优化栏目页和内容页面。

网站有了一定的流量后，观察研究网站日志文件来了解用户都是通过搜索哪些关键词来到网站的，同时可以了解用户感兴趣的内容是什么，哪类内容需要加强，哪些关键词有更高的潜力。找到这些有潜力的关键词后，可以进行扩展，针对这类关键词增强网页内容建设。

4.3.6 站内优化

网站内优化的工作包括所有在网站上可以控制的因素，如网站大小、网站结构、内部导航、标题标签等。站内优化是整个 SEO 工作最核心的部分，通过站内优化，需要把网站结构做得容易被 Spider 抓取；设计整体内部链接架构把站内权重导给最重要的页面；优化页面内容使得搜索引擎更容易识别和匹配等。这里主要介绍以下几个重要方面。

1. 优化网站结构及内部链接

网站内优化首先是网站结构方面的规划。良好的网站结构不仅可以引导 Spider 快速高效地抓取全站内容，还可以辅助站内权重的合理导向。最重要的是，良好的网站结构是用户体验的基础。

（1）优化 URL。首先针对 URL 优化设计给出一些指导方针。

1）能够清晰描述内容。好的 URL 可以使人们能够通过域名猜出网站可能的内容类型，这就是我们喜欢 Hotmail. com、taobao. com、jd. com 等域名的原因。不直观的域名需要更多的品牌建设工作。对英文网站来说，URL 中的描述性关键词比较好写。中文网站可以考虑使用拼音。但是对比较长的词，用拼音就不容易读懂，这种情况下还是建议使用英文单词。

另外，如果文件名里放上中文或空格，这样的 URL 出现在浏览器地址栏时会变成一些编码字符。虽然搜索引擎可以辨识，但很难看，因此不建议使用。

2）用品牌突出自己。口碑营销依赖于容易记忆的域名。使用独特的名称、使域名独一无二是获得域名附加值的好途径。域名不能与其他流行网站相混淆，不要选择已经存在域名的复数形式、加上连字号或错误拼写版本的域名。

简短的名称容易输入也容易记忆。简短的名称还能够在搜索引擎结果页面中显示出大部分的 URL，并且更容易印在名片和其他离线媒体上。域名中最好能包含关键词，但不能为了放关键词而把域名弄得很长，更不要为了包含关键词而注册带有连词符的域名。

下面来看小米的案例。小米诞生的第一个月，创始团队讨论过至少上百个名字，如红星、千奇、安童、玄德、灵犀等。最终公司选择了“小米”。小米是五谷之一，温润滋养，人们耳熟能详，显得亲切平和。同时，公司以几十万元的代价拿下了域名“xiaomi. com”。2014 年，小米正式开始进军国际市场，小米不惜重金花费 360 万美元买下了新的国际域名“mi. com”，因为“mi. com”更适合国际推广，更易于“Mobile Internet”概念的全球传播。

3）使域名容易输入。域名必须容易输入。如果域名因为拼写、长度或难以记忆的词或音节而在输入时必须多加小心，就会失去相当一部分的品牌和市场价值。因此域名必须注意以下几个问题：域名中尽量避免包含一些容易输错的字母（如 z、i、o 等）；拒绝连字号和数字，因为连字号和数字在口头上表达域名时更加困难，也不容易记忆或输入；避免在域名中使用罗马数字或拼写的数字，因为它们很容易与其他单词混淆和出错。

另外，URL 最好统一全部使用小写字母，UNIX/Linux 服务器大小写字母是不同的。也就是说，Index. html 和 index. html 会被当作两个不同的文件。如果一个目录下面的首页是 Index. html，则访问目录时就会出错。在其他情况下，大小写混用也经常会造成混乱。

4）URL 目录层级不要过多。网站结构有物理结构和逻辑结构。逻辑结构也称链接结构，即由网页内部链接所形成的逻辑的或链接的网络图。物理结构指的是网站真实的目录及文件所存储的位置所决定的结构。一般认为物理结构上，网站 URL 涉及的目录层级越少越好，即网页在物理结构上越靠近首页越好。可以这样比喻，目录层级类似于家族辈分，层级越多辈分越低，在不考虑其外链的情况下，从族长处分得的地位就越低，即页面权重越低。

因此目录层级不要过多，网站应尽量扁平化。目前常见的 URL 结构设计为：专题页和目录页 URL 的设计层级都尽可能少；内容页一般放在一级目录下，甚至直接放在域名下，而不是放在分类目录下。

（2）站内链接的优化。外部链接对网站排名具有重要作用，同时站内链接也同样有着重要的作用。外部链接在大多数情况下是不好控制的，而且要经过很长时间的积累，内部链接却完全在自己的控制之下。下面介绍几个优化站内链接的方法。

1）建立网站地图。只要有可能，最好给网站建一个完整的网站地图——sitemap。同时把网站地图的链接放在首页上，使搜索引擎能很方便地发现和抓取所有网页。

2）网页离首页最多 4 次点击。对一个中小型网站来说，要确保从首页出发 4 次点击之内就要达到任何一个网页。

3）尽量使用文字导航。网站的导航系统最好使用文字链接，以突出栏目页的具体内容。

4）链接文字应准确描述栏目内容。网站导航中的链接文字应该准确描述栏目的内容，这样自然而然在链接文字中就会有关键词。

在网页正文中提到其他网页内容的时候，可以自然而然地使用关键词链接到其他网页。反向链接中的关键词也是排名的重要因素之一，在自己的网站内才有完全的控制权。

5）整站的链接权重传递均匀平衡。只要有好的网站整体结构，整个网站的链接权重传递应该是很均匀平衡的，首页最高，栏目页次之，内容页再次之。但有的时候可以通过网页的链接影响链接权重的传递，使某一页或某几页的权重升高。

6）网页之间互相链接。网站各个栏目下的文章页之间可建立链接，如在某一网页正文中引用其他文章时链接向本网站的其他相关网页，既有利于用户点击参考，也有利于搜索引擎抓取和排名。整个网站的结构看起来更像蜘蛛网，既有由栏目组成的主脉，也有网页之间的适当链接。

2. 页面 SEO 优化

在常规网站中一般会存在首页、目录页、内容页、专题页等几类页面，搜索引擎会针对不同类型的网页使用不同的抓取策略和更新策略。但不论是哪种类型的网页，都应该有最基本的 SEO 注意事项。下面讨论以下几个关键问题。

(1) 针对关键词进行网页优化。

1) 优化关键词部署。除核心关键词外，大部分网站扩展出更多关键词以带来更多搜索流量，这就需要合理部署关键词，将其适当安排在整个网站中。通常的做法是把最主要的关键词放在首页上，其他处于第二级的关键词放在各个栏目页或频道页。如果还有更长尾，属于第三级的关键词，则可以用内容页面来优化。

在首页上，主关键词是优化的重点，从网页标题、加粗加重，关键词出现的位置、次数，都要比其他文字更加突出。

二级关键词也应该出现在首页上，因为这些词对主关键词有加强作用。在首页上这些二级关键词应出现在导航链接中，也可以在首页正文中适当出现一些，并链接到相应的栏目和频道页中。

第三层次的更长尾的词，就可以放在相关栏目下面的具体内容页。同样，这些内容页对频道页和首页的语义都会加强，而不是没有联系。

这样分配下来，整个网站会形成一个很强的逻辑及语义关系系统。首页是网站最想排名的词，也是难度最大的词，整个网站无论是从语义还是从链接上都和加强首页的关键词相关。二级词分布在频道页上，这些词是竞争相对比较弱的。

2) 每一个网页在需要时出现关键词。关键词密度（Keyword Density）也叫关键词频率（Keyword Frequency），用来量度关键词在网页上出现的总次数与其他文字的比例，一般用百分比表示。相对于页面总字数而言，关键词出现的频率越高，那么关键词密度也就越大。简单地举个例子，如果某个网页共有 100 个字符，而关键词本身是两个字符并在其中出现 5 次，则可以说关键词密度为 10%。关键词密度并不是越高越好。一般说来，在大多数的搜索引擎中，关键词密度在 2% ~8% 是一个较为适当的范围，有利于网站在搜索引擎中排名，同时也不易被搜索引擎视为在明显堆砌关键词。

3) 网页标题标签中出现关键词。Meta 标签指的是网页 HTML 文件中的一些文件标签。其中，最重要的是标题标签（Title Tag）、描述标签（Description Tag）和关键词标签（Keyword Tag）。一般来说，标题标签不要超过 20 个字，描述标签在 30 ~40 个字为宜，关键词标签只能列出确实和网页有关的重要关键词。

关键词应该出现在网页标题标签中，因为标题标签是目前很重要的一个排名因素。另外，在说明标签、关键词标签、图像 ALT 标签时都可以放入关键词，但注意不要堆砌关键词。

4) 关键词在网页正文中。只要正常地写文章，关键词必然会出现在文章正文中。最好把关键词放在正文标题中。可以在正文的最前面，也就是第一段第一句话放入关键词，这也是一个比较重要的因素，也符合正常写作的特征。另外，可以用黑体和斜体来强调关键词。

5) URL 中的关键词。对英文网页来说，关键词出现在 URL 中会有一些帮助。网页列在搜索引擎结果中时，用户可以从文件名就判断出这个网页的大致内容。关键词可以在域名里，可以在目录名里，也可以是文件名，不过切忌在 URL 中堆砌关键词。

6) 关键词出现在链接中。关键词应该出现在网页导出链接（指向其他网页的链接）的链接文字中，这是相当重要的一方面。在某种程度上来说，导出链接中含有的关键词比连向这个网页的外部链接中的关键词还重要。不仅在网站内部互相链接的时候需要以关键词为链接文字，而且应该在文章中经常引用和指向其他网站的相关文件，并以关键词为链接文字。

7）利用词干技术优化网页内容。词干技术（Keyword Stemming）在英文网站优化中比较明显，对中文网站优化也有一定的借鉴意义。词干技术指的是英文中某些词是由一个主要的词干衍生出来的，如 work 是一个词干，由这个词可以产生出很多意义相同或相关但不同的时态、语态、单复数等形式，如 working、worked、worker、works、workers。在网页内容的写作中应该尽量把同一词干衍生出的不同形式自然地融合在句子中，而不要仅使用单一形式。也就是说，若目标关键词是 work，则 working、worked、worker、works、workers 等这些词也可以适当地出现在网页中。

再如，英文中很多词有不太一样的拼法，但意义完全一样。例如，web site、website、site，这几个词在意义上相似，在不同的句子中可以交叉使用不同的形式。在内容写作时，尽量把同一个词的变体及词的各种顺序排列都考虑进去，把这些词组合使用在不同的地方。例如，web design、web development、site design、website design 等，这些词的主题都是相同的，如果在一个网页上这些词交互出现，那么对主关键词的优化具有很好的加强作用，并且也可以涵盖更多的搜索词。

中文网站的优化有相同的原理。中文中，一些词虽然读音写法都不同，但意义是非常相近的，如"基础"和"入门"这两个词。在某些情况下，搜索引擎在理解网页内容时很容易把这样的词当作相同意义。

这样做的好处，一是有助于搜索引擎建立网页主题概念，因为这些相同词干的词意义都是相同或极为相近的；二是用户在搜索时有可能使用各种各样的变体。如果在网页中使用各种变体，则其在不同搜索词结果中出现的可能性则更高。当然，这些词的出现必须符合逻辑，符合语法，不干扰读者阅读。

（2）标题标签的考虑因素。在网页的优化上最重要的因素之一就是网页的标题标签。通常在写标题标签时应该考虑以下几个因素。

1）所有网页都应该有适合自己的独特的标题标签。有很多网站都犯了一个很低级的错误，即所有网页都用同一个标题，如"欢迎浏览本站"。

2）标题标签应该对用户有足够的吸引力。网页在搜索引擎结果中列出时，网页的标题就是来自于标题标签。用户在判断应该点击哪一个网站时很大程度上取决于标题写得怎么样，是否对用户有足够的吸引力。

3）标题标签中应该含有关键词。这个关键词应该是针对该特定网页的，而不是针对整个网站的。同时，关键词应该很自然地被融进一句合乎逻辑的通顺句子里，而不是生硬的关键词堆砌。

4）一般来说，搜索引擎只考虑标题标签中有限的字数，如前 25～30 个字，所以标题不宜过长。

（3）页面内容建设。页面内容建设是网站运营中的重要部分，也是 SEO 工作的重心。

1）形成网站的主题。逻辑和结构适当的网站通常都会分成不同的频道或栏目，在不同的频道中谈论有区别但紧密相关的话题，这些话题共同形成网站的主题。搜索引擎把整个网站的页面收录进去后，能够根据这些主题词之间的语义相关度判断出网站的主题。

2）注意语义分析。建设网页内容时还要考虑词汇之间的语义相关性问题。机器算法和人不一样的地方是，人可以直接理解词及文章的意思，机器和算法则不能理解。但搜索引擎可以掌握词之间的关系，这就涉及语义分析。当两个词或一组词大量出现在同一个文档中时，这些词之间就可以被认为是语义相关的。通过海量文献找出词汇之间的关系是一种潜在语义索引。举个例子，“电脑”和“计算机”这两个词人们经常混用，在大量网页中经常同时出现，搜索引擎就会认为这两个词是极为语义相关的。

潜在语义索引并不依赖于语言。例如，“SEO”和“搜索引擎优化”虽然一个是英语，一个是中文，但这两个词大量出现在相同的网页中，虽然搜索引擎还不能知道搜索引擎优化或SEO指的是什么，但是却可以从语义上把“SEO”“搜索引擎优化”“search engine optimization”“SEM”等词紧密联系在一起。再如，“苹果”和“橘子”这两个词也是大量出现在相同文档中，但紧密度低于同义词。这两个词也经常和“水果”这个词一起出现，说明它们都是语义相关的。

语义分析技术可以为搜索引擎优化提供一些提示。

3）网站内容注重原创和及时更新。被信任的域名在内容原创性要求上占据很大比重，并且要求网站经常更新。有太多转载内容的网站不会被看作信任度高的网站。因此，至少在网站开始时必须是以原创为主的。获得了一定的信任度之后，再加入一部分转载内容。

4）其他因素。在内容建设上还要注意一些细节，如网站要有隐私权政策、提供网站完整的联系方法、把域名多注册几年而不是每年续费、网站上没有或很少有死链接等。这些都是很小的因素，但加起来就有可能有大的影响。

4.3.7 外部链接建设

外部链接也是影响搜索排名的最重要因素之一，也是SEO的重要组成部分。

1. 链接的相关概念

反向链接（导入链接）是指从其他网页连过来的链接，包括了从其他网站来的外部链接和本网站的站内链接。外部链接和站内链接对网页排名都有作用。

导出链接是指从本网页连到其他网页的链接，也对排名有影响。

外部链接是指从其他网站连过来的反向链接。外部链接是本网站以外的链接，表达的是网站间的链接关系，反映了网站间的信任关系。与内部链接相反，外部链接具有不可操控性，即网站所有者不能通过正规的手段操控本站以外页面的导入（导出）链接数、链接对象及链接目标，因此一般认为对网页排名作用更大。

2. 搜索引擎对反向链接的分析

外部链接对SEO非常重要，那么究竟什么样的外部链接才是好的链接？例如，网站A有数百个链接，网站B只有几十个链接，为什么网站B的排名却有可能更高呢？区别在什么地方？下面看一下优秀外部链接应该具备哪些条件。搜索引擎主要从以下几个方面对反向链接进行分析。

（1）反向链接数目。显然，数目越大，投票越多，对排名越有利。但反向链接增加速度过快，又可能引起作弊嫌疑。

很多时候，外部链接不仅仅带来链接权重，还能带来真实的点击流量，所以需要对方的Alexa排名或Google趋势来了解流量情况，并观察曲线是自然增长曲线还是明显作弊得到，如在短时间内增加成百上千个反向链接。不自然的快速增长是网站产生Sandbox沙盒效应[㊀]的重要原因之一。

（2）反向链接页面本身的重要性。并不是所有链接都有相同的投票能力。高权重网页的链接对排名影响更大。质量比数量更重要。放置外部链接的网页在搜索目标关键词时的排名越靠前，说明这个特定网页在搜索特定关键词时价值越高，给出的链接对网页排名影响也越大。当然，反向链接应该来自不同权重的网页，虽然来自高权重网页的反向链接很好，但如果所有的反向链接都来自于高权重的网页，则也会使搜索引擎认为很不自然。

（3）链接网站整体排名和健康情况。互相链接的网站会构成一个类似社区的网络，这个网络里面的网站质量和相关性都是互相影响的。如果与充满了很多负面内容的网站交换链接，则反而造成网站的信任度下降。因此，需关注链接网站整体排名和健康情况。

找出放置外部链接的网站的目标关键词，搜索这些关键词，查看该网站的整体排名。网站整体排名体现了这个域名在搜索引擎中的权重。

查看一些网站的外部链接，经常能发现绝大部分来自论坛签名和博客评论，缺少有意义的推荐链接，这显然有垃圾链接的嫌疑。

（4）反向链接的链接文字及反向链接锚文字前后的文字。链接文字也称为锚文字，是影响网页排名的重要因素之一。相关的、包含关键词的链接文字对网页排名很有帮助，因此链接锚文字最好是目标关键词。如果锚文字是“点击这里”之类的，则效果就大打折扣。链接文字前后的文字能帮助判断链接目标页的意义，也是相当重要的。因此，反向链接锚文字及其前后文字应该多样化。

（5）链接在页面的位置。搜索引擎通过排重算法可以辨别导航、广告区、页面底部版权声明等内容。链接出现在页面的不同位置，也意味着不同意义。通常出现在正文中的链接才是投票链接。最好反向链接不要都来自于网页底部的友情链接区，而应该在各种网页的不同地方。如果链接放在导航部分，或放在赞助商链接的地方，则搜索引擎可以判别出来这不是内容的一部分。

（6）反向链接所在网站的域名历史。域名历史包括域名最初注册时间，以及第一次被搜索引擎抓取到页面的时间。很显然，注册越早的域名，被信任度越高，来自这些域名的链接也更被信任。

（7）链接页上导入与导出链接的数目。这包括内部链接和外部链接。如果对方网站权重很高，则放置外部链接的那个页面是特意为友情链接而做的，对方网站网页很少链接到这个友情链接页，其他网站就更不会链接到友情链接页，那么这个链接页的实际权重就大大降

㊀ 所谓沙盒效应（Sandbox Effect），指的是无论怎么优化这个网站，新网站在搜索引擎里都很难得到好的排名。换句话说，一个新的网站，可以有很丰富的相关内容，可以有大量高质量的外部链接，网站既搜索引擎友好，也用户友好，所有一切都优化得很好，也很自然，但是在一段时间之内，新站很难在搜索引擎得到好的排名。

低；如果链接页是正常内容页，则除了获得的内部链接和其他网页一样，内容页本身也很可能有大量外部链接，数量越多越好。

特定页上导出链接越多，每个链接所带的权重就被分散了。链接数目越少，每一外部链接的权重就越大。

（8）反向链接所在页还链接向哪些其他网站。搜索引擎分析这些网站内容是否相关，质量如何，页面上所有链接是否指向高质量网站。若被链接的网站内容不相关，整体质量也很低，从这样的页面得到链接，则效用不会很高。

（9）用户链接点击行为。在搜索引擎能够监测用户行为时，链接的点击率也说明链接的重要性及投票能力。用户的观感比搜索引擎蜘蛛更说明问题，用户点击越多，说明对用户帮助越大。

另外，还要监测用户点击链接后在网站停留的时间。同样，也是通过用户行为方式判断网站质量，看到底是否对用户有用。

3. 获得外部链接的策略

首先要说明的一个原则是，获得外部链接的根本在于提供对用户有用的内容。

（1）用内容吸引链接。在自然链接建设中，内容发布商必须提供有吸引力的内容，其他发布商才会提供链接。出色的内容或工具是取得外部链接的关键，即内容是链接建设成功的核心。能够吸引链接的内容种类随不同市场而不同。下面是一些基本规则：

1）使用能够在行业中建立领先专家地位的高质量内容，在用户社群中建立信任，增加获得链接的机会。

2）降低内容页面的商业成分。例如，减少网站中过多的广告。

3）不要在内容本身中放上广告或链接向纯商业页面。

可以用不同种类的内容吸引链接。文章、有吸引力的图片、视频、工具，甚至线上游戏都是有效的链接建设战术。

（2）推广内容获得链接。内容可以通过多种方式推广，具体如下：

1）内容同步。内容发布商可以创建内容放在其他网站上，作为回报获得一个链接。

2）社会化媒体，如微信、QQ、微博这样的社会化媒体对网站的推广也非常有用。

3）通过博客或个人网站传播内容。博客作者都非常社会化，互动频繁，而且往往相当自由地来回互相链接。很多个人网页历史非常早，PR值（网页级别）很高，被信任度也很高。因此可以找到和行业相近的这类网站，联系对方并尝试建立外部链接。

（3）链接诱饵。既然情绪反应会导致链接，则建设可能触动潜在链接者情绪的内容是获得链接的强有力工具，被称为链接诱饵（Link Baiting）。

下面几种内容就比较容易成为诱饵，吸引其他人链接向网站。例如，做一些行业调查，发表有意义的研究报告；在网页上发布颠覆性的或争议性的内容；列出行业中有用的参考资料或应用工具；提供免费下载资源，如免费电子书和免费软件等。

（4）提交分类目录、社会化网摘和书签、百科等类型网站。权重高的网站分类目录，如雅虎、开放目录、hao123等对网站排名及克服沙盒效应还是有很大作用的。但进入这几个目录也很困难。雅虎英文目录每年还会收取审查费却不保证收录。开放目录由志愿编辑审查网站，不仅收录要求高，而且常常编辑处理比较慢。因此也可以尝试申请一些行业性或地区性的网站分类目录。

现在有不少社会化网摘和书签类网站，只要没有使用隐私设置，则这些网摘里的链接都可以分享给所有人，链接也就会在网摘站上出现。而且这类链接是由读者自愿提供的，在一定程度上是用户对网站的评价，这种用户行为方式对排名的影响越来越被重视。

在维基（Wiki）或百度百科上，可以找到行业相关的条目或新写条目，然后在外部链接部分列上网站及其他相关网站。

（5）交换链接和购买链接。交换链接是指 A 网站链接向 B 网站，B 网站链接向 A 网站。还有三向间接交换链接，即 A 链接向 B，B 链接向 C，C 再链接向 A，目的是希望让搜索引擎认为是单向链接。其实，这种三向模式对搜索引擎来说并不难判断，还是能检测出是交换链接。交换链接的价值正逐渐降低。

搜索引擎反感买卖链接，尤其是以 PR 为目的的买卖链接，如果被检测到是买卖的链接，则一般链接的投票权重都会消失。但区分自然链接和买卖链接是很困难的。在购买链接时，可能的话，尽量避免那些经常被判断为买卖链接的特征，如在链接周围有广告赞助等字样，链接出现在左面菜单下面，即通常出现赞助链接的地方，或链接网站与本网站主题完全无关等。

互联网的本质就是超链接。没有了链接，就没有了互联网。建设好链接本身就是提高搜索引擎排名的重要因素。

4.3.8 SEO 优化误区与网站健康检查

了解了 SEO 后却不拘泥于 SEO 的技术细节，才能使网站的搜索引擎优化得更自然。本节讨论的是在网站优化过程中出现的一些优化误区和作弊现象。

1. 常见的 SEO 作弊手法

笼统地说，所有使用作弊手段或可疑手段的，都可以称为黑帽 SEO。下面列出一些常见的 SEO 作弊手法。

（1）桥页。桥页也叫门页，通常是用软件自动生成大量包含关键词的网页，然后从这些桥页转向到首页，目的是希望这些以不同关键词为目标的大量桥页在搜索引擎中得到排名，当用户点击搜索结果时会被自动转向到首页。有时是在桥页上放置一个通往首页的链接，而不自动转向。

在大部分情况下，桥页都是由软件生成的。可以想象，软件生成的文字是杂乱无章的，唯一目的就是排名，而不是服务用户。

（2）关键词堆砌。在网页里大量堆砌关键词，希望提高关键词密度，提高网页针对关键词的相关度。关键词堆砌可以在很多地方，如在用户可以看到的文字中，也可能是在标题标签、关键词标签、说明标签中，还有的放在不可见文字中，如 HTML 注释文字。

随着搜索引擎算法的改进，关键词密度已经不是一个重要的因素，关键词堆砌只能给网站带来麻烦。

（3）隐藏文字。在网页中放上含有关键词的文字，但这些字不会被用户看到，只能被搜索引擎看到。可以有几种形式，如超小字号的文字、与背景同样颜色的文字、放在表格input标签里面的文字、通过样式表把文字放在不可见的层上，或通过样式表把文字放在远远超出屏幕尺寸的地方等。其目的也是想提高网页的相关性和关键词密度。

（4）隐藏链接。隐藏链接和隐藏文字相似，区别是把关键词放在链接里面，而这个链接也是用户所看不到的。

（5）隐藏页面。使用程序或脚本检测访问者是搜索引擎还是普通用户。如果是搜索引擎，则程序就返回经过优化的（往往就是充满关键词的）网页版本；如果来访的是普通用户，则返回的是另外一个更适合阅读的版本。

（6）购买链接。如果纯粹为了提高网页级别PR或提高搜索引擎排名而去其他网站购买链接，则也会被当作作弊手段。

（7）链接工厂。链接工厂也称为链接农场。它建立大量没有实质内容的网站，目的就是互相链接或整个链接工厂一起推一个目标网站。外部链接是SEO最难做的部分之一，掌握了一个大型链接工厂就等于掌握了大量自己能控制的外部链接，但同时也有很大的风险。

2. 网站健康检查

为避免被搜索引擎惩罚并提高排名，网站必须常常进行健康检查。常用的方法如下：

1）用雅虎检查网站链接情况。通过Yahoo！Explorer等工具检查网站反向链接，查看反向链接里是否有大量明显的论坛、博客、留言本等垃圾链接，如果有则需要改进。

2）检查收录情况。在主要搜索引擎网站检查网页收录情况，收录不充分的网站通常在链接结构方面有问题。

3）检查网站所在IP地址上还有哪些网站。用reverse IP（http：//www.domaintools.com/reverse-ip/）工具检查网站所在IP地址上还有哪些其他网站。随机挑几个域名，检查在主要搜索引擎网站的收录和排名情况。如果这些网站收录都有问题，则这个IP应该也有问题。

4）网站首页和几个主要栏目页的直观感觉。例如，检查首页底部是否有大量友情链接，这些友情链接如果还恰巧在同一个IP地址上，那就更说明问题了。再如，网页标题长度，是不是浏览器整个标题栏都没显示完？这是很多人最喜欢堆积关键词的地方。再看看描述标签和关键词标签等是否存在堆积的倾向。

5）检查是否有隐藏文字。例如，按〈Ctrl + A〉组合键选择网页上的所有内容，这时候是不是能看到全选之前没看到的文字？看一下CSS文件中有没有把文字尺寸设为零，放在不可见的层或放在屏幕不能显示的位置？

6）网站结构和网址静态化。例如，有的网站URL中带有一大堆问号。

互联网瞬息万变，每天都在不断上演着革新，技术更新迭代更是层出不穷。新的竞争对手网站每天都出现，搜索引擎每天都在调整算法，用户爱好和热点也在变化，所以SEO是个动态过程，需要不断学习。但不论索引和排名技术怎么变化，搜索引擎有个不变的宗旨，就是给用户提供有用、相关的信息。

本章小结

1. 网络营销的发展

1）网络营销是借助于互联网络、信息通信技术和数字交互式媒体来实现营销目的的活动。网络营销通过Internet等电子手段促进产品、服务及思想（知识）的交换，以实现买卖双方的目标，从而建立并维护客户关系的过程。

2）网络营销与传统营销的比较：网络营销具有传统营销无法比拟的优势；网络营销的互动性极强；网络消费者个性化趋势日益突出；网络营销使购物过程更加容易和理智；网络营销有利于降低企业成本费用。

3）网络营销与传统营销理论："4Ps"理论与"4Cs"理论。

2. 网络营销的职能和方法

1）网络营销的主要职能：树立品牌、网上调研、信息发布和销售促进、网络消费者分析、网络营销策略制定等。

2）网络营销的主要方法：网络广告、社会化媒体营销、广告联盟营销、电子邮件营销、口碑营销、定制营销、搜索引擎营销等。

3. 搜索引擎营销

1）搜索引擎的分类：全文搜索引擎、目录索引类搜索引擎、元搜索引擎。

2）搜索引擎的工作流程：爬行和抓取、索引、搜索词处理、排序。

3）搜索引擎优化的概念：在符合用户友好性及搜索引擎算法的基础上，使用网站内及网站外的优化手段，使网站在搜索引擎的关键词排名提高，从而获得目标搜索流量，进而产生直接销售或建立网络品牌。

4）搜索引擎友好的网站设计：基本原则是内容的相关性、网页的权威性和网站的实用性。网站设计的基本要求是搜索引擎蜘蛛能找到网页、抓取网页并提炼有用信息。

5）关键词优化分析：关键词的含义、选择关键词的主要原则和步骤。

6）站内优化：优化网站结构及内部链接、页面SEO优化。

7）外部链接建设：搜索引擎对反向链接的分析、获得外部链接的策略。

8）SEO优化误区与网站健康检查：常见的SEO作弊手法；网站健康检查。

习　题

1. 简述传统营销和网络营销有何不同。
2. 解释网络营销理论从4Ps到4Cs的转变。
3. 说说社交媒体营销的优势。
4. 网络广告有哪些类型？
5. 网络营销具有哪些职能？
6. 简述搜索引擎的工作流程。

7. 为什么要进行搜索引擎优化?

8. 选择关键词的主要原则是什么?如何选择关键词?

9. 指出外部链接、反向链接及导出链接的含义与区别。

10. 在搜索引擎优化中，有哪些常见的作弊手段?请举例分析。

11. 实验与实践:

1）浏览几家在线旅游代理公司（携程、阿里旅行、去哪儿网、途牛等，以及国外旅游网站)，比较其中3家公司的网络营销方法有何不同。

2）针对某一网站，运用本章所学知识指出其搜索引擎优化的问题并提出改进建议。

参考文献

[1] 程大为. 电子商务概论 [M]. 北京: 中国财政经济出版社, 2010.

[2] 冯英健. 网络营销基础与实践 [M]. 4版. 北京: 清华大学出版社, 2013.

[3] 褚福灵. 网络营销与策划 [M]. 北京: 经济科学出版社, 2007.

[4] 昝辉 Zac. 网络营销实战密码: 策略、技巧、案例 [M]. 北京: 电子工业出版社, 2013.

[5] 埃弗雷姆·特班, 戴维·金, 等. 电子商务——管理与社交网络视角 [M]. 时启亮, 等译. 北京: 机械工业出版社, 2014.

[6] Eric Enge, Stephan Spencer, Rand Fishkin, 等. SEO艺术 [M]. 昝辉 Zac, 译. 北京: 电子工业出版社, 2012.

[7] 昝辉 Zac. SEO实战密码: 60天网站流量提高20倍 [M]. 北京: 电子工业出版社, 2015.

[8] 痞子瑞. SEO深度解析 [M]. 北京: 电子工业出版社, 2015.

[9] 藏锋者, 崔旭, 郝永清. 实战SEO实用技法案例剖析 [M]. 北京: 电子工业出版社, 2011.

第5章 电子商务物流与供应链管理

本章学习目标

- 电子商务与物流的关系。
- 电子商务环境下的几种物流模式。
- 采购管理的含义，电子商务环境下的采购管理流程。
- 库存管理，电子商务下几种常见的库存管理方法。
- 电子商务物流配送的概念和特征，电子商务物流配送流程及构成。
- 供应链管理的概念，电子供应链的构成以及电子供应链的管理策略。
- 跨境电子商务物流管理。

案例导入

亚马逊如何履行订单

在传统零售业中，顾客走进商店购买物品，然后将所购物品带回家；而在电子零售业中，物品由供应商运送至顾客家中，所以，关键是保持物品的库存，而保有库存和运输产品需要成本和时间，从而削弱了电子零售业的优势。那么电子零售业的国王——亚马逊面对这种形势是如何处理的?

亚马逊成立于1995年，采用虚拟的业务模型——无仓库、无库存、无货运。这种模型的理念就是接受订单、电子收款，然后再让其他企业履行订单。不久，就发现这种模式虽然适合小公司，但明显不适合大型的销售商。

亚马逊决定改变商业模式，并开始处理自己的仓库。公司花费了近两亿美元在城镇周围建造仓库，成为仓库管理、仓库自动化、包装和库存管理中的世界级领先者，并为其他零售商提供租借仓储空间，而产品的运输则外包给了UPS和美国邮政。

亚马逊根据不同的商品类别设立不同的订单履行中心或配送中心，这样能够做到配送中心的专业化，提高配送中心的处理效率。亚马逊将库存控制在最低水平，维持库存，确保只有200种最受欢迎的畅销品。一般情况下，顾客买书下了订单后，亚马逊才从出版商那里进货。因为库存小，所以库存周转很快，据统计，亚马逊的库存平均周转次数达到19.4次，而Wal-Mart的库存周转次数不过7次左右。与供应商保持好的关系是控制库存的保证。亚马逊将物流作为促销的手段，经常在节假日推出免费送货服务门槛，如99美元、49美元和25美元等类型的促销方式。亚马逊还为消费者提供不同的送货方案，满足其个性化需求，任何消费者都可选择适合自己的送货方式和送货时间，送货方式如空运、陆运、海运，送货时间如一日送货、两日送货、三日送货等。

亚马逊是如何有效地履行成千上万份订单的呢？

第一步，当顾客在线提交订单时，计算机程序便检查相应物品的存储位置，以确定公司的分配中心是否能够完成该订单的供应，很多情况下，亚马逊确定供应商是否能完成订单的供应，这时亚马逊只是充当了一个中介的角色。在这一步骤中，电子订单被自动传输到最合适的分配中心或供应商处。

第二步，由货物配送总机在分配中心接收所有订单，并通过电子方式将任务分配给特定的员工。

第三步，物品（如书籍、游戏程序、CD等）存放在货柜中。每个货柜都有一盏红色的灯和一个按钮。在订单中物品分配时，相应物品货柜的灯就自动亮起来。采货员就按行依次将亮红灯的货柜中的物品拿一件出来，并且按下按钮使灯复位。如果红灯还亮着，则他们就取出另外一件货品，直到红灯熄灭。

第四步，选中的货品放入板条箱里在传送带上传送。每个仓库都有一个长度超过16000m的复杂的传送带系统。各板条箱可以到达多个目的地，在复杂的传送带的15个不同点上，条形码阅读器（自动的或手动的）对板条箱的物品进行识别。这样可以随时追踪货品位置，将误差降为零。

第五步，所有的板条箱到达一个集散中心，在那里进行条形码与订单号的匹配检查。箱中的货品从板条箱中卸到斜槽并最终滑入纸板箱里。尖端技术允许多个员工在仓库不同的位置来分拣货品，并到达相同的斜道，分拣入同一个盒子。

第六步，如果需要特别包装，则由工人来完成。

第七步，箱子被包装、封带、称重、加标签并发送到仓库40个卡车站点中的一个，在那里，它们将被运往UPS或美国邮政服务公司。

该系统使亚马逊可以提供更低的价格并保持竞争力，尤其是当公司成长为一个销售巨型在线市场时，订单管理、库存管理、物流管理等是其正常运营的重要保证。

5.1 电子商务物流管理

5.1.1 电子商务物流的含义

物流是物品从供应地向接收地的实体流动过程中，根据实际需要，将运输、储存、采购、装卸搬运、包装、流通加工、配送、信息处理等功能有机结合起来实现用户要求的过程。百度百科将物流管理定义为：物流管理（Logistics Management）是指在社会生产过程中，根据物质资料实体流动的规律，应用管理的基本原理和科学方法，对物流活动进行计划、组织、指挥、协调、控制和监督，使各项物流活动实现最佳的协调与配合，以降低物流成本，提高物流效率和经济效益。

电子商务物流管理可以理解为“物流管理电子化”，利用电子商务技术（主要是计算机技术和信息技术）进行物流运作与管理，实现企业间物流资源的共享和优化配置，是推动物流行业发展的新型商业模式。电子商务物流管理包括采购管理、库存管理、运输管理和配送管理等四个环节。

5.1.2 电子商务与物流的关系

1. 物流对电子商务的影响

党的二十大报告指出，要确保重要产业链供应链安全。物流与供应管理对电子商务企业来说至关重要。

（1）物流是实现电子商务的重要保证。电子商务的优势之一是能大大简化业务流程，降低企业运作成本。物流是电子商务的重要组成部分，电子商务环境下，企业成本优势的建立和保持必须以可行和高效的物流运作为前提。电子商务企业要在竞争中取胜，不仅需要合适的产品，正确的营销策略及方式，更需要加强“品质经营”，强调时效性，其核心既包括服务、产品、信息和决策反馈的快速性，也包括物流配送的及时性。电子商务的核心内容是商品的交易，而商品交易涉及四个方面：商品所有权的转移、货币的支付、信息的获取与应用、商品本身的转交，即商流、资金流、信息流、物流。对于少数商品和服务来说，可以直接通过网络传输的方式进行配送，如各种电子出版物和信息咨询服务等。而对于大多数商品和服务来说，物流仍要经由物理方式传输，只有商品和服务真正到达顾客手中，商务活动才告终结。没有现代化的物流，轻松的商务活动只会退化为一指空文。所以说，物流是实现电子商务的重要保证。

（2）物流影响电子商务的运行质量。物流是一种服务，面临着服务信誉和服务质量的问题。对电子商务企业来说，货物送达是用户在购物过程中唯一一次与商家面对面的机会。物流服务的质量，将直接影响企业在客户心中的形象，从很大程度上决定了是否还有下一次交易的可能。在以客户为中心的电子商务时代，每一个与客户接触的环节，都会影响与客户关系的建立以及对客户忠诚度的培养。

（3）物流是实现电子商务企业盈利的重要环节。良好的物流管理可以大大降低企业成本。在传统商务交易中，物流成本可以占到商品总价值的30%～50%，而现代物流业可以大大降低来自该部分的成本。

综上所述，物流在电子商务中的作用至关重要。电子商务必须以现代物流技术为支持，才能体现出其具有的无可比拟的先进性和优越性。

2. 电子商务对物流的影响

（1）电子商务给物流带来了新的机遇。电子商务环境下，事务处理实现了信息化，物流成为整个市场的运行核心之一。物流企业成为代表所有生产企业、供应商向用户进行实物供应的最集中、最广泛的提供者，是进行市场实物供应配送的唯一主体。电子商务把物流提升到了前所未有的高度，可以说，电子商务为物流的发展提供了新的机遇。

首先，电子商务可使物流实现网络的实时控制。在电子商务环境下，物流的运作是以信息为中心的，信息不仅决定了物流的运动方向，也决定了其运作方式。在实际运作过程中，通过网络进行信息传递，商家可以实现对物流的实时控制，使物流更加合理化。

其次，电子商务的蓬勃发展必将导致物流企业的逐渐强化。在电子商务环境里，消费者在网上的虚拟商店购物，并在网上支付，配送的功能则由物流企业承担。也就是说，虽然实际的商店、银行没有了，但是物流企业的事务非但没有简化，反而加重了。物流企业不仅要将消费者从在线商店订购的货物送到用户手中，还要及时调整库存。物流企业既要为生产企业服务，又要为在线商店服务，还要为具体的消费者服务。

最后，电子商务促进了第三方物流的极大发展。第三方物流是指由物流劳务的供方、需方之外的第三方去完成物流服务的物流运作方式。因为电子商务的跨时域性和跨区域性，要求其物流活动也具有跨区域或国际化特征。而在线商店一般很少投资建设自己大范围的配送网络，所以他们对第三方物流的要求也是十分迫切。第三方物流可大大简化交易过程，减少货物周转环节，降低流通费用。

（2）电子商务给物流带来了新的挑战。电子商务对物流的发展带来机遇的同时也带来了挑战，对物流企业提出了更高的要求。

首先，电子商务对物流的时效性提出了更高的要求。电子商务最大的优势就是能简化业务流程，降低运作成本。而电子商务下企业的成本优势必须以可靠和高效的物流作为保证。现代企业竞争的核心就在于“时效性”，包括服务的及时性、产品的及时性、信息的及时性以及决策反馈的及时性。这些都必须建立在强大的物流能力的基础之上。

其次，电子商务使物流需求发生了新的变化。Internet 的推广将整个世界联系在一起，加快了世界经济的一体化。因为电子商务的跨区域性和跨时域性，使物流需求出现明显的跨国性。国际物流在企业商务活动中必然占有越来越重要的地位。

5.1.3 电子商务物流模式

电子商务物流模式是指以市场为导向、以满足顾客要求为宗旨、获取系统总效益最优化的、适应现代社会经济发展的物流模式。它主要包括自营物流、物流联盟、第三方物流和第四方物流。

1. 自营物流

自营物流是指企业自身经营物流。自营物流是在电子商务刚刚萌芽的时期，那时的电子商务企业规模不大，从事电子商务的企业多选用自营物流的方式。企业自营物流模式意味着电子商务企业自行组建物流配送系统，经营管理企业的整个物流运作过程。一般而言，采取自营性配送模式的企业大都是规模较大的集团公司。有代表性的是连锁企业的配送，其基本上都是通过组建自己的配送系统来完成企业的配送业务，包括对内部各场、店的配送和对企业外部顾客的配送。例如，京东、苏宁易购等大型网上商城一般采用自营物流模式。

自营物流的优势有：①企业掌握了控制权。企业可以对物流系统运作的全过程进行有效的控制，协调物流活动的各个环节，能以较快的速度解决物流活动管理过程中出现的问题，获得供应商、销售商以及最终顾客的第一手信息，以便企业随时调整自己的经营战略。②降低了交易风险。企业通过企业内部控制原材料的采购、产成品的销售，避免多次交易费用，降低交易风险。③避免商业机密的泄露。当企业将运营中的物流要素外包时，可能会将企业经营中的商业信息泄露。④提高企业品牌价值。企业自营物流，就能够自主地控制营销活动，一方面，可以亲自为顾客服务，使顾客了解企业、熟悉企业产品，提升企业的形象；另一方面，企业可以掌握最新的顾客需求信息及市场信息以调整企业的战略方案，提高企业的竞争力。

自营物流的不足：①企业成本增加。企业投入大量资金用于库存设备、运输设备以及人力资本，必然会减少企业对其他重要环节的投入，削弱了企业的核心竞争力。②企业管理人员需要花费大量的时间、精力和资源去从事物流工作，导致效率低下，可能会影响企业主营业务的发展。③难以形成物流规模效应。对于规模不大的企业来说，其产品数量是有限的，采用自营物流，不能形成规模效应。一方面会导致物流的成本过高，另一方面，由于规模有限，因此不能更好地满足企业的需求。

2. 物流联盟

物流联盟是制造业、销售企业、物流企业基于正式的相互协议而建立的一种物流合作关系，参加联盟的企业汇集、交换或统一物流资源以谋取共同利益，合作企业仍保持各自的独立性。物流联盟为了达到比单独从事物流活动取得更好的效果，在企业间形成了相互信任、共担风险、共享收益的物流伙伴关系。企业间不完全采取导致自身利益最大化的行为，也不完全采取导致共同利益最大化的行为，只是在物流方面通过契约形成优势互补、要素双向或多向流动的中间组织。联盟是动态的，只要合同结束，双方又变成追求自身利益最大化的单独个体。

企业间物流联盟的组建方式：①纵向一体化物流联盟。该方式是指上游企业和下游企业发挥各自的核心能力，发展良好的合作关系，从原材料采购到产品销售的全过程实施一体化合作，形成物流战略联盟。②横向一体化物流联盟。该方式是由处于平行位置的几个物流企业结成联盟，能够弥补现有物流市场条块分割的现状。③混合模式。该方式是以一家物流企业为核心，联合一家或几家处于平行位置的物流企业和处于上下游位置的中小物流企业加盟组成。这些物流企业通过签订联盟契约，共同采购和配送，构筑物流市场，形成相互信任、共担风险、共享收益的集约化物流伙伴关系。混合模式是物流企业间为实现运作效率的提高而在职能分工的基础上进行优势互补的一种融合，是一种基于各自不同的核心竞争力的物流资源整合。以项目为管理联盟模式。④利用项目为中心，由各个物流企业进行合作，形成一个联盟。⑤基于 Web 的动态联盟。由于市场经济条件下的激烈的竞争，为了占据市场的领导地位，供应链应成为一个动态的网络结构，以适应市场变化、柔性、速度、革新、知识的需要，不能适应供应链需求的企业将从中淘汰，并从外部选择优秀的企业进入供应链。

3. 第三方物流

第三方物流（Third- Party Logistics，3PL）是指独立于买卖之外的专业化物流公司。第三方物流长期以合同或契约的形式承接供应链上相邻组织委托的部分或全部物流功能，因地制宜地为特定企业提供个性化的全方位物流解决方案，实现特定企业的产品或劳务快捷地向市场移动，在信息共享的基础上，实现优势互补，从而降低物流成本，提高经济效益。国际上知名的物流公司有 UPS、DHL、联邦快递、马士基等，国内有顺丰、德邦物流、中远物流等。

第三方物流在发展中已逐渐形成鲜明特征，主要表现在以下五个方面：

1）关系契约化。首先，第三方物流通过契约形式来规范物流经营者与物流消费者之间的关系。物流经营者根据契约规定的要求，提供多功能直至全方位一体化物流服务，并以契约来管理所有提供的物流服务活动及其过程。其次，第三方物流发展物流联盟也是通过契约的形式来明确各物流联盟参加者之间权责利的相互关系的。

2）服务个性化。首先，不同的物流消费者存在不同的物流服务要求，第三方物流需要根据不同物流消费者在企业形象、业务流程、产品特征、顾客需求特征、竞争需要等方面的不同要求，提供针对性强的个性化物流服务和增值服务。其次，从事第三方物流的物流经营者也因为市场竞争、物流资源、物流能力的影响需要形成核心业务，不断强化所提供物流服务的个性化和特色化，以增强物流市场竞争能力。

3）功能专业化。第三方物流提供的是专业物流服务。从物流设计、物流操作过程、物流技术工具、物流设施到物流管理必须体现专门化和专业水平，这既是物流消费者的需要，也是第三方物流自身发展的基本要求。

4）管理系统化。第三方物流应具有系统的物流功能，是第三方物流产生和发展的基本要求，第三方物流需要建立现代管理系统才能满足运行和发展的基本要求。

5）信息网络化。信息技术是第三方物流发展的基础。物流服务过程中，信息技术发展实现了信息实时共享，促进了物流管理的科学化，极大地提高了物流效率和物流效益。

第三方物流的主要优势：①可以使企业集中精力于核心业务，而把物流等辅助功能留给第三方物流公司。②灵活运用新技术，实现以信息换库存，降低成本。③减少固定资产投资，加速资本周转。企业自建物流需要投入大量的资金，对于缺乏资金的企业，特别是中小企业而言是沉重的负担。而第三方物流不仅减少了设施的投资，还解放了仓库和车队方面的资金占用，加速了资金周转。

第三方物流的主要劣势：①企业对物流的控制能力降低。由于第三方的介入，使得企业自身对物流的控制能力下降，在双方协调出现问题的情况下，可能会出现物流失控的风险，从而使企业的客服水平降低。②客户关系管理的风险。首先是企业与客户的关系被削弱。由于生产企业通过第三方来完成产品的配送与售后服务，因此同客户的直接接触少了，这对于建立稳定密切的客户管理非常不利。其次是客户信息泄漏风险。客户信息对企业而言是非常重要的资源，但第三方物流公司并不只面对一个客户，在为企业竞争对手提供服务时，企业的商业机密被泄漏的可能性将增大。③连带经营风险。第三方物流是一种长期的合作关系，如果服务商自身经营不善，则可能影响企业的经营，解除合作关系又会产生较高的成本，因为稳定的合作关系是建立在较长时间的磨合期上的。第三方物流确实能给企业带来多方面的利益，但这并不意味着物流外包就是所有企业的最佳选择。

4. 第四方物流

第四方物流（Fourth party logistics，4PL）是一个供应链的集成商，通过调集、管理和组织自己的以及具有互补性的服务提供商的资源、能力和技术，为客户提供一个综合的供应链解决方案。4PL利用了整个供应链的影响力，可以为用户带来更大的价值。

第四方物流最大的优越性在于它能保证产品得以更快、更好、更廉地送到需求者手中。当今经济形式下，货主/托运人越来越追求供应链的全球一体化，以适应跨境电子商务的需要，跨境电子商务企业同样需要集中精力于其核心业务，因而必须更多地依赖于物流外包。因此，他们不只是在操作层面上进行外包，而且在战略层面上也需要借助外界的力量，需要4PL提供的如下功能：①供应链管理功能，即管理从货主/物流企业到客户的供应全过程；②物流一体化功能，即负责管理物流企业之间在业务操作上的衔接与协调问题；③供应链再造功能，即根据货主/物流企业在供应链战略上的要求，及时改变或调整战略战术，使其经常高效率地运作，保证其所提供的物流服务速度更快、质量更好、价格更低。

第四方物流企业模式一般有三种，即协同运作模式、方案定制模式和行业创新者模式。

1）协同运作模式。该运作模式下，第四方物流企业与第三方物流企业建立合作关系，二者共同开发市场，在开发的过程中，第四方物流企业向第三方物流企业提供技术支持、供应链管理决策、市场准入能力以及项目管理能力等。

2）方案定制模式。该运作模式下，第四方物流企业只为一个用户运作和管理。通常由第四方物流企业与用户成立合资公司，用户在合资公司中占主要份额，因为大多数物流企业不希望将自己限制在一个用户中。

3）行业创新者模式。该模式也是作为第三方物流企业和客户沟通的桥梁，将物流运作的两个端点连接起来。第四方物流提供行业整体物流的解决方案，这样可使其运作规模能更大限度地扩大，使整个行业在物流运作上获得收益。

第四方物流无论采取哪一种模式，都突破了单纯发展第三方物流的局限性，能真正的低成本运作并实现最大范围的资源整合。

5.1.4 电子商务物流的基本技术

1. 射频识别（RFID）标签

RFID（Radio Frequency Identification，射频识别）是20世纪90年代开始兴起的一种自动识别技术，它利用射频信号通过空间电磁耦合实现无接触信息传递，并通过所传递的信息实现物体识别。RFID既可以看作一种设备标识技术，也可以归类为短距离传输技术。

RFID系统主要由三部分组成：电子标签（Tag）、读写器（Reader）和天线（Antenna）。其中，电子标签芯片具有数据存储区，用于存储待识别物品的标识信息；读写器是将约定格式的待识别物品的标识信息写入电子标签的存储区中（写入功能），或在读写器的阅读范围内以无接触的方式将电子标签内保存的信息读取出来（读出功能）；天线用于发射和接收射频信号，往往内置在电子标签和读写器中。

RFID技术的工作原理：电子标签进入读写器产生的磁场后，读写器发出的射频信号，凭借感应电流所获得的能量发送出存储在芯片中的产品信息（无源标签或被动标签），或主动发送某一频率的信号（有源标签或主动标签）；读写器读取信息并解码后，送至中央信息系统进行有关数据处理。

RFID的特点：无须接触、自动化程度高、耐用可靠、识别速度快、适应各种工作环境、可实现高速和多标签同时识别。RFID被广泛应用在物流管理、门禁安防系统、生产制造和装配、物品监视、汽车监控等多个领域。

2. RuBee

RuBee 是 IEEE 推出的无线传输标准之一，也被称为 IEEE 1902.1。RuBee 技术可以作为射频识别标签的重要补充，它可以在某种情况下消除射频识别标签的局限性。RuBee 依赖于低频磁性波来跟踪产品和交换信息。RuBee 并不是取代射频识别标签，而只是作为后者的补充。RuBee 的基地台或标签采用磁性播送方式，利用电磁波来传送资料，由于电磁波的特性是可以穿透绝大部分的物体，这个特性协助 RuBee 应用在 RFID 无法使用的环境中，如金属、水、石头，甚至是电子噪声干扰严重的环境。RuBee 在资料接收方面降低了敏感性，也使其不易读入环境的噪声。

RuBee 网络目前已经应用在商业化领域中，包括医院和手术室中的高价值医疗设备的智能货架；用于库存追踪的智能商店和仓库货架，以及用于家畜、珍禽等进口动物的农业网络中。

3. 条码技术

条码（BarCode）是将宽度不等的多个黑条和空白，按照一定的编码规则排列，用以表达一组信息的图形标识符。条码又被称为条形码，最早出现于 20 世纪 40 年代，到了 20 世纪 70 年代，才真正应用于生产领域。

条码技术包括条码编码技术、快速识别技术和计算机管理技术，它是实现计算机管理和电子数据交换必不可少的前端采集技术。物流条码是物流过程中用以标识具体实物的一种代码，利用识读设备可以实现自动识别和自动数据采集。条码隐含着数字信息、字母信息、标志信息、符号信息，主要用以标识商品的名称、产地、价格、种类等，是全世界通用的商品代码标识方法。

条码的工作原理是黑色条对光的反射率低而白色空白对光的反射率高，黑条和空白的宽度不同，使得扫描光线产生不同的反射接收效果，反射光照射到条码扫描器内部的光电转换器上，光电转换器根据强弱不同的反射光信号，转换成相应的电信号，形成可以传输的电子信息。

条码技术根据编码方式的不同分为一维码技术和二维码技术。

一维码包括 UPC 商品条码、EAN 商品条码、Code39 条码等。例如，EAN-13 码是一种常见的、通用的终端产品条形码标准，主要应用在超市和其他零售业。如某产品的 EAN-13 码是 6901234567892，其中前三位组成前缀码，表示国家的代码，由国际物品编码协会统一决定，我国为 690-692；中间 4 位数字组成制造商代码，由我国物品编码中心统一分配并注册，一厂一码；之后 5 位数字为产品代码，标识每个制造商的商品，由厂商根据规定自己编制，其字符集为 0 ~9；最后一位为校验码，用以检验前面各码的正误。

二维码是指能够在横向和纵向两个方向同时表达信息，不仅能在很小的面积内表达大量的信息，而且能够表达汉字和存储图像。二维码依靠其庞大的信息携带量，能够阅读过去使用一维码技术的信息，并且还有错误修正技术及防伪功能，增加了数据的安全性。二维码主要有 PDF417 码、Code49 码、Code 16K 码、Data Matrix 码、MaxiCode 码等。由于其具有信息量大、可靠性高、保密性高、抗损性强、防伪性强等优点，现在已经应用在国防、公共安全、交通运输、医疗保健、工业、商业、金融、海关及政府管理等多个领域。

4. 地理信息系统技术

地理信息系统（Geographic Information System，GIS）是以地理空间数据库为基础，在计算机硬、软件系统的支持下，对整个或部分地球表层（包括大气层）空间中的有关地理分布数据进行采集、储存、管理、运算、分析、显示和描述的技术系统。GIS 把地图的视觉和空间地理分析功能与数据库功能集成在一起，提供了一种对空间数据进行分析、综合和查询的智能化手段。

GIS 一般包括计算机系统（硬件和软件）、地理数据库系统、应用人员与组织机构三个基本部分。计算机软件系统由核心软件和应用软件组成；地理数据库系统由数据库和地理数据库管理系统组成，地理数据库主要用于数据维护、操作和查询；地理信息系统的开发需要技术和经验，需要投入高强度的人力和开发资金，所以应用人员与组织机构是必不可少的。

GIS 在物流中的应用主要表现在以下几方面：①利用 GIS 强大的地理数据功能来完善物流分析技术；②实时监控车辆等移动目标的位置，根据道路交通状况向移动目标发出实时调度指令；③与 GPS 和无线通信技术有效地结合，再辅以车辆路线模型、最短路径模型和网络物流模型等，建立功能强大的物流信息系统，使物流变得实时且成本最优。

5.2 电子商务采购管理

5.2.1 采购管理

1. 采购管理的含义

采购管理是指从计划下达、采购单生成、采购单执行、到货接收、检验入库、采购发票的收集到采购结算的采购活动的全过程，对采购过程中物流运动的各个环节状态进行严密的跟踪和监督，实现对企业采购活动执行过程的科学管理。采购管理是企业生产管理和经营管理中的一个重要环节，在电子商务日益发展的大背景下，企业也正在从传统的采购模式向电子商务的电子采购模式不断发展。采购管理流程一般包括采购计划管理、采购订单管理和发票管理三部分。

（1）采购计划管理。采购计划管理是对企业的采购计划进行制订和管理，为企业提供及时准确的采购计划和执行路线。采购计划包括定期采购计划（如周、月度、季度、年度）和非定期采购任务计划（如系统根据销售和生产需求产生的采购计划）。通过对多对象、多元素的采购计划的编制和分解，将企业的采购需求变为直接的采购任务，一般情况下企业的采购计划可以通过以销定购、以销定产、以产定购的多种采购应用模式进行制订。

（2）采购订单管理。采购订单管理以采购单为源头，对供应商确认订单、发货、到货、检验、入库等采购订单流转的各个环节进行准确的跟踪，实现全过程管理。采购订单包括多种形式的流程，通过流程配置可进行多种采购流程选择，如订单直接入库，或经过到货质检环节后检验入库等。在整个过程中，企业可以实现对采购存货的计划状态、订单在途状态、到货待检状态等的监控和管理。采购订单可以直接通过电子商务系统发向对应的供应商，进行在线采购，生成电子订单。利用电子商务系统，可以提高企业采购订单管理的效率。

（3）发票管理。发票管理是采购结算管理中重要的内容，采购货物是否需要暂估，劳务采购的处理，非库存的消耗性采购处理，直运采购业务，受托代销业务等均是在此进行处理。通过对此流程进行配置，一般允许用户更改业务处理规则，也可定义新的业务处理规则，以适应企业业务的不断重组，流程不断优化的需要。电子商务背景下的采购管理所处理的业务大多数是电子采购业务，利用电子采购数据进行发票管理可以提高检验效率和准确率。

2. 采购管理的职能

（1）保障供应。采购管理最首要的职能，就是要实现对整个企业的物资供应，以保障企业生产和生活的正常进行。

（2）供应链管理。在市场竞争越来越激烈的当今社会，企业之间的竞争实际上就是供应链之间的竞争。企业为了有效地进行生产和销售，离不开供应商企业的支持和相互之间的协调配合。一方面，只有把供应商组织起来，建立起一个供应链系统，才能形成一个友好及协调的采购环境，保证采购供应工作高效顺利地进行；另一方面，通过与供应商沟通、协调采购供应操作，才能建立起友好的供应商关系，从而建立起供应链，并进行供应链运作和管理。

（3）信息管理。采购管理部门是企业和资源市场的物资输入窗口，同时也是企业和资源市场的信息接口。所以采购管理除了保障物资供应、建立起友好的供应商关系之外，还要随时掌握资源市场信息，并反馈到企业管理层，为企业的经营决策提供及时有力的支持。

5.2.2 电子商务下的采购管理

电子商务采购是在电子商务环境下的采购模式，即网上采购，又被称为电子采购。通过建立电子商务交易平台，发布采购信息，或主动在网上寻找供应商、寻找产品，然后通过网上洽谈、竞价、订货、支付，最后通过物流进行货物配送，完成整个交易活动。

1. 电子商务下的采购流程

电子商务采购程序主要包括采购前的准备工作、采购中供需双方的磋商、合同的制定与执行、交付与清算等环节。

（1）采购前的准备工作。对于采购商来说，采购前的准备过程就是向供应商进行宣传和获取有效信息的过程。在电子商务环境条件下，供应商通过电子商务平台积极把自己产品的信息资源（如产品价格、质量、公司状况、技术支持等）发布出去，采购商随时通过网络查询并掌握自己所需要的商品信息资源，双方推拉互动，共同完成商品信息的供需实现过程。电子采购的信息交流通过网络完成，跨越了时间和地域的限制，其速度和效率是传统方式所无法比拟的。

（2）供需双方的磋商。在电子商务环境下，传统采购磋商的单据交换可以演变为记录、文件或报文在网络中的传输过程。企业一旦选择了合适的能保证最佳产品质量、最合理价格、最优质服务的供应商，就可以在网上与其进行磋商、谈判。各种商贸单据、文件（如价目表、报价表、询盘、发盘、订单、订购单应答、订购单变更要求、运输说明、发货通知、付款通知、发票等）在电子商务交易中一般都转化成标准报文格式，以减少漏洞和失误，规范整个采购过程。

（3）合同的制定与执行。磋商完成之后，通过电子商务平台制定具有法律效力的电子合同，一方面可以杜绝采购过程中的不规范行为，另一方面也可以避免因无效合同引起的经济纠纷。在此过程中，所有电子报文的准确性、机密性、完整性等安全要素皆由电子商务平台来保证。

（4）支付与清算过程。企业与供应商进行支付与结算一般通过两种方式。一种是电子货币，包括电子现金、电子钱包和电子信用卡等；另一种是电子支票，如电子支票、电子汇款、电子划款等。前者主要用于企业与供应商之间的小额支付，后者主要用于企业与供应商之间的大额资金结算。

2. 电子商务采购优势

与传统采购相比，电子商务采购具有以下优势：

（1）减少了采购环节，提高采购效率。首先，通过电子商务平台可以更加有效地组织管理企业的内部资源进行集中采购，减少了采购环节；其次，采购人员合理地利用采购平台进行供应商选择、产品询价、订货等活动，可以大大提高采购效率。

（2）缩短了采购周期，降低了采购成本。在电子商务环境下，企业与供应商之间可以随时了解对方需求，并在网上开展询价、洽谈及交易等业务活动，这样大大节约了采购时间，缩短了采购周期。同时，由于互联网费用低廉，网上交易成本降低，因此还可以大大减少现行“少批量、多批次”带来的物流效率低、劳务运输成本高的问题。

（3）降低了库存率，最终实现“零库存”。在传统采购管理中，库存原料占用了大量的资金，严重影响了资金的周转。实行电子采购后，可以提高物流速度和库存周转率。电子采购的另外一个优势是信息共享，在这种环境下，企业与供应商的信息沟通更加方便、准确、及时，交易双方可以随时了解对方的需求，也可以在第一时间与对方分享采购信息。所以，供应商便可快速响应企业需求，企业则可以实现准时化采购，最终实现“零库存”的目标。

（4）提高了采购的透明度，采购过程公开、公平、公正。将采购信息和采购流程在网络公开，可避免交易双方有关人员的私下接触。基于电子商务的采购平台，由计算机根据设定的采购流程自动进行价格、交货期、服务等信息的确定，整个采购活动都公开于网络之上，方便监督，使采购更透明、更规范。

3. 电子商务采购管理的特征

（1）由库存驱动到订单驱动。传统采购模式下，采购的主要目的是补充库存。企业按照库存情况进行采购，不仅灵活性不够，而且还占用了大量的资金，极大地影响了企业的资金流转，因此通常情况下采购部门所制订的采购计划难以适应制造需求的变化。电子商务采购模式下，采购活动由库存驱动变为订单驱动。客户需求订单驱动产生了制造订单，而制造订单又驱动产生了采购订单，采购订单再驱动供应商进行采购。这种订单驱动模式，不仅可以准时响应用户的需求，还可以帮助企业降低库存成本，从而达到提高物流速度、加快资金的流动和库存周转率的目的。

（2）由采购管理到外部资源管理。与电子商务采购管理相比，传统采购管理的不足之处在于缺乏与供应商之间的合作和联系，缺乏柔性以及快速响应的能力。准时生产方式

(Just In Time，JIT) 对企业的物流管理提出了严峻的挑战，它要求企业提高自身采购的柔性和市场快速响应的能力，加强与供应商之间的联系和合作，建立新的供需合作模式。因此，电子商务采购管理从单纯的采购管理转变为外部资源的管理，以适应 JIT 的要求。

(3) 供需双发的地位发生变化。长期以来，受各方面条件的限制，企业间信息不畅，生产企业仅仅在当地的有限供应商中进行选择，在原材料的供应时间和供应量方面都受到上游供应商的很大制约。电子商务下的电子采购面对的是全国市场乃至全球市场，这使得企业可以突破传统采购模式，货比多家。在比质量、比价格的基础上找到满意的供应商，既可以大幅度地降低采购成本，又可以督促供应商提高服务水平和原材料质量。

(4) 与供应商之间的关系由一般买卖关系到战略合作伙伴关系。在传统的采购模式下，供应商与需求企业之间由于过分重视眼前的经济利益，没有看到双方合作能产生的优势，供应商与企业之间只是一种单纯的买卖关系。但是在这种简单的关系下，供应商与需求企业之间将无法解决一些涉及全局性、战略性的问题，如库存问题、风险问题、协调问题、采购成本问题等。而在电子商务背景下的基于战略伙伴关系的采购方式为解决这些问题创造了条件。

5.3 电子商务库存管理

5.3.1 库存管理的含义

1. 库存管理的概念

库存管理同样是企业管理中一个极其重要的环节。企业的库存管理实际上是指企业各种物资运动的管理，即如何根据企业的实际需求保持各种原来的合理库存量，对企业库存进行分类及重点管理，同时确定订货时点，以及订货，使企业的库存总成本最低。

库存管理包含仓库管理和库存控制两部分。仓库管理也叫仓储管理，是指对仓储货物的收发、结存等活动的有效控制，其目的是为企业保证仓储货物的完好无损，确保生产经营活动的正常进行。库存控制则是要求控制合理的库存水平，即用最少的投资和最少的库存管理费用，维持合理的库存，以满足使用部门的需求和减小缺货损失。

2. 库存管理的重要性

库存管理的主要作用是在保证企业生产、经营需求的前提下，使库存量经常保持在合理的水平上；掌握库存量动态，适时、适量提出订货，避免超储或缺货；减少库存空间占用，降低库存总费用；控制库存资金占用，加速资金周转。

因此，库存的合理控制是库存管理中最重要的问题。库存量过大会造成：①仓库面积和库存保管费用增加，从而提高了产品成本；②占用大量的流动资金，加重货款利息等负担，影响资金的时间价值和机会收益；③企业资源的大量闲置，影响其合理配置和优化；④掩盖企业生产、经营全过程的各种矛盾和问题，不利于企业提高管理水平。库存量过小也会带来不良影响：①造成服务水平的下降，影响销售利润和企业信誉；②造成生产系统原材料或其他物料供应不足，影响生产过程的正常进行；③使订货间隔期缩短，订货次数增加，从而使订货（生产）成本提高；④影响生产过程的均衡性和装配时的成套性。

3. 库存管理方式

（1）供应商管理库存（VMI）。供应商管理库存（Vendor Managed Inventory，VMI）是指供应商等上游企业基于其下游客户的生产经营和库存信息，对下游客户的库存进行管理与控制。该方式以供应商为中心，以双方最低成本为目标，在一个共同的框架协议下把下游企业的库存决策权代理给上游供应商，由供应商行使库存决策的权利，并通过对该框架协议经常性地监督和修改，以实现持续改进。供应商收集分销中心、仓库和 POS 数据，实现需求和供应相结合，下游企业只需要帮助供应商制订计划，从而下游企业实现零库存，供应商的库存也大幅度减少。VMI 是一种很好的供应链库存管理策略，它能够突破传统的条块分割的管理模式，以系统的、集成的管理思想进行库存管理，使供应链系统能够获得同步化的运作。

（2）零售商管理库存（RMI）。零售商管理库存（Retailer Managed Inventory，RMI）是指由零售商对库存管理与控制。零售商通常根据对历史销量及现实销售情况的预测，确定一个较客观的订货量，为了保证这个订货量是及时可得的，并且能够适应客户需求增量的变化，零售商通常会将预测订货量做一定的放大后向批发商订货。批发商处于同样的考虑，也会在汇总零售商订货的基础上再做一定的放大，然后向销售中心订货。因此，零售商管理库存会出现这样的现象：从零售商经批发商、分销商再到供应商订货，订货量会一级一级地放大，即牛鞭效应。为了解决这个问题，就需要上述的供应商管理库存。

（3）联合库存管理（JMI）。联合库存管理（Jointment Managent Inventory，JMI）是介于供应商管理库存和零售商库存管理之间的一种库存管理方式，顾名思义，就是由供应商与零售商共同管理库存，进行库存决策。它结合了对产品制造更为熟悉的生产或供应商以及掌握消费市场信息的零售商各自的优点，能更准确地对供应和销售做出判断，并且平衡上下游企业的权利，共担风险，强调了供应链中各企业的合作互利的关系，有效地解决了供应链系统中需求变异放大的牛鞭效应。

5.3.2 电子商务下的库存管理方法

库存管理的方法很多，下面重点介绍 ABC 管理法、经济订货批量法、定期订货法和零库存管理。

1. ABC 管理法

ABC 管理法（ABC Analysis），又称为帕累托分析法、主次因分析法、ABC 分析法、分类管理法、重点管理法。它是一种以某一具体事项为对象，根据事物的经济、技术等方面的主要特征，运用数理统计方法，进行统计、排列和分析，抓住主要矛盾，分清重点与一般，从而有区别地采取管理的定量管理方法。

ABC 管理法的原理是以某类库存物资品种数占物资总品种数的百分数和该类物资金额占库存物资总金额的百分数大小为标准，将库存物资分为 A、B、C 三类，进行分级管理。其中：①A 类物资品种少，占用资金多，采购较难，其价值占库存总值的 60%～80%，品种数为总品种数的 15%～20%；②B 类物资品种介于 A 类和 C 类之间，占用资金一般，其价值占库存总值的 15%～35%，品种数为总品种数的 20%～30%；③C 类物资品种多，占用资金少，采购容易，其价值占库存总值的 5%～15%，品种数为总品种数的 50%～70%。ABC

管理法广泛应用于工业、商业、物资、人口及社会学领域，以及物资管理、质量管理、价值分析、成本管理、资金管理和生产管理等方面。

2. 经济订货批量法

在库存理论中，人们将库存分为独立性需求库存和相关性需求库存。独立性需求库存根据其主要参数（需求量、前置期等）的确定与否，分为确定型和随机型。确定型库存控制问题可用经济订货批量法来解决。

经济订货批量（Economic Order Quantity，EOQ）是能够平衡订单处理成本和存货占用成本，以实现总库存成本最低的订货量。其中，订单处理成本包括使用计算机时间费用、订货表格费用、人工及新到产品的处置费用等。存货占用成本包括仓储费、存货投资、保险费、税收、货物变质及失窃损失费等。其公式表示如下：

$$Q^* = \sqrt{2CD/K} = \sqrt{2CD/PF}$$

式中，Q^* 为经济订货批量；C 为单位订货处理成本，单位为元/次；D 为某库存物品的年需求量，单位为件/年；K 为单位库存平均年度存货占用成本，单位为（元/件，年）；P 为单位采购成本，单位为元/件；F 为单位库存平均年度存货占用成本与单件库存采购成本之比。

经济订货批量法是有前提条件的，主要包括每次订货的订货量相同，订货提前期固定，单位产品的价格是固定的，需求率固定不变，且在整个时间段内保持一致；存储成本以平均库存为计算依据，订购成本或生产准备成本固定；不允许发生缺货且所订产品瞬时到货。

经济订货批量控制法是对库存进行定量和定期控制的一个最基本的管理方法。订单处理成本随着每次订货数量的增加而下降，因为只需较少的订单就可以获得相同的商品总数；而存货占用成本随着每次订货数量的增加而上升，因为会有更多的商品必须存货保管，且平均保管时间也更长。这两种成本之和是总成本曲线，在总成本曲线上可以找到一个点，使得总库存成本达到最低。这个点对应的订货数量，就是企业一次订货的最佳数量，即经济订货批量。

3. 定期订货法

定期订货法是按预先确定的订货时间间隔按期进行订货，以补充库存的一种库存控制方法。其决策思路是：每隔一个固定的时间周期检查库存项目的储备量，根据盘点结果与预定的目标库存水平的差额确定每次订购批量。这里假设需求为随机变化，因此，每次盘点时的储备量都是不相等的，为达到目标库存水平而需要补充的数量也随之变化。

定期订货法的前提条件如下：

1）直接运用，更适用于单一品种的情况。

2）不但适用于随机型需求，也适用于确定型需求。

3）适用于品种数量大、平均占用资金少的、只需一般管理的B类和C类商品。

4. 零库存管理

零库存管理是即时生产方式（JIT）的重要管理方法，是指在生产与流通领域按照JIT方式组织物资供应，在整个过程中使得所管理企业或产出中心的库存最小化的技术的总称。零库存是特殊的库存概念，它并不是指仓库储存的某种或某些物品的储存数量真正为零，而是通过实施特定的库存控制策略，实现库存的最小化。

JIT 生产方式的基本思想是“只在需要的时候，按需要的量，生产所需的产品”，也就是追求一种无库存或库存达到最小化的生产系统。企业以顾客订货时所提出的对产品数量、质量、交货时间等的特定要求为组织生产的基本出发点，以满足顾客需求为起点，由后向前逐步推移来安排生产营销任务。这种方式以后面的程序为主导，前面的程序只是被动、严格地按时、按质、按量完成后面程序所提出的生产营销任务。

实现零库存是有前提条件的。第一，实现零库存是有其难度和运作成本的。要想实现零库存生产就必须有过硬的管理手段来支撑。丰田汽车生产线能做到零存货，不仅因为它具有先进的管理手段，还在于它的零部件供应商设在丰田厂周围，或其零部件仓库安排在其周围。也就是说，零库存需要建立在“零距离”的基础之上。第二，零库存也很难应对其周围环境的突发情况。例如，在非典时期，已经实行零库存的医药厂商就不能及时地供应充足的医药，使大量的市场机遇流失。实际上，这个医药断货的情况，不光对于厂商，对于医院来说也是一个莫大的经济损失。第三，零库存管理其实也就是库存控制的延续和升华。要想做到零库存，首先认识到库存管理的战略意义，还要从头做起、从开始做起，做好最基本的库存控制，并制订适宜的库存战略管理计划，这样才能为将来的零库存战略积累丰富的经验和打下坚实的基础。

实现零库存可以采用的方法如下：

① 采用“多批次、少批量”的方式向用户配送货物。企业集中各个用户的需求，统筹安排，实施整车运输、增加送货的次数、降低每个用户和每个批次的送货量，从而提高运输效率。配送企业也可以直接将货物运送到车间和生产线，从而使生产企业呈现出零库存状态。

② 采用集中库存的方法向用户配送货物。通过集中库存的方法向用户配送货物，增加库存商品的品种和数量，形成规模优势，降低单位产品成本，同时，在这种有保障的配送服务体系的支持下，用户的库存也会自然地日趋弱化。

③ 采用“即时配送”和“准时配送”的方法向用户配送货物。为了满足客户的特殊要求，在配送方式上，企业采用“即时配送”和“准时配送”的方法向用户配送货物。“即时配送”和“准时配送”具有供货时间灵活、稳定、供货弹性系数大等特点。因此，作为生产者和经营者，采用这种方式，库存压力能够大大减轻，甚至企业会选择取消库存，实现零库存。

案例：戴尔公司的零库存管理

全球领先的 IT 产品及服务提供商戴尔公司，总部设在美国德克萨斯州的奥斯汀，于 1984 年由迈克尔·戴尔创立。戴尔公司是全球 IT 界发展最快的公司之一，1996 年开始通过网站 www.dell.com 采用直销手段销售戴尔的计算机产品。2004 年 5 月，戴尔公司在全球计算机市场的占有率排名第一，成为世界领先的计算机系统厂商。

戴尔公司创立之初是给客户提供计算机组装服务，先天在研发能力和核心技术方面与业界的 IBM、惠普等公司就有着一定的差距，要想在市场竞争中占据一席之地，必须进一步分析计算机价值链，依靠管理创新获取成本优势。因此，戴尔先是创造了直销模式，减少中间渠道，直接面对最终消费者，从而达到降低成本的目的，然后实施面向大规模定制的供应链管理，帮助戴尔与供应商有效合作并实现虚拟整合，实现零库存，降低库存周期及成本，从而获取高效率、低成本的优势，这也正是其核心竞争力所在。

7 小时库存：戴尔供应链高度集成，上游或下游联系紧密，成为捆绑的联合体。戴尔的营运方式是直销，在业界号称“零库存、高周转”。在直销模式下，公司接到订货单后，将计算机部件组装成整机。戴尔利用信息技术全面管理生产过程，通过互联网，戴尔公司和其上游配件制造商能迅速对客户订单做出反应：当订单传至戴尔的控制中心时，控制中心把订单分解为子任务，并通过网络分派给各独立配件制造商进行排产。各制造商按戴尔的电子订单进行生产组装，并按戴尔控制中心的时间表来供货。戴尔做的只是在成品车间完成组装和系统测试，其他事务由客户服务中心完成。经过优化后，戴尔供应链每 20s 汇集一次订单。通过各种途径获得的订单被汇总后，供应链系统软件会自动地分析出所需的原材料，同时比较公司现有库存和供应商库存，创建一个供应商材料清单。而戴尔的供应商仅需要 90min 的时间来准备所需要的原材料并将它们运送到戴尔的工厂，戴尔再花 30min 时间卸载货物，并严格按照制造订单的要求将原材料放到组装线上。由于戴尔仅需要准备手头订单所需要的原材料，因此工厂的库存时间仅有 7h。这一切取决于戴尔的雄厚技术基础———装配线由计算机控制，条形码使工厂可以跟踪每一个部件和产品。在戴尔内部，信息流通过自己开发的信息系统，与企业的运营过程及资金流同步，信息极为通畅。精密的直接结果是用户的体验，一位戴尔员工说：“我们跟用户说的不是‘机器可能周二或者周三到你们那里’，我们说的是‘周二上午 9 点到’”。

物流、销售等环节，戴尔保持低库存或零库存的努力在继续，避免带来资金周转缓慢、产品积压及存货跌价方面的风险。迈克尔评价说：“在电子产业里，科技改变的步调之快，可以让你手上拥有的存货价值在几天内就跌落谷底。而在信息产业里，信息的价值可以在几个小时、几分钟，甚至几秒钟内变得一文不值。存货的生命，如同菜架上的生菜一样短暂”。

5.4　电子商务运输与配送管理

5.4.1　运输管理概述

1. 运输的概念

运输是现代物流的核心业务，不管是传统意义上的物流还是电子商务物流，运输都是物流运作与管理不可或缺的一个环节。

运输是通过各种运输手段使货物在生产地与消费地之间，或物流结点之间进行流动，包括集货、分配、搬运、中转、装入、卸下、分散等一系列操作。运输的主要目的是以最短的时间、最低的成本将货物转移到规定的地点。运输的主要功能是使货物在价值链中实现位移。运输可以创造空间效用和时间效用，即在物流管理过程中，运输主要提供货物移动和短时存储两大功能。

运输包括生产领域的运输和流通领域的运输。前者一般在生产企业内部进行，也称为场内运输；后者是流通领域的一个环节，主要进行以社会服务为目的的物资产品的运输，完成物品从生产领域向消费领域在空间位置上的物理性转移过程。电子商务中的运输主要指流通领域的运输。

2. 运输与物流的关系及运输方式的选择

运输是物流系统的基础功能之一。运输和物流的关系可以总结为以下几点：①物流系统通过运输来完成对客户所需的原材料、半成品和制成品的地理定位；②运输合理化是物流系统合理化的关键；③物流是超出运输范畴的系统化管理；④物流不同于运输只注重实物的流动，它还同时关注着信息流和增值流的同步联动；⑤物流的出发点以生产和流通企业的利益为中心，运输只是物流管理控制的必要环节，处于从属地位；⑥物流的管理观念比运输更先进，从服务理念上来说，物流突破了运输的服务理念，再高质量的运输也不可能具备服务的延伸性，因而获取的附加值也远大于运输的回报；⑦物流比运输更重视先进技术的应用，因为现代物流追求的是服务质量的不断提高，物流系统综合功能的不断完善，总成本的不断降低和服务的网络化、规模化，这些是运输无法相比的。

运输方式的选择主要是指运载工具的选择，其具体内容包括单一运输方式的选择、多式联运的选择、自用运输的选择以及运输服务中间商的选择。在具体决策时，企业应考虑以下几个基本因素：

（1）货物品种。关于货物品种及性质、形状，应在包装项目中加以说明，选择适合这些货物特性和形状的运输方式，货物对运费的负担能力也要认真考虑。

（2）运输期限。运输期限必须与交货日期相联系，应保证运输时限。调查各种运输工具所需要的运输时间，根据运输时间来选择运输工具。各运输工具可以按照它的速度编组来安排日程，加上它两端及中转的作业时间，就可以算出所需的运输时间。在商品流通中，要研究这些运输方式的现状，进行有计划的运输。

（3）运输成本。运输成本因货物的种类、质量、容积、运距的不同而不同。而且，运输工具不同，运输成本也会发生变化。在考虑运输成本时，必须注意运费与其他物流子系统之间存在着互为利弊的关系，不能只考虑运输费来决定运输方式，要由全部总成本来决定。

（4）运输安全性。运输安全性是指货物在运输过程中的安全问题。由于在实际选择过程中往往受到当日运输环境的制约，因此企业必须综合考虑以上因素，选择最合适的运输方式。此外，在进行运输服务选择时，有些因素是企业运输决策者所不能控制的，如供应商和买方之间的合作基础、分销渠道中的相互竞争、运输服务水平对价格的影响、产品种类、库存成本的变化等。

案例：沃尔玛的运输管理

沃尔玛公司是世界上最大的商业零售企业之一，在物流运营过程中，尽可能地降低成本是其经营的哲学。沃尔玛有时采用空运，有时采用船运，还有一些货物采用卡车公路运输。在中国，沃尔玛百分之百地采用公路运输，所以如何降低卡车运输成本，是沃尔玛物流管理面临的一个重要问题，为此他们主要采取了以下措施：

1）沃尔玛使用一种尽可能大的卡车，有大约16m加长的货柜，比集装箱运输卡车更长或更高。沃尔玛把卡车装得非常满，产品从车厢的底部一直装到最高，这样非常有助于节约成本。

2）沃尔玛的车辆都是自有的，司机也是本公司的员工。沃尔玛的车队庞大，司机数量多，车队运输里程非常长。沃尔玛知道，卡车运输是比较危险的，有可能会出交通事故。因此，对于运输车队来说，保证安全是节约成本最重要的环节。沃尔玛的口号是“安全第一，礼貌第一”，而不是“速度第一”。在运输过程中，卡车司机们都非常遵守交通规则。沃尔玛定期在公路上对运输车队进行调查，卡车上面都带有公司的号码，如果看到司机违章驾驶，调查人员就可以根据车上的号码报告，以便进行惩处。沃尔玛认为，卡车不出事故，就是节省公司的费用，就是最大限度地降低物流成本，由于狠抓了安全驾驶，因此运输车队已经创造了300万km无事故的纪录。

3）沃尔玛采用全球定位系统对车辆进行定位，因此在任何时候，调度中心都可以知道这些车辆在什么地方，离商店有多远，还需要多长时间才能运到商店，这种估算可以精确到小时。沃尔玛知道卡车在哪里，产品在哪里，就可以提高整个物流系统的效率，有助于降低成本。

4）沃尔玛的连锁商场的物流部门，24h进行工作，无论白天或晚上，都能为卡车及时卸货。另外，沃尔玛的运输车队还利用夜间进行运输，从而做到了当日下午进行集货，夜间进行异地运输，翌日上午即可送货上门，保证在15~18h内完成整个运输过程，这是沃尔玛在速度上取得优势的重要措施。

5）沃尔玛的卡车把产品运到商场后，商场可以把它整个地卸下来，而不用对每个产品逐个检查，这样就可以节省很多时间和精力，加快了沃尔玛物流的循环过程，从而降低了成本。这里有一个非常重要的先决条件，就是沃尔玛的物流系统能够确保商场所得到的是与发货单完全一致的产品。

6）沃尔玛的运输成本比供货厂商的运输成本要低，所以厂商也使用沃尔玛的卡车来运输货物，从而做到了把产品从工厂直接运送到商场，大大节省了产品流通过程中的仓储成本和转运成本。

沃尔玛的集中配送中心把上述措施有机地组合在一起，做出了一个最经济合理的安排，从而使沃尔玛的运输车队能以最低的成本高效率地运行。

沃尔玛的物流运输解决方案，在第1）、4）、5）方面，采用大尺寸、大容量的装载运输工具，24h全天候卸货，目的是提高运输效率，缩短运送时间，降低运输成本，使运送时间最短，运送成本最经济，从而使沃尔玛的运输成本比供货厂商自己运输产品要低，所以厂商也使用沃尔玛的卡车来运输货物，从而做到了把产品从工厂直接运送到商场，大大节省了产品流通过程中的仓储成本和转运成本。

沃尔玛不仅在运输时间和成本的节约上下功夫，同时也辅助以安全保障措施，先进的物流信息技术的应用，以及与配送中心的工作密切结合。从而通过物流运输的合理化经营，减少了运输环节，降低运输费用，缩短了运输时间，实现了运输成本在整个物流系统中的有效降低。

5.4.2 电子商务配送管理

1. 电子商务配送的概念

电子商务物流配送是指物流配送企业利用计算机网络技术和现代化的硬件设备、软件系统及先进的管理手段，针对客户的需求，进行一系列分类、编码、整理、配货等理货工作，按照约定的时间和地点将确定数量和规格要求的商品传递到用户的活动及过程。电子商务配送实现了信息化、现代化、社会化的配送服务。

2. 电子商务配送的特征

与传统物流配送相比，电子商务物流配送具有以下特征：

（1）虚拟性。电子商务物流配送的虚拟性来源于网络的虚拟性。通过借助现代计算机技术，配送活动已由过去的实体空间拓展到了虚拟网络空间，实体作业节点可以虚拟信息节点的形式表现出来；实体配送活动的各项职能和功能可在计算机上进行仿真模拟，通过虚拟配送，找到实体配送中存在的不合理现象，从而进行组合优化，最终实现实体配送过程达到效率最高、费用最少、距离最短、时间最短的目标。

（2）实时性。虚拟性的特性不仅能够有助于辅助决策，让决策者获得高效的决策信息支持，还可以实现对配送过程实时管理。配送要素数字化、代码化之后，突破了时空制约，配送业务运营商与客户均可通过共享信息平台获取相应的配送信息，从而最大程度地减少各方之间的信息不对称，有效地缩小了配送活动过程中的运作不确定性与环节间的衔接不确定性，打破以往配送途中的“失控”状态，做到全程的“监控配送”。

（3）个性化。个性化配送是电子商务物流配送的重要特性之一。作为“末端运输”的配送服务，所面对的市场需求是“多品种、少批量、多批次、短周期”的，小规模的频繁配送将导致配送企业的成本增加，这就必须寻求新的利润增长点，而个性化配送正是这样一个开采不尽的“利润源泉”。电子商务物流配送的个性化体现为“配”的个性化和“送”的个性化。“配”的个性化主要指通过配送企业在流通节点（配送中心）根据客户的指令对配送对象进行个性化流通加工，从而增加产品的附加价值；“送”的个性化主要是指依据客户要求的配送习惯、喜好的配送方式等为每一位客户制订量体裁衣式的配送方案。

（4）增值性。除了传统的分拣、备货、配货、加工、包装、送货等作业以外，电子商务物流配送的功能还向上游延伸到市场调研与预测、采购及订单处理，向下延伸到物流咨询、物流方案的选择和规划，库存控制决策，物流教育与培训等附加功能，从而为客户提供具有更多增值性的物流服务。

3. 电子商务下的配送管理

随着电子商务的蓬勃发展和物联网的到来，与之具有紧密关系的物流配送各个环节都受到了影响。物流配送流程比传统物流配送流程更加优化，能完成更高效的物流配送管理。

电子商务物流配送流程有：①制订配送计划。②下达配送计划。③按配送计划确定物资需要量。④向配送点下达配送任务。⑤配送发货。⑥配送完成。

电子商务物流配送运作程序如图 5-1 所示。

4. 电子商务物流配送管理系统的构成

电子商务配送管理是指建立一份企业资源管理规划，在主控管理系统下，将采购管理、库存管理、销售管理、入库管理、存储管理、出库管理等子系统，以及订货、到货接收、验货与拒收、分拣、订单汇总、存储、加工、分拣、包装、装托盘、组配、装车、送货等作业纳入系统管理之内，并具备可跟踪性、可控制性和可协调性。

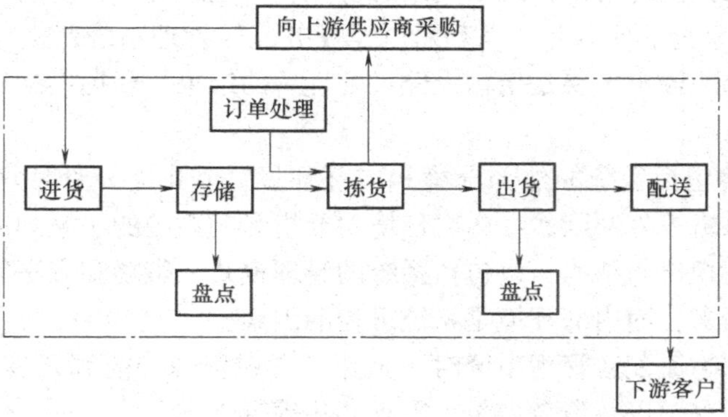

图 5-1　电子商务物流配送运作程序

物联网作为一个新兴产业已经广泛应用于各个领域，其中物流业就是物联网技术应用的一个主要方向。基于物联网电子商务物流配送管理系统主要由作业系统、网络系统、管理系统、输入/输出系统和环境构成。

（1）作业系统。作业系统是指实物配送作业所构成的系统，主要处理货物的接收、装卸、存货、分拣、配装及送货和交货等。在电子商务时代，管理系统下达的信息指令支配着配送实物作业。

（2）网络系统。网络系统主要由数据采集模块、基础信息管理模块、智能线路优化与调度模块和车辆轨迹跟踪模块构成。

1）数据采集模块：主要通过二维条码技术、电子标签（RFID）、传感器等技术获取商品基础信息。

2）基础信息管理模块：主要实现 GIS 电子地图维护管理、客户基础信息维护管理和物流配送日常信息管理三大部分。

3）智能线路优化与调度模块：通过对整体的数据进行采集、选择并计算优化，对配送中心的配送范围进行合理的布局，并对现有线路情况以及优化后线路状况进行测算、规划和优化各条线路，最终确定送货的最优路径。

4）车辆轨迹跟踪模块：主要利用 GIS 技术和电子地图作为监控平台，利用 GPS 和 GPRS 形成完整的导航/监控网络，同时在配送车辆配装车载监控终端。

（3）管理系统。管理系统由电子商务配送管理的计划、控制、协调和指挥等功能模块组成，是整个系统的核心部分，管理系统包括战略目标、功能目标、配送需求预测与创造及存货管理等内容。

战略目标是指根据服务对象、客户性质及地理位置，确定所提供的与此相适应的配送服务。功能目标是确定电子商务配送管理系统所达到的目标。其中，配送能力的大小主要取决于企业投入的人力、物力、财力的数量及企业的管理水平。配送需求预测与创造是指对市场进行预测分析，使企业了解未来客户配送需求的规模及特征，并确定提供的服务，再根据客户需求开展促销活动，以满足系统高效率、低成本和高质量地创造配送服务的要求。存货管理是指根据配送需求预测的结果，结合网络的特点，合理地确立存货的规模和结构。

（4）输入/输出系统。输入是一系列对电子商务配送管理系统产生作用的要素，包括原材料、设备、人员等。输出主要是指输入经过处理后的结果，即提供配送服务，具体包括货物的转移和各种劳务等。

（5）环境。环境包括系统的外部环境和内部环境。其中，外部环境主要指影响系统的客户需求、观念及价格等外部因素；内部环境主要指影响系统的一系列内部因素，不仅包括系统、人、财、物的规模与结构，也包括系统的管理模式、策略和方法等。通常认为外部环境是系统不可控的因素，而内部环境是系统可控的因素。

当构建电子商务物流配送管理系统时，企业要考虑资源和能源条件、能力限制、价格、环境的变化带来的约束，以及资金力量、需求变化等带来的干扰。

案例：顺丰快递配送体系

1993 年顺丰物流在广东顺德成立，然后服务范围迅速延伸至广东其他地区。现今，顺丰快递服务网络已经基本覆盖了中国所有省份，包括港澳台地区。2010 年和 2011 年，顺丰快递分别在新加坡、马来西亚设立了网点。

顺丰速递虽是民营快递，但其自有航空资源，并且拥有健全的地面网络运输线路。顺丰快递的类型有很多种，一般一、二线城市有“次晨达”，正常的 22 元的标准件，保证收件后 48h 内到。另一种是“四日件”，叫顺丰陆运，一般是发出后 72h 内到达，最迟是 4 天内到。顺丰快递目前在中国建立了几千个物流服务网点，网点覆盖中国几乎全部的省份地区。顺丰营业网点在香港除离岛区未开通外，其余的行政区都已有顺丰网点的覆盖。

顺丰运作方式适应市场的变化。客户在电子商务网站下单送交邮件后，邮件进入仓储管理系统，然后分拣、包装，安排货运，配送系统实时跟踪邮件移动位置，最后快递人员上门送货，客户签收。顺丰快递利用先进的 CTI 综合服务信息系统和网上自助服务系统，使客户可以很方便地下单和进行网上查询等业务。顺丰快递实现了门到门的服务、上门收件，以及开发社区便利店配送点等。另外，顺丰物流打造礼品电商平台“尊礼会”，物流企业向上游扩展业务，扩大了企业经营领域，促进了企业发展。

（资料来源：中国知网“电子商务环境下城市物流配送体系的优化研究———以顺丰快递为例”，作者：郭兴成）

5.5 电子商务供应链管理

5.5.1 供应链与供应链管理

供应链（Supply Chain）是指围绕核心企业，通过对信息流、物流、资金流的控制，从采购原材料开始，制成中间产品及最终产品，最后由销售网络把产品送到消费者手中，这一过程涉及的供应商、生产制造商、分销商、零售商直至最终用户组成的一个供需网络。一般由物流、信息流、资金流组成。

从节点上划分，供应链大致可以分为三部分，即上游、内部和下游。

1）上游供应链。供应链的上游部分包括制造公司及其供应商（制造厂、装配厂或两者都有）的活动，以及供应商与其供应商（第二级供应商）的连接。供应商之间的关系可以向左延伸几个层级，一直到原始材料（如开采的矿石、生长的农作物）。上游供应链主要的活动是采购。

2）内部供应链。供应链的内部组成部分包括机构内将供应商那里得到的输入转化成组织输出的过程。它从输入进入组织开始，一直延续到产品进入组织外部的分销环节。供应链在这一部分主要关心生产管理、制造和库存控制。

3）下游供应链。供应链的下游部分包括将产品交付给最终消费者所涉及的所有活动。在下游供应链中，主要关注分销、仓储、运输和售后服务。

供应链管理（Supply Chain Management，SCM）是一种策略，是企业交易伙伴共同承诺一起紧密合作，并有效率地管理供应链中的信息流、物流和资金流，以期在付出最少整体供应成本的情况下，为消费者或顾客带来更大的价值。供应链管理的目的是最小化库存水平，优化产品和提高生产能力，减少制造时间，优化物流和分销，流线型订单履行，以及减少这些活动的总成本。供应链管理需要协调多个业务伙伴、多个公司内部部门、众多业务过程以及可能的许多消费者，所以做好供应链管理并非一件轻而易举的事情。

供应链管理包括外部供应链管理和内部供应链管理两部分，缩短物流时间也就必须从这两部分并从企业外部和企业内部共同努力。

5.5.2 电子商务环境下的供应链管理

电子商务环境下的供应链管理是应用计算机网络技术和电子信息技术改善供应链上下游企业之间的关系，整合和优化供应链中的信息流、物流、资金流，以获得企业的竞争优势。电子商务的实质与供应链管理的目标是一致的，都是深入供应商和价值链的增值环节，以最短的时间、最经济的成本，将最恰当的商品供给需要的客户。而电子商务的出现和广泛使用可以在很大程度上改善供应链管理中信息流和资金流管理两部分，使信息和资金都能迅速、准确地在供应链各节点之间传递。此外，在满足用户需要的同时，实现了商品可用价值最大化，提高了以核心企业为中心的供应链的整体竞争力。

1. 供应链管理模式下电子商务订单的履行

电子商务订单履行（Order Fulfillment）不仅是指按时给消费者提供他们已经订购的产品，还包括向他们提供相关的客户服务。

电子商务订单履行步骤具体如下。

步骤一：确认客户的支付。根据支付手段和事先的安排，每一笔支付的有效性必须得到确认。在B2B的模式下，该活动一般由公司的财务部门或财务公司（即银行或信用卡发行商，如VISA公司）确认。任何的终止都会造成交货的延误，最后导致商誉的损害或顾客的流失。在B2C模式下，客户一般需要用信用卡预先支付。

步骤二：检查是否有库存。不论代理商是制造商还是零售商，只要一接到订单，就需要先查询一下库存情况。这时可能要考虑原材料管理和生产部门以及外部供应商和仓库设施。在这一步，订单信息需要同库存情况的信息相联系。

步骤三：安排发货。如果产品存在，则可以发往客户（否则转到步骤五）。产品可能是数字产品，也可能是实物产品。如果是实物产品，而且可以获得，则接下来还需要安排包装和发货。这里的相关部门包括包装/发货部门和内部运输者或外部承运者。数字产品通常都可获得，因为它们的库存不会被“耗尽”。但是一件数字产品，如软件，可能还在修改，所以在某些时间内可能还不可以交货。不管哪种情况，都需要几个合作者之间进行信息沟通。

步骤四：保险。有时发送的货物需要被保险，涉及的部门可能有财务部门及保险公司。当然，信息可能不仅在公司内部，还需要在客户和保险代理之间进行沟通。

步骤五：补货。个性化的订单往往会引发一些特别的生产和组装要求。同样，如果标准产品没有库存，则也需要生产或采购。当然，这些产品可以自己生产，也可以外包出去。供应商也可能有自己的供应商。

步骤六：内部生产。企业内部生产需要做个计划。生产计划包括人、原材料、组件、机器、财务资源以及可能的供应商和分包商。如果是组装和/或生产，则可能需要几个工厂的参与，还包括与商业伙伴可能的合作。服务包括人和设备的调度、变更其他产品计划、修正工程、设备获取和准备。实际生产设备可能在公司总部或零售商以外的国家。这就可能使信息流和通信变得更加复杂。

步骤七：利用供应商。制造商可能选择从供应商那里购买产品或进行再装配。同样地，如果销售方是零售商，如亚马逊或沃尔玛的情况，则零售商须从它的制造商那里购买产品。哪种情况都有可能发生。像亚马逊处理它的畅销书、玩具和其他商品一样，购买的商品可以储存在仓库中。但是当只有少量订单时，亚马逊并不为这部分书保有库存。此时，可能需要出版商或中间商有一些特别的送货服务。不管哪种情况，都需要对原材料或产品做适当的接收和质量保证。

一旦生产（步骤六）或从供应商那里购买（步骤七）完成了，就要安排给客户发货（步骤三）。

步骤八：与客户的合同。合同时间从接收订单的通知开始，到发货通知或交货日期变更通知为止，这些合同通常由电子邮件来完成，一般是自动生成的。

步骤九：退货。在某些情况下，客户希望退换产品。退货可能是个很大的问题。在北美，每年有超过价值1000亿美元的产品被退货。英国的零售商每年也要为退货花去7.2亿欧元。由客户向供货商的退货过程称为逆向物流（Reverse Logistics）。

订单履行的过程可能会有变化，这取决于产品和销售商。订单履行的过程也随着电子商务活动B2B或B2C模式的不同而不同，或随着产品性质是商品或服务而变化，或随着产品的大小而改变。此外，在特殊的情况下，如对待容易腐烂的原材料或食物，则需要额外的步骤。

这九个步骤以及订单接受都是供应链中不可缺少的部分。订单流、支付流、信息流、原材料流以及零件流都需要在公司内部参与者以及内外部合作者之间进行协调。但是订单履行中存在着不能及时交货、库存成本过高、难以进行需求预测等供应链问题，这些供应链问题会危及订单履行，因此需要采取有效的供应链管理策略进行改进。

2. 电子商务环境下供应链管理的有效策略

传统的供应链管理仅仅是一个横向的集成，只是将预先指定的供应商、制造商、分销商、零售商和客户依次联系起来，侧重于内部联系，灵活性差，仅限于点到点的集成。传统供应链管理的弊端主要在于过分强调企业之间的竞争而忽略了企业之间的合作；重视企业产品的推销而轻视企业上游的供应商；企业与企业之间缺乏联系，不能共享信息；缺乏灵活有效的市场响应机制，从而使供求信息不准，牛鞭效应严重。

而电子商务下的供应链管理的理念是以顾客为中心，以市场需求的原动力为拉动力；强调企业应该注重于核心业务，更加重视围绕核心企业建立供应链关系。供应链作为一个利益集合体，强调企业间的战略合作关系。基于这种思想，产生了多种现代化的供应链管理策略，主要包括快速响应策略、有效客户响应策略、供应商管理库存策略和联合管理库存策略等。其中，供应商管理库存和联合管理库存在本章的第3节已经介绍，这里不再赘述。

(1) 快速响应（QR）策略。快速响应（Quick Response，QR）是在准时制思想的影响下产生的，是为了在以时间为基础的竞争中占据优势，建立起来的一整套对环境反应敏捷和迅速的系统。快速响应是供应链成员企业之间建立战略合作伙伴关系，利用条形码、POS扫描和EDI等信息技术进行信息交换与信息共享，用高频率小数量配送方式补充商品，以实现缩短交货周期、减少库存、提高顾客服务水平和企业竞争力为目的的一种供应链管理策略。快速响应的策略目标在于减少原材料到消费者的时间和整个供应链上的库存，最大限度地提高供应链的运作效率，并对客户的需求做出最快响应。

快速响应的实施有三个阶段：

第一，所有的商品单元条码化，利用EDI传输订购单文档和发票文档。

第二，增加内部业务处理功能，采用EDI传输更多的文档，如发货通知和收货通知等。

第三，与贸易伙伴密切合作，采用更高级的策略，如联合补库系统等，以对客户的需求做出迅速的反应。

随着市场竞争的全球化和企业经营的国际化，电子商务条件下，供应链管理的QR策略，已成为实现供应链竞争优势的有效管理工具。

(2) 有效客户响应（ECR）策略。有效客户响应（Efficient Consumer Response，ECR）是指在商品分销系统中，为消除不必要的成本和费用，给客户带来更大效益而进行密切合作的一种供应链管理策略。有效客户响应是指以满足客户要求和最大限度降低物流成本为原则，对市场变化能及时做出准确反应，给客户带来最大效益，使提供的物品供应或服务流程最佳化的一种供应链管理方法。ECR的最终目标是建立一个具有高效反应能力和以客户需求为基础的系统，使零售商及供应商以业务伙伴方式合作，提高整个供应链的效率，而不是提高单个环节的效率，从而大大降低整个系统的成本、库存和物资储备，同时为客户提供更好的服务。

有效客户响应是零售企业满足顾客需求的解决方案和核心技术，通过流通供应链上各个企业以业务伙伴的方式进行紧密合作，建立一个以消费者需求为基础和具有快速反应能力的系统，提高消费者价值、提高整个供应链的运作效率、降低整个系统的成本，从而更好地满足消费者的需求，使零售商、分销商和制造商更好地生存和发展，提高了企业的竞争能力。

案例：戴尔公司的供应链管理

戴尔公司的经营理念是与客户直接沟通，更有效及明确地了解客户的需求，并迅速与客户的需求互动。这种革命性的业务模式，使戴尔成为目前全球领先的计算机系统直销商，同时也是电子商务基础建设的主要领导厂商。戴尔透过首创的直销模式，直接与大型跨国企业、政府部门、教育机构、中小型企业以及个人消费者建立合作关系。戴尔于 1994 年推出 www. dell. com 网站，并于 1996 年加入电子商务功能，成为企业利用 Internet 进行商业活动的典范。

戴尔信息化供应链管理有两大配方：软件合作商 Web Methods（专注于 EAI 和 B2B 领域）和 I2 Technology（专注于供应链管理）提供的软件产品充当翻译接口，帮助两套不同系统——戴尔的订购处理系统和客户的采购处理系统，进行实时的信息交换运转。戴尔和供应链公司的工厂，让双方一眼看穿彼此生产流程的每一环节，也告诉供货商该生产哪些产品，何时运给戴尔，并排除供应链上的任何障碍，帮助企业型客户更容易透过 Internet 向戴尔采购，也替戴尔省下错误采购处理成本数百万美元，这也是戴尔库存天数仅及对手 1/10 的关键因素。

戴尔的供应链管理步骤：

第一步，减少供应商并将他们集中，并要求供应商在其工厂旁边盖仓库，就近供货，不愿配合的供应商就从供应链剔除。戴尔本身的零件库存不到 2h，接到订单后，再通知供货商送零件来，从进料到组装完出货只要 4h。为了降低库存并提高零件的流通性，供应商也发展出对应方法，就是把零件尽量模块化，以减少库存多种不同零件的成本，增加不同零件间的兼容性，从设计的时候就考虑进来，尽量用标准零件。戴尔对供应商有一套考核制度，项目包含品质、物流和服务等，不断检查每一家供应商的表现，作为保留或淘汰的依据。

第二步，强化供应链上的信息流通速度和透明度。和戴尔做生意的供应商，等于是帮它管理库存，必须很清楚戴尔未来的出货计划，以免库存过多自己赔本、库存不够被戴尔撤换。对戴尔来说，也必须随时掌握整条供应链上的库存情形，确保上游每一家公司的运作都正常，这牵涉双向的信息流通和信任。戴尔高度运用信息科技，架构连接客户、管理生产线和联络供货商的基本骨干，并要求供应商配合。由于戴尔是接单后生产，不走经销通路，没有存货放在店面的货架上，因此一旦货从戴尔的工厂送出，就等于已经卖掉。戴尔每天会把各种机型 PC 的销售数字，公布在内部网站上，让供应商查询，了解接下来有哪些零件需求多、哪些需求少。至于戴尔即将或刚接到的订单，也会公布在内部网站上，以帮助供应商做零件预估。戴尔会在交货前 13 周做预估，并随着天数减少逐步修正，一直到两周前冻结预估数字，供应商就根据这个数字在预定时间交货。戴尔有效地管理供应链是其成功的重要因素。

5.6　跨境电子商务物流管理

5.6.1　跨境电子商务发展现状

2014 年可以被称为跨境电子商务元年，那 2015 年就是初步洗牌的一年。投融界统计数据显示，2015 年跨境电商单个项目平均最低融资额高达 5650 万元，其中北京市的平均最低融资额最高，达到 2.8 亿元。在项目分布领域结构中，广东省、浙江省、北京市和上海市占比较多，分别达到了 28%、15%、14% 和 13%，总和占比达到了全国的七成。据商务部预测，2016 年我国跨境电商进出口贸易额将达到 6.5 万亿元，未来几年跨境电商占中国进出口贸易比例将会提高到 20%，年增长率将超过 30%。

同时，消费者行为也在发生变化，PayPal 和国际市场研究机构 Ipsos 联合发布的《第二届全球跨境贸易调查报告》中称，2015 年，有 35% 的中国网购消费者有过海淘经历。大到天猫国际、京东全球购、网易考拉等品牌争夺和布局初露端倪，小到洋码头、小红书、波罗蜜等一众海淘模式厮杀得不亦乐乎。

对跨境电子商务而言，供应链管理有着至关重要的意义。目前国内主要分为两种类型，一种是通过国内商家供货，类似代购，这种类型的供应链很薄弱；第二种是大平台和品牌商或渠道商合作，该类型对供应商的控制力也要分品类，如像奶粉这样的标准商品，集中在几个大的品牌商手中，电商对其整合难度比较大，而像服装、鞋包这样的非标类商品，其市场竞争非常充分，电商平台会有很大的话语权。

从目前各大平台选择的模式来看，依然延续国内电子商务模式，聚美优品、顺丰海淘选择自营，阿里则为平台，这也导致了有不同的供应链管理模式。对于自营模式，需要在海外有强大的议价能力；对于平台而言，则是如何选择有意愿进入中国市场的商家。

5.6.2　跨境电子商务物流管理

跨境电子商务环境下，国际物流已经成为不同国家间进行贸易互通的重要形式。这种贸易活动形式不仅突破了地域条件的限制，而且完全消除了时间上的不利影响，提高了各种物资在国际间的流通。国际物流为全球经济一体化奠定了基础，是社会发展的必然选择，也是电子信息网络技术发展的集中体现，其主要特征为：

1. 物流环境更加复杂

国际间各种经贸活动所处的物流环境各不相同，造成了国际物流主体之间通信系统的设置呈现出多样性和复杂性。与此同时，由于不同国家的政治、经济和自然环境不同，物流行业发展程度不一样，因此物流行业法规等制度建设方面也不尽相同，导致国际物流环境比国内物流更加复杂。

2. 跨境包裹难以全程跟踪

近年来，电子商务带动物流得到了高速发展，我国境内已经基本实现包裹的实时跟踪查询。不同国家信息技术发展程度严重不均衡，造成国际物流管理也有很大差别，进而造成很多包裹出境后就难以跟踪了。在物流发达的英、美、澳会好些，通过单号到相关的英文网站查询，一般可以追踪到；但对于一些不发达国家就很难查询到了。

3. 跨境物流存在清关障碍

跨境物流需要通过出口海关和目的海关两道海关关卡。在出口跨境电子商务物流中，由于企业没有重视进口国的监管和目的国海关的贸易壁垒，在目的地海关经常出现扣货查验，货件退回发件地或要求补充文件资料再放行的处理，甚至直接没收。“没收”和“退件”会给卖家带来难以承受的损失，而“补充文件资料再放行”往往会延长配送时间，可能导致买家投诉，甚至拒付款。

4. 跨境物流难以支持退换货

退换货问题在常规商务活动中都是不可避免的。然而，由于跨境物流周期长、反向物流成本高、需要缴纳进口关税等原因，无论是邮政包裹、商业快递，还是专线物流都极难支持卖家向买家提供退换货服务。

构建国际物流管理体系的根本条件是要建立完善的基础数据库。企业必须根据自身的实际情况，建立各自的基础数据库，这些数据库是实现国际物流管理的重要环节。未来的跨境物流发展方向一定是通过资源整合，加强物流基础设施的建设，提高仓储、配送、信息处理效率，降低跨境物流成本，提升跨境物流质量，从而更好地服务于跨境电子商务的发展。

跨境电商海外仓的建设，成为跨境物流难题的主要解决方案之一。通过政府进一步的扶持政策，鼓励物流企业科学建设海外物流仓储管理系统，建立国际物流体系，同时开放海外仓的承接业务，为中小企业服务，将有助于缩短跨境电子商务的物流周期，提升跨境交易的服务质量。

本章小结

1. 电子商务物流管理

1）电子商务与物流的关系：物流对电子商务的影响主要有物流是电子商务的重要保证；物流保证生产的顺利进行；物流服务于商流。电子商务给物流带来了新的机遇和挑战。

2）电子商务物流模式：企业自营物流、物流联盟、第三方物流、第四方物流。

2. 电子商务采购管理

1）采购管理：采购管理是指从计划下达、采购单生成、采购单执行、到货接收、检验入库、采购发票的收集到采购结算的采购活动的全过程。采购管理流程一般包括采购计划管理、采购订单管理和发票管理三部分。

2）电子商务下的采购管理：电子商务采购是通过建立电子商务交易平台，发布采购信息，或主动在网上寻找供应商、寻找产品，然后通过网上洽谈、竞价、订货、支付，最后通过物流进行货物配送，完成整个交易活动。

3. 电子商务库存管理

1）库存管理：指企业各种物资运动的管理，即如何根据企业的实际需求保持各种原来的合理库存量，对企业库存进行分类及重点管理，同时确定订货时点，以及订货，使企业的库存总成本最低。库存管理方式有供应商管理库存（VMI）、零售商管理库存（RMI）和联合库存管理（JMI）三种。

2）电子商务下的库存管理方法：ABC 管理法、经济订货法、定期订货法、零库存管理法。

4. 电子商务运输与配送管理

1）运输管理概述：运输是通过各种运输手段，使货物在生产地与消费地之间，或物流节点之间进行流动，包括集货、分配、搬运、中转、装入、卸下、分散等一系列操作。

2）电子商务配送的概念：电子商务物流配送是指物流配送企业利用计算机网络技术和现代化的硬件设备、软件系统及先进的管理手段，针对客户的需求，进行一系列分类、编码、整理、配货等理货工作，按照约定的时间和地点将确定数量和规格要求的商品传递到用户的活动及过程。

3）电子商务配送的特征：虚拟性、实时性、个性化、增值性。

4）电子商务下的配送管理：电子商务物流配送流程；电子商务物流配送管理系统由作业系统、网络系统、管理系统、输入/输出系统和环境构成。

5. 电子商务供应链管理

1）供应链与供应链管理：供应链是指围绕核心企业，通过对信息流、物流、资金流的控制，从采购原材料开始，制成中间产品及最终产品，最后由销售网络把产品送到消费者手中，这一过程涉及的供应商、生产制造商、分销商、零售商直至最终用户组成的一个供需网络。一般由物流、信息流、资金流组成。

2）电子商务订单的履行与供应链。

3）电子商务环境下的供应链管理的有效策略：快速响应策略、有效客户响应策略、供应商管理库存策略和联合管理库存策略等。

6. 跨境电子商务物流管理

1）跨境电子商务的发展现状

2）跨境电子商务物流管理特征：物流环境更加复杂、跨境包裹难以全程跟踪、跨境物流存在清关障碍、跨境物流不支持退换货。跨境电商海外仓的建设，成为跨境物流难题的主要解决方案之一。

习　题

1. 试述电子商务与物流的关系。
2. 简述电子商务采购管理的一般流程。
3. 电子商务下库存管理的一般方法都有哪些？分别适用于什么环境？
4. 电子商务运输过程透明化管理如何实现？
5. 京东商城物流配送的主要模式是什么？分析其优缺点。
6. 电子商务供应链管理策略主要有哪些？
7. 实验与实践：

通过网络收集若干著名企业（如京东、天猫）从事电子商务物流的资料，比较其物流运作模式、库存管理、配送管理等方面的差异，分析其中的原因，并提交电子商务物流运作分析报告。

参考文献

[1] 陈雪梅. 电子商务物流［M］. 成都：西南财经大学出版社，2011.
[2] 周云霞. 电子商务物流［M］. 北京：电子工业出版社，2015.
[3] 鲍尔索克斯，等. 供应链物流管理［M］. 马士华，等译. 北京：机械工业出版社，2014.
[4] 毕娅. 电子商务物流［M］. 北京：机械工业出版社，2015.
[5] 翁晋阳，Mark，管鹏，等. 再战跨境电商［M］. 北京：人民邮电出版社，2015.

第6章 电子商务客户关系管理

本章学习目标

- 电子商务客户关系管理的特点及内容。
- 电子商务环境下，客户信息管理的方法及可能存在的安全问题。
- 客户满意与客户忠诚的含义及测量方法。
- 电子商务客服的流程及实施。

案例导入

亚马逊如何进行客户关系管理?

亚马逊是全球最大的网络书店，在亚马逊网上书店，读者可以买到超过310万种书籍、22万种的音乐CD。自1999年开始，亚马逊网上书店开始扩大销售的产品门类。现在除图书和音像影视产品外，亚马逊网上书店也在网上销售服装、礼品、儿童玩具、家用电器等多个门类的商品。

亚马逊一直保持以客户为中心的理念，开发出许多以消费者为主的服务项目，针对每一位消费者进行个性化服务，通过建立与客户互动的平台，了解客户的真实需求，并寻求客户的反馈，进而改善和提高服务质量。在这样一个服务水平呈螺旋式上升的过程中，通过适时满足客户需求、最大化客户的满意度，赢得客户忠诚。

(1) 个性化推荐单。只要是亚马逊会员，每次登录网站时，便会有特别为个人量身定做的推荐书单，网站会依据消费者阅读上的喜好和以往的购书记录，进一步做交叉销售分析，提供数据库中与该消费者有相同喜好的顾客的书单数据，例如，买了马克·吐温的《汤姆·索亚历险记》，亚马逊会再推荐马克·吐温迷购买《环游世界八十天》和《格列佛游记》等书，无形中增加了客户消费意愿，也提升了网站业绩。

(2) 书评。以庞大书目为基础所孕生的书评，更是亚马逊引以为傲的资产，这些书评根据撰写者不同，分为“专家书评”与“读者书评”两种。专家书评是其他杂志媒体所提供的专业书评，读者书评是亚马逊会员所写的数以万计的评论。亚马逊还设立了“书评家排行榜”(Top Reviewers List)，在每篇书评下面有“你觉得这篇书评对你有无帮助？是或否”的投票设计，再根据网络读者投票次数及书评家所写评论数量的交叉统计，产生书评家排行榜。许多亚马逊书评家都表示，因为有这项机制，读者书评变得更为中肯而具参考价值。

（3）网上社区。亚马逊提供会员网上社区，建构个人的阅读记录史，并且建立各类讨论区，提供读者询问、交流的园地。这些贴心的个人化服务与交流，旨在通过参与网站的活动，让消费者不断回流，建立网站忠诚度，进而形成亚马逊人的社群意识。

亚马逊网上书店依据自己现有的特色，建立了客户购书电子记录系统以及寻求客户意见、与客户交流的网络平台。通过各种渠道，了解客户的真实需求，并获得了有效的反馈，形成下一步服务改善的基础和起点，从而有效地提高、改善了服务质量，为客户提供了更高、更好的品质服务。

正是通过建立了这种与客户互动学习的关系，亚马逊才最终成功赢得了客户的忠诚，成为网上书店之王。

（编选自：中国电子商务研究中心）

6.1 电子商务情境下的客户关系管理

党的二十大报告中，“人民”是贯穿始终的一条主线，报告中“人民”二字醒目鲜明、力重千钧。从“坚持以人民为中心的发展思想”，到“增进民生福祉，提高人民生活品质”，再到“始终同人民同呼吸、共命运、心连心”，字里行间洋溢的是中国共产党满满的民生情怀和为民初心，更是对实现人民对美好生活向往的有力呼应，直抵人心，引发广泛共鸣。作为电子商务企业而言，如何围绕“人民至上”“客户至上”的理念，将客户关系管理工作落到实处，成为企业应对当前市场同质化竞争不断加剧的主要抓手之一。

客户关系管理（Customer Relationship Management，CRM）是为了适应企业“以产品为中心”到“以客户为中心”的经营模式的战略转移而迅猛发展起来的新型管理理念，它把追求客户满意和客户忠诚作为最终目标，通过信息技术集成在软件上，在企业与顾客之间建立一种数字的、实时的、互动的交流管理系统，是一种现代的经营管理理念。

6.1.1 客户关系管理的作用

客户关系管理的核心思想是通过提供完善的客户服务和深入分析客户需求，从而向客户提供满意的产品和服务，达到客户满意的目的，这样一个过程也是企业与客户建立长期、稳定、相互信任关系的过程。客户关系管理同时是一种改善企业与客户之间关系的管理机制。它实施于企业的市场营销、销售、服务与技术支持等与客户相关的领域，通过将人力资源、业务流程与专业技术进行有效整合，帮助企业管理好、服务好现有客户，挖掘潜在客户，把握未来商机，其作用体现在以下几个方面：

1. 帮助企业提高客户满意度和忠诚度

客户关系管理有助于企业和客户之间构成稳定的客户关系，在第一时间发现客户需求或潜在需求的变化，及时调整营销策略。同时，客户关系管理可以将企业的市场、服务等各部门联系起来，通过协作的方式来解决跨部门的客户管理问题，从而提高客户满意度和忠诚度。

2. 降低管理与销售成本

客户关系管理使销售和营销过程自动化，大大降低了销售费用和营销费用。并且，由于客户关系管理使企业与客户产生高度互动，因此可帮助企业实现更准确的客户定位，使企业留住老客户、获得新客户的成本显著下降。在增加收入方面，由于在客户关系管理过程中掌握了大量的客户信息，因此可以通过数据挖掘技术，发现客户的潜在需求，实现交叉销售，可带来额外的新收入来源。并且，由于采用了客户关系管理，因此与客户的关系更加密切，增加了订单的数量和频率，减少了客户的流失。

3. 及时掌握客户动态

企业的客户信息一般会分散在市场、销售和服务各个部门。信息不共享会造成企业难以完整、准确地了解客户状态和价值，难以有效地与客户沟通，难以挖掘更多的销售机会和客户价值。在客户关系管理系统为实现“以客户为中心”提供了充分且方便获得的信息支持，客户处于生命周期的哪个阶段，那个阶段的客户有多少；哪些客户价值高、潜力大，需要重点维护；哪些客户快要流失需要尽快维护；企业不同部门人员都做了哪些工作，客户反应如何等均一目了然。

4. 快速响应客户的个性化需求

客户关系管理可以帮助企业快速响应客户需求，为客户提供实时的“一对一”服务。同时，可以为客户提供个性化的营销信息，从而提高客户忠诚度，建立牢固的客户关系和共享的“客户资源库”，进而获取增值服务所带来的利润。

5. 帮助企业制订有效的营销策略

客户关系管理使理念、流程和信息紧密结合，以帮助企业构建新型的营销方式。同时，客户关系管理系统具有对市场活动、销售活动的预测和分析能力，企业可以跟踪每一个市场活动的全过程，通过记录活动的实际费用、实际参加对象、实际产生的商机和带来的新合同等信息，可以查询、分析、统计某一阶段内总的市场活动次数和市场活动的效果，如市场活动和产生商机的比例、市场活动和产生新合同的比例等，从而能够从不同的角度提供有关产品和服务成本，利润数据，并对客户分布和市场需求趋势的变化做出科学的预测，以便更好地把握市场机会。

6.1.2 电子商务情境下的客户行为特征

在传统的商务活动中，客户仅仅是商品和劳务的购买者，对于整个流通过程的影响往往只在最后阶段才能显现出来，而且影响的范围较小。而在电子商务情境下，客户在产品服务渠道和沟通等方面的选择余地空前增大，呈现出与传统购物情境中截然不同的行为特征。

1. 客户需求更为积极主动

电子商务时代以互联网为标志的信息媒体的发展为客户提供了强大的信息通道以及信息手段，这些通道以及手段可以使客户主动地获得自己所需要的商品或服务的信息，消费者通过这些信息对商品进行自主选择，在这种情况下，企业与客户的权力平衡逐渐向客户转移。“推销式”的营销策略已经不再奏效，如何吸引并保持客户就成为客户关系管理的重点。

2. 消费行为趋于理性化

电子商务依托的互联网空间使客户获得了近乎无限制的广泛选择的便利，在电子商务环境下，顾客的购物行为变得更加冷静、成熟和理性。此外，消费者面对的是电子商务系统，可以避免嘈杂的环境和各种影响与诱惑，商品选择的范围也不受地域和其他条件的约束，消费者可以理性地规范自己的消费行为。一方面，消费者可以做出更为理智的价格选择；另一方面，可以更为主动地表达对产品及服务的欲望，从实际上参与和影响企业的经营过程。

3. 客户对购买便利性以及娱乐性追求并存

进入21世纪，随着人们的生活节奏加快，一部分工作压力较大、紧张度高的消费者会以购物的便利为目标，追求时间、精力和劳动成本的尽量节省，特别是对于需求和品牌选择都相对稳定的日常消费品，这一点尤为突出。另外，购物又成为部分客户的生活乐趣，他们要通过购物增强自己的成就感，减少内心的孤独感。因此他们愿意多花时间和精力去购物，而前提是购物能够给他们带来乐趣，能满足他们的心理需求。这两种相反的心理将在今后较长的时间内并存和发展。

4. 更加注重个性消费

随着人们收入的增加，越来越多的人开始崇尚个性化的消费理念，而电子商务较容易达到个性化消费的要求。个性化消费者可直接通过互联网直接参与产品设计和指导生产，向提供商主动表达自己对某种产品的欲望，定制化生产将变得越来越普遍。从消费心理的角度分析，消费者所选择的不但是商品的使用价值或功能，而且还选择其他的“延伸物”，包括品种、规格、着色、外观造型、包装等，这些“延伸物”及其组合可能各不相同。因而从理论上讲，没有一个消费者的心理是完全一样的，每一个消费者就是一个细分市场。心理上的认同感已成为消费者做出购买决策的先决条件，个性化消费正在也必将再度成为消费的主流。

5. 客户忠诚度下降

由于电子商务客户对自身需求的认识更加深入细致，并能通过互联网获得更多的信息和灵活的选择机会，因此在电子商务活动中，客户购物反而会变得更加现实。客户将会更关注自己所需要的产品的效用价值，同时客户追求新产品、新时尚的能力和购买冲动都会加强。并且，由于互联网使用成本越来越低，导致客户转换成本降低，进而引起客户忠诚度下降。

6.1.3 电子商务情境下客户关系管理的特征

虽然电子商务情境下的客户关系管理与传统商务情境下的客户关系管理相比有着自己独特的优势，但是两者依然有着很多相似之处，如两者的价值观一致、实现的功能也相同。同时，与传统商务环境下的客户关系管理相比，电子商务环境下的客户关系管理也具有其独有的一些特征，主要体现在以下几方面：

（1）灵活性。电子商务环境下的客户关系管理的最大优势就在于它的灵活性，这种灵活性既含有时间概念也含有空间概念。运用网络信息技术，企业将能真正实现“24×365”服务模式，时差不再给世界不同区域之间的业务往来带来阻碍。不同地区、不同国家的企业之间，企业与顾客之间可以随时进行即时业务往来。由于这种新兴的商务方式极大地方便了顾客，因此顾客的满意度将随着这种商务方式的发展而自发提高。

（2）自动性。与传统商务环境下的客户关系管理相比，电子商务环境下的客户关系管理可以充分利用先进的信息技术。在网络技术的支持下，企业可以真正地实现无纸化客户关系管理。在传统的客户关系管理中，我们经常要请顾客填写基础数据表格、商品质量反馈问卷等，所有这些纸质原始资料还需要很多人工来进行整理、处理、分析，既影响效率又容易产生错误。而在电子商务环境下，可以实现所有的数据资料直接输入数据库，然后利用网络共享技术，实现数据交换，并且利用计算机的强大计算、处理能力，对这些数据的处理、分析也将不再是一件费时、费力的烦琐工作。

（3）互动性。在电子商务环境下，客户关系管理可以实现实时的双向对话沟通模式。由于互联网络具有很好的互动性和引导性，顾客通过互联网络在系统的引导下对产品或服务进行选择或提出具体要求，企业可以根据顾客的选择和要求及时进行生产并提供及时服务。所有这些都可以实现企业与顾客之间的实时双向对话。在这种沟通模式下，企业将为顾客提供更加满意的服务。

【阅读 6-1】　电子商务 + 客户关系深度融合开创鞍钢天铁营销新模式

天津鞍钢天铁冷轧薄板有限公司成立于 2003 年 7 月 16 日，是鞍钢股份有限公司和天铁集团共同控股的子公司，拥有员工 769 人，主要以生产冷轧薄板为主，产品定位为汽车板、高档家电板和高档建筑板。

公司自成立之初，就大力推进工业化和信息化的融合战略，随着 2010 年钢铁企业竞争日趋激烈，全行业进入微利时代。为了应对严峻的市场环境，公司在天津滨海新区政府信息化建设资金扶持下建设了电子商务 + 客户关系系统。考虑到电子商务和客户关系管理的紧密程度，鞍钢天铁公司将其放到了同一平台上进行统一规划，一起建设。整个项目分两期实施，一期主要涵盖冷轧产品期货网上销售、现货（或称余材）网上推销、订单进度跟踪、电子质保书管理、客户活动管理、客户信息管理、市场营销知识管理、个人空间管理（类似 QQ 短信方式）等功能；二期实施物流平台、网上资金支付和客户呼叫中心功能的建设。

通过开发接口，客户关系和电子商务系统与产销一体化系统（ERP + MES）、电子质保书系统完成了信息集成，实现了管理统一。公司所有的客户基本资料信息、质量异议反馈、质保书数据、合同跟踪数据、现货资源都来自于产销系统与质保书系统。同时，用户在电子商务系统中录入的期货和现货订单信息则发送到产销系统执行，这样保证了数据来源的唯一，提高了工作的效率，实现了管理的统一。

1. 电子商务 + 客户关系系统的部分功能

（1）期货产品网上销售

供国内外最终用户从外网自行录入订货信息，并将订单传递到产销系统，经相关销售等业务人员确认后，转换成为产销系统的正式销售合同。然后，自动下发到产销一体化系统中进行生产组织；同时，通过与产销的集成，可实现对用户月度要货计划的跟踪，如计划要货量和实际要货量等。

（2）现货产品网上竞拍

可以实时地查询到从产销系统中上报可供客户挑选的现货（或称余材）资源信息，业务人员和客户可根据权限的不同掌握目前的现货资源情况，便于直接下单订货、直接竞价。

（3）合同（或称订单）进度跟踪

与内部系统集成后，通过短信提醒功能或网上直接查询，实现对销售合同状态的跟踪，客户可跟踪合同在公司的生产状况，如生产中、已出厂量、结算量、库存量、待发货量等，做到心中有数，给客户以全新体验。

（4）质保书远程管理

通过与产销一体化系统信息集成，提供了远程电子质保书生成、自助下载与打印服务，实现了质量信息的共享，方便了客户。

（5）市场信息共享

主要存放公司销售政策、钢卷价格、销售通知、各种市场分析报告、市场行情等供客户及业务人员浏览查看，随时随地了解市场的变化。

（6）个人信息交流

供客户下单时，双方进行网上信息的实时交流，类似 QQ 的即时通信。

由于电子商务的成功运用，鞍钢天铁成为钢铁行业中提供远程服务的先行者，得到了客户的一致好评，实现了产业链间的互利共赢。截止到 2013 年底，公司的 100 家左右的长期协议客户中，80% 通过网上进行订货，现货 70% 以上执行网上竞价销售，客户质量异议 100% 通过网上提交和处理。质保书信息 100% 上传外网，供客户随时查询与打印。

2. 电子商务 + 客户关系系统实现的效益

鞍钢天铁客户关系与电子商务系统自 2011 年投入运行后，为公司提供了一个高效的电商平台，大大降低了企业的营销成本，提高了企业市场响应速度和客户服务水平，缩短了交货期；扩大了营销的市场半径，增强了企业的市场竞争力，并取得了显著的经济效益。

（1）直接经济效益

由于系统推出了网上订货的电子商务功能，减少了资金占用 7000 万元，同时减少了库存、加快了周转、缩短了交货期，进而提高产量 1.8%，创造了直接的经济效益。

（2）显著地提升效率

1）电商系统应用将使公司销售模式发生彻底变革。产品订货由传统的手工接单转化为电子接单，客户可以通过互联网远程下单，直接订货。合格的订单直接下发到内部系统中进行组织生产，减少了大量的手工环节。

2）电商系统应用降低了公司的销售成本。系统使余材（或现货）的销售，由原来手工推销方式（即通过传真或邮件提供钢卷卷号、规格信息，供客户挑选的方式）转变为客户可以上网查询余材信息，直接下单选购的方式。这不仅提高了销售的效率和收益，而且降低了成本，方便了客户。

3）系统使客户服务变得更加高效、透明，客户不仅可以通过系统跟踪自己的合同在公司的生产、机组投料、发货、结算情况。而且，可以提交质量异议，并对营销过程中发生的任何新需求等通过网络直接提交给公司，客服人员可直接跟进处理，并为客户提供个性化的解决方案。这些都能给客户以全新的体验，便于公司留住客户、拓展客户。

4）系统使公司正式推出了绿色环保的“电子质保书”。客户可以通过互联网直接获得质保书信息，十分快捷与灵活，同时，便于电子存储，按需打印，环保节约。对企业来说，很好地解决了纸质质保书存在的各种缺陷，满足了客户的个性化需求，做到了产品与质保书同步，犹如给每件产品打上了“电子身份证”，极大地方便了用户使用产品。由于减少了纸质质保书的打印和寄送环节，不仅降低了成本，且更加节能环保。因此，这种高效、快捷的服务赢得了客户的好评，同时也降低了企业的成本，提高了物流速度，为双方都创造了较大的经济效益和社会效益，也为企业留住客户、发展客户奠定了良好的基础。

（资料来源：http：//www. e-works. net. cn/）

6.2 电子商务客户信息管理

在电子商务环境下，企业能够通过网站的形式更容易地向客户传递有关企业品牌形象、产品质量、企业文化等信息，可以在线为客户提供服务，相应地，客户也可以更方便地获取有效的信息。与此同时，企业通过客户提供的数据可以在线获得客户的有关资料，通过对客户资料进行分析，可以对客户进行有效评价，分辨出对企业有价值的客户并对目标客户进行定位，以增强与客户之间的关系。

6.2.1　客户信息管理的内容

客户信息包括企业服务对象的基本资料、购买产品或服务的记录等一系列相关信息。客户基本信息主要指企业服务对象的基本情况，主要分为个人客户的信息和企业客户的信息两大类。其中，个人客户的信息主要包括个人客户的基本信息、心理与态度信息和行为信息等几个方面；企业客户的信息主要涉及企业的基本信息、业务状况、交易状况和负责人信息等方面。

客户信息管理是客户管理的重要内容和基础，包括客户信息收集、客户信息整理，客户信息分析等。通过建立完善的客户管理系统，对于企业扩大产品的市场占有率、提高营销效率、与客户建立长期稳定的业务联系，都具有重要意义。运用客户信息，能准确区分准客户、新客户和老客户，区分大客户和一般客户，并实施不同的市场营销策略。

6.2.2　电子商务客户信息收集

当企业明确自身需掌握的客户信息之后，接下来就要利用各种渠道和方法进行客户相关资料和数据的收集。电子商务客户信息的收集可以从企业内部信息收集和外部信息收集两个途径展开。

1. 企业内部信息收集

企业内部信息收集主要是指企业通过内部各个部门与客户直接接触来获取所需要的客户信息和资料。具体途径包括：

（1）通过调研获取客户信息。通过与客户直接交谈或调研，了解客户的基本信息、行为习惯等方面的资料。当企业面临组织客户时，更需要主动与客户交流，以便准确、详尽地掌握客户信息。这种与客户的直接交流主要体现在三个时段：客户关系建立前、建立中以及建立后。在客户关系建立前，企业主要通过与客户交流，弄清客户的基本状况及其可能的需求信息；在客户关系建立过程中，企业进一步明确客户的具体需求信息；在客户关系建立后，企业通过与客户的沟通来了解客户的动向，发展和维护客户关系，并努力挖掘客户的潜在价值。

（2）在营销活动中收集客户信息。例如，现在很多超市、餐饮、娱乐行业都实行了会员制度，以此来记录客户的基本信息以及消费习惯。此外，还有很多企业采用博览会、展销会、洽谈会的形式来获取客户信息。

（3）在服务过程中获取客户信息。对客户的服务过程是企业深入了解客户、收集客户信息的绝佳时机。在服务过程中，客户通常能够直接表达自己对产品的看法和期望，其信息量大、准确性高，因此是客户信息收集的重要途径。

（4）通过网站收集客户信息。随着电子商务的日益火爆，越来越多的公司开设了专门的网上商城来销售产品。当客户通过网站购买产品时，不可避免地要填写相关的客户信息，企业则可以由此途径获得这些客户的基本信息，并通过跟踪其购买频率和内容来分析其购买行为与偏好，从而获取更多的客户信息与数据。

2. 企业外部信息收集

企业外部信息收集指企业通过查询、购买等方式从其他机构或组织获取所需的客户信息。具体途径包括：

（1）网络搜索。企业可以通过网络平台搜集客户相关信息，如通过搜索引擎、行业网站、网上黄页、E-mail、网络通信软件等。这些信息比企业从内部渠道获取的信息更加广泛，更有利于企业全面了解客户。

（2）数据公司。数据公司专门收集、整合和分析各类客户的数据和客户属性。专门从事这一领域的数据公司往往与政府及拥有大量数据的相关行业和机构有着良好而密切的合作关系。一般情况下，这类公司都可以为营销行业提供成千上万的客户数据列表。在北京、上海、广州、深圳等国内大中城市，这类公司发展非常迅速，已经开始成为数据营销领域的重要角色。

（3）政府机构。在国内，政府部门往往拥有最完整而有效的大量数据。在以前，这些数据并没有很好地应用于商业用途。政府部门已经在大力加强基础信息数据库的建设工作，在数据基础越来越好、数据的管理和应用越来越规范的市场趋势下，政府部门也在有意识地开放这些数据用于商业用途，如公安户政部门的户政数据、税务机关的纳税信息、社保部门的社会保险信息等。

6.2.3 电子商务客户信息整理

电子商务环境下的企业可以利用数据仓库来整合和管理信息，以预测客户未来的行为，具体步骤如下：

1. 客户信息的清洗和整理

企业从各种渠道所收集的信息往往不能被直接使用，必须经过分类、整理等环节进行信息加工。这是因为，首先，企业所收集的信息分散在企业的各个部门之中。例如，有关客户购买频率等行为方面的信息可能在销售部门，来自客户投诉等方面的信息掌握在售后服务部门，这些处在不同部门的信息降低了整个企业掌握信息的完整性。其次，来自不同渠道的信息未必是完全正确的。因此，企业在使用这些信息之前，必须对掌握的信息进行筛选和整理。

2. 客户信息的录入

当企业完成了客户信息的清洗、整理之后，接下来就是将掌握的信息录入到数据仓库中，录入信息首先要对信息进行编码。良好的编码可以提高数据的运算处理效率，同时也能让企业员工更加方便地使用和处理信息。其次，要检查录入信息的准确性，一方面要确保信息来源的可靠性和真实性；另一方面要保证信息录入过程的准确性，即在录入过程中不会发生偏差。

3. 客户信息的更新

对企业而言，通过直接和间接渠道收集信息是企业了解客户的重要途径，但是，企业并非开展一次大规模的收集信息活动就可以一劳永逸。在市场瞬息万变的今天，客户的需求和偏好也在不断发生变化，因此企业应该在已有客户资料的基础上进行随时更新而不是建立在一个静态档案上。企业通过及时更新客户信息可以做到“知己知彼”，随时了解客户的消费需求和动态等。

客户信息的更新要注重及时准确，需要企业各个部门的全力配合。企业更新信息不是让信息存储在数据库中，而是希望通过这些客户来认识、了解客户，弄清楚客户的信息发生了怎样的改变。在更新信息的同时，还要注意及时淘汰无用信息，提高数据库的使用率，避免无用信息造成的干扰与空间浪费。

6.2.4　电子商务客户信息分析

企业并非只是简单地把客户信息录入数据仓库中，若想发挥数据仓库的作用，则需要对客户信息进行进一步的分析。客户信息的分析是指从大量的数据中提取有用的客户信息，主要可以分为直接信息和间接信息。直接信息可以从数据中直接取得，价值量较小、使用范围较小。而间接信息是经过加工获得的较有价值的信息。分析过程主要包括基本信息分析、统计分析、趋势分析、关联分析等。

在电子商务运营环节中，客户行为分析和管理有着非常重要的位置。客户分析是根据客户信息数据来分析客户特征，评估客户价值，从而为客户制订相应的营销策略与资源配置计划。通过合理的、系统的客户分析，电子商务运营商可以知道不同的客户有着什么样的需求，分析客户消费特征对商务效益的关系，使运营策略得到最优的规划；更为重要的是，可以发现潜在客户，从而进一步扩大商业规模，使企业得到快速的发展。客户行为分析一般涵盖以下几方面内容：

（1）客户特征分析。对客户的各方面参数进行分析和总结，力求得出自身商业对象的主要特点，如年龄、地域、学历、职业、婚姻、收入等，从而找准商业定位，更好地服务于自己的主要客户群。

（2）消费倾向分析。对不同特征客户的消费倾向、喜好等进行分析和预测，找准不同客户的需求，为不同的客户提供相应的、个性化的服务。

（3）利润率分析。利润的多少是商家最为关注的问题之一，对不同的客户，交易所产生的利润可能有相当大的差距，因而对不同客户特征、不同商品的综合利润率进行分析，可以找到能产生最大利润的客户群和商品列表，而这将是商家重点关注的问题。

（4）客户忠诚度分析。在吸引到客户之后，如何留住客户就成为十分重要的问题。统计表明，电子商务很大的利润产生于回头客中。忠诚度分析主要是为了研究不同特征、不同购买行为的客户的忠诚度，以及预测如何提高这些客户的忠诚度的途径。

（5）风险分析。交易是存在风险的，风险分析就是对客户和交易的可靠性进行分析，对交易中潜在的风险进行研究，为商家规避风险起到警示的作用。

（6）潜在客户分析。对潜在客户的分析是目前比较薄弱的环节，但同时却是非常重要的分析目标。通过综合多方面的分析结果，系统地展开分析和预测，以找出最有可能成为自己客户甚至优质客户的群体，进而有目的地展开营销宣传，调整运营规划，吸引更多的客户，扩大企业的发展。

6.2.5 电子商务客户信息安全

对于任何一个企业而言，所掌握的客户信息都是一笔重要的财产。这些客户信息不仅是企业制定客户关系管理策略的重要依据，同时也是企业制定营销战略和发展战略的重要基础。客户信息一旦被泄露，将会对企业造成无可估量的损失，因此，面对客户信息安全问题，企业，尤其是电子商务企业需要采取安全防护措施，制定并完善相应的安全策略，防止企业客户信息从内部泄露。一般可以从以下几个方面入手：

（1）锁定客户信息安全管理的重点。客户信息安全管理的重点在于个人类客户信息，防范的重点在于客户信息的批量泄露，管控的重中之重在于对各类计算机系统设置防火墙。对于数据库的防护，利用数据存储技术加强数据备份和恢复措施，对敏感的设备和数据要建立必要的物理或逻辑隔离措施！对于数据传输过程中信息的安全防护，从路由器到用户各级建立完善的访问控制措施，安装防火墙，加强授权管理和认证，保障 Web 站点间信息传输的安全性。对于整个电子商务系统的防护，安装防病毒软件，加强内部网的整体防病毒措施；建立详细的安全审计日志，以便检测并跟踪入侵攻击等。

（2）加强企业内部管理，建立信息系统的访问管理制度和操作流程。在电子商务信息系统内部建立操作流程规则和职责体系，对信息的访问进行授权和数据接触监管。根据人员岗位分工，赋予相应系统的登录权限，严禁设置公共用户，完善登录途径。对于那些对企业的程序和数据具有访问特权的员工，运用信息技术，通过设置操作日志功能和控制程序等来完成监督，从而达到对系统和数据库操作的实时监控和记录。定期分析、检查客户信息查询或下载情况，对明显高于正常查询频次的行为进行重点排查。

（3）培养员工信息保密的意识，建立刚性约束机制。从企业高层到普通员工都要树立客户信息安全保密的意识，通过公司企业文化以及案例警示教育，让信息保密意识深入员工内心，培养员工形成良好的保密习惯。同时，应将客户信息泄露风险纳入风险管理，细分客户信息泄密的表现形式，配套惩戒措施，一旦发生泄密行为严格追究相关人员责任，通过技术方式加强对泄密行为的监控，在内部建立防止信息泄露的安全机制，从而建立公司内部员工的刚性约束机制。

（4）健全客户信息管理，建立泄露应急机制。健全客户信息管理，与客户签订隐私保密协议，实行客户信息泄露问责制度。同时，制订客户信息管理应急预案，明确客户信息的牵头管理部门和责任部门。一旦发生客户信息泄露事件要立即查清泄密责任人和泄密具体信息等情况，及时上报监管部门；要与泄密客户主动沟通，及时采取措施以防止客户资金损失，加强企业声誉风险管理，消除不良影响。

6.3 电子商务客户满意度管理

6.3.1 客户满意的内涵

美国学者 Cardozo 在 1965 年首次将顾客满意（Consumer Satisfaction，CS）的观点引入营

销领域，此后随着市场竞争的日趋激烈，客户满意日益受到学术界和企业界的重视。菲利普·科特勒（Philip Kotler）认为，“顾客满意是指一个人通过对一个产品的可感知效果与他的期望值相比较后，所形成的愉悦或失望的感觉状态”。亨利·阿塞尔（Henry Assael）也认为，当商品的实际消费效果达到消费者的预期时，就实现了满意，否则，则会导致顾客不满意。美国营销学会手册对顾客满意的定义为：满意＝期望－结果，即顾客满意是顾客对产品的感知和认知相比较之后产生的一种失望或愉悦的感觉状态。从学者们对顾客满意的定义可以看出，满意水平是可感知效果和期望值之间的差异函数。如果效果低于期望，顾客就会不满意；如果可感知效果与期望相匹配，则顾客就满意；如果可感知效果超过期望，则顾客就会高度满意、高兴或欣喜。

一般而言，顾客满意是顾客对企业和员工提供的产品和服务的直接性综合评价，是顾客对企业、产品、服务和员工的认可，顾客根据他们的价值判断来评价产品和服务。顾客满意的内涵包括产品满意、服务满意和社会满意三个层次。

“产品满意”是指企业产品带给顾客的满足状态，包括产品的内在质量、价格、设计、包装、时效等方面的满意。产品的质量满意是构成顾客满意的基础因素。

“服务满意”是指产品售前、售中、售后以及产品生命周期的不同阶段采取的服务措施令顾客满意。这主要是在服务过程的每一个环节上都能设身处地地为顾客着想，做到有利于顾客、方便顾客。

“社会满意”是指顾客在对企业产品和服务的消费过程中所体验到的对社会利益的维护，主要指顾客整体社会满意，它要求企业的经营活动要有利于社会文明进步。

6.3.2 电子商务客户满意度的影响因素

对于企业来说，如果对企业的产品和服务感到满意，顾客也会将他们的消费感受通过口碑传播给其他的顾客，扩大产品的知名度，提高企业的形象，为企业的长远发展不断地注入新的动力。但现实的问题是，企业往往将顾客满意等于信任，甚至是“顾客忠诚”。事实上，顾客满意只是顾客信任的前提，顾客信任才是结果；顾客满意是对某一产品、某项服务的肯定评价，即使顾客对某企业满意也只是基于他们所接受的产品和服务令其满意。如果某一次的产品和服务不完善，那他们对该企业也就不满意了，也就是说，它是一个感性评价指标。顾客信任是顾客对该品牌产品以及拥有该品牌企业的信任感，他们可以理性地面对品牌企业的成功与不利。美国贝恩公司的调查显示，在声称对产品和企业满意，甚至十分满意的顾客中，有65%～85%的顾客会转向其他产品，只有30%～40%的顾客会再次购买相同的产品或同一型号的相同产品。

中国商务部发布的商业服务业客户满意度测评规范还包含针对中国境内的批发零售业、住宿餐饮业以及居民服务和其他服务业开展的客户满意度测评指标体系。该体系包含了八个二级指标，而电子商务与传统的消费模式存在较大的差异，电子商务环境下影响客户满意的因素除了传统的因素外，还有其他一些与电子商务行业紧密相关的因素。

一是企业的网站设计，企业通过网站与客户进行沟通时，信息的有效性、下载的速度、网站设计是否人性化、网站导航是否方便、网站功能的强大与否、链接是否有效、网站商品的种类及更新速度等因素都会影响客户能够感知的实际体验，从而影响客户对于企业的满意度。

二是客户的信任度，客户对于企业的信任是影响客户满意度的最主要的方面，而在电子商务环境下，企业与客户的沟通主要是通过企业网站，影响客户对企业信任的最主要的因素之一就是网站的可信度，而影响企业网站的可信度因素包括信息来源是否明确、网站的安全、对于个人信息的保护、网站所有者信息是否真实有效、财务支持机构是否明确、是否有其他机构批准证明、是否有其他机构奖励和证书等。

三是物流配送，物流配送包括具体的配送方式、配送时效、包装的好坏等因素。物流配送是电子商务中的重要环节，它间接影响电子商务客户的满意度。如果电子商务企业不能为客户提供满意的物流配送，则会影响客户对企业的满意程度和信任程度。

因此，基于原有的测评体系，通过增加与电子商务行业紧密相关的网站设计特性、网站安全和物流配送等指标，可以组成适用于电子商务客户满意度测评指标体系，具体见表6-1。

表6-1　电子商务客户满意度测评指标体系

<table>
<tr><th>一级指标</th><th>二级指标</th><th>三级指标</th></tr>
<tr><td rowspan="6">客户满意度指标</td><td>网站特性</td><td>网站访问速度
网站设计的人性化程度
网站导航检索的便利程度
商品的种类
商品的更新速度</td></tr>
<tr><td>客户信任度</td><td>网站平台的安全保障
商家的资质认证
交易信息的保护
客户隐私的保护</td></tr>
<tr><td>物流配送</td><td>配送时间
配送方式
包装的好坏</td></tr>
<tr><td>企业品牌形象</td><td>企业品牌的总体形象
企业品牌知名度
企业品牌特征的显著度</td></tr>
<tr><td>客户预期</td><td>总体质量预期
可靠性预期
个性化预期</td></tr>
<tr><td>产品质量感知</td><td>总体产品质量感知
产品质量可靠性感知
产品功能适用性感知
产品款式感知</td></tr>
</table>

（续）

一级指标	二级指标	三级指标
客户满意度指标	服务质量感知	总体服务质量感知 有形性质量感知 可靠性质量感知 保证性质量感知 响应性质量感知 关怀性质量感知
	价值感知	给定质量下对价格的评价 给定价格下对质量的评价 与同层次竞争对手相比时，对价格的评价
	服务满意度	总体满意度 实际感受同其服务水平相比的满意度 实际感受同理想服务水平相比的满意度 实际感受与竞争对手相比的满意度
	客户抱怨	客户抱怨与否 客户投诉与否 投诉处理满意度
	客户忠诚度	重复接受服务的可能性 向他人推荐的可能性 价格变动的忍耐性

6.4　电子商务客户忠诚度管理

6.4.1　客户忠诚的内涵

在营销实践中，客户忠诚被定义为客户购买行为的连续性。它是指客户对企业产品或服务的依赖和认可、坚持长期购买和使用该企业产品或服务所表现出的在思想和情感上的一种高度信任和忠诚的程度，是客户对企业产品在长期竞争中所表现出的优势的综合评价。企业需要通过努力来巩固及进一步发展与客户长期、稳定的关系。这需要企业与客户相互了解、相互适应、相互沟通、相互满意、相互忠诚，这就必须在建立客户关系的基础上，与客户进行良好的沟通，让客户满意，最终实现客户忠诚。

实际上，企业获取客户只是完成了客户关系管理的第一步，如果企业不能有效保持与客户的关系，那么获取的客户很有可能会流失，企业不得不继续付出高昂的成本去获取新的客户。据统计，吸引一个新客户所需要花费的成本是维护一个老客户所需成本的 5～10 倍；老客户宣传的效果是广告所带来效果的 10 倍。这就要求企业在品牌满意度和美誉度的基础上建立品牌忠诚度，通常可以用以下五大指标进行衡量。

1. 重复关注和购买的次数

在一定时期内，客户对某一品牌产品或服务重复关注或购买的次数越多，则说明其对这一品牌的忠诚度越高，反之就越低。如果客户与企业仅有一次交易记录，那自然不能认为该客户的忠诚度很高。因此，客户重复关注和购买企业产品的次数是衡量客户忠诚的指标之一。

2. 决策时间的长短

根据消费心理规律，消费者购买商品，尤其是选购商品，都要经过仔细比较和挑选的过程。由于信赖程度有差别，对不同品牌的商品，消费者购买决策时间的长短也是不同的。一般来说，购买决策时间越短，说明其对某一品牌商品形成了偏爱，对这一品牌的忠诚度越高；反之，则说明他对这一品牌的忠诚度越低。在运用这一标准衡量品牌忠诚度时，必须剔除产品性能和质量等方面的差异而产生的影响。

3. 对价格的敏感度

一般来说，消费者对商品的价格都是非常重视的，但这并不意味着消费者对各种品牌商品的价格敏感程度也一致。事实证明，对于喜爱和信赖的商品，消费者对其价格变动的承受能力强，即敏感程度低；而对于不喜爱的商品，消费者对其价格变动的承受能力弱，即敏感度高。据此也可衡量消费者对某一品牌的忠诚度。当运用这一标准时，要注意消费者对于该产品的必需程度、产品供求状况以及市场竞争程度三个因素的影响，在实际运用中，要排除它们的干扰。

4. 对竞争者的态度

人们对某一品牌态度的变化，多半是通过与竞争者相比较而产生的。根据消费者对竞争者产品的态度，可以判断其对其他品牌的忠诚度的高低。如果消费者对竞争者的产品兴趣浓、好感强，则说明其对某一品牌的忠诚度低。如果消费者对其他品牌的产品没有好感、兴趣不大，则说明对某一品牌的忠诚度高。

5. 对产品质量问题的态度

任何一个品牌都可能因种种原因而出现有瑕疵品的问题，如果消费者对某一品牌的忠诚度高，则对该品牌偶尔出现的产品质量问题会以宽容和同情的态度对待，相信品牌会很快加以妥善处理。若消费者对某一品牌忠诚度低，则一旦产品出现质量问题，那么就会非常敏感，极有可能从此不再购买这一产品，甚至传播负面消息。

6.4.2 提高电子商务客户忠诚度的措施

随着市场竞争的日益加剧，客户忠诚已成为影响企业长期利润高低的决定性因素。以客户忠诚为标志的市场份额，比以客户数量来衡量的市场份额更有意义，企业管理者可以采取相应措施来提高客户的忠诚度，以使企业在激烈的竞争中获得关键性的竞争优势。具体措施如下：

① 提供良好的电子商务交易环境。电子商务交易的虚拟化，要求建立网上客户的信任，降低他们的购买感知风险，必须了解驱动在线客户满意的因素，提供高品质的、能满足其需

要的产品。在此基础上，企业首先应通过基于客户导向的网站建设建立客户的初始信任。

② 通过信息技术加强与客户的互动。在电子商务交易过程中，企业的信息管理工作应注重在 Internet 上与用户的交互作用，通过信息交流了解客户需求，为之提供更有价值的信息服务，从而形成独特的市场竞争优势。

③ 及时准确地履行契约。对于电子商务企业而言，实体商品的配送或服务合同的履行是一个很重要的问题。如何把客户指定的商品及时送达指定的地点，要求企业将其网上业务与网下的物流服务系统相结合。因此，要在网站上详细展示待售的商品，突出商品品牌，提供实时的物流信息，保证按时交货。

④ 充分利用顾客数据库营销。数据库营销能使企业更加充分地了解顾客的需要、为顾客提供更好的服务。顾客数据库中的资料是个性化营销和顾客关系管理的重要基础。企业运用客户数据库，可以使每一个服务人员在为客户提供产品和服务时，明了客户的偏好，习惯其购买行为，从而提供更具针对性的个性化服务。

⑤ 完善客户关系管理系统。通过客户关系管理进行目标客户及其价值的确定、客户服务力量的检测、开展客户忠诚活动的策略、非忠诚客户的分析和管理、客户忠诚计划的评估等。客户可以通过客户关系管理系统随时进行相关咨询或求助，同时企业通过该系统定期对顾客进行访问和回访，这是一个有效的客户反馈机制。企业要想更好地赢得客户忠诚，就必须不断追踪了解客户的期望以及满意水平。

⑥ 建立完善的售后服务体系。完备的客户服务体系包括售前、售中、售后各个环节的服务实施和衔接；对可能分布在本地、异地的客户服务请求的及时响应；企业内服务规范及文档的建立；服务过程记录；服务监督与投诉系统；服务的改进提高机制等。

⑦ 加强退出管理，减少客户流失。当客户不再购买企业的产品或服务，终止与企业的业务关系时，正确的做法是及时做好客户的退出管理工作，认真分析客户退出的原因，总结经验教训，利用这些信息改进产品和服务，最终与这些客户重新建立起正常的业务关系。

【阅读 6-2】　小米始终坚持和用户交朋友

小米卖的到底是什么？小米如何从智能手机的产品供应商成功转变为一代年轻人的数码生活伙伴？

实质上，小米的真正战略意图是通过手机来聚集顾客，通过一系列的营销手段来构建顾客社区、呼应顾客价值观、深化与顾客的一体化关系，再围绕着顾客的生活方式成为综合供应商。围绕年轻人的生活方式，小米逐步展开产品的系列化，围绕小米手机生产出了小米电视、小米盒子、小米路由器、摄像头和耳机等小米配件，以及米兔玩偶等周边产品。至此，小米的平台模式正式架构成形。

可以看到，小米的一切都是围绕着它的顾客，而借助于互联网最大限度地消除了信息不对称，使得品牌附加值趋于合理化，越来越靠近产品价值。品牌的最大意义不再是获得超额利润，而是获得顾客忠诚，让顾客产生持续购买行为，并推荐他人购买。这就是雷军成功的关键，它颠覆传统营销时代，掌握了进入关系营销时代的密钥——客户关系管理（CRM）。

雷军说，和用户一起玩，给了小米持续奋战的动力和不断创新的源泉，“前几天在我们举办的小米爆米花年度盛典上，很多和我们并肩相伴数年的米粉来到现场，回忆一起走过的日子，他们甚至会激动得流下眼泪。米粉一直在关注着我们，我们一定不能辜负这份厚谊”。

小米深知，用户是根本。企业的重心不是产品，而是用户。同样是做平台，小米和海尔是有差异的。小米是在构建“用户的平台”，企业与用户互动、用户与用户互动，最终企业与用户关系得以深化；海尔是在构建“员工的平台”，企业与任何在册或不在册的员工建立合作机制，激励他们成为自主经营体，独立去满足用户需求。

小米的用户平台很有力量。小米的业务重心是智能手机，但工作重心是小米网及其线下服务体系——这是小米深化顾客关系的有力武器。它通过爆米花节、同城会、才艺秀等若干与产品销售无关的活动，让顾客认识到小米理解他们的生活方式和价值观，与他们零距离。顾客关系不断强化，小米就有不断整合产品的强大基础。所以，除了与用户一起玩，小米在2013年还建立了18家小米之家旗舰店、436家维修网点等，都是在不断强化平台的聚合力。

现在是粉丝经济时代，只有与用户交朋友才能有更好的生存基础。所谓粉丝经济，指的是我购买你，是因为我喜欢你，而不是你有特色。在信息爆炸的时代，消费者出于降低决策时间成本的考虑，会对信息进行选择性过滤，大量信息会被直接筛掉。但粉丝不会过滤你，只会过滤竞争对手。

（资料来源：http：//www. ceconline. com/）

6.5 电子商务客户服务管理

6.5.1 电子商务客户服务的分类

电子商务客户服务是指电商企业以顾客价值为导向、以互联网为平台，为了赢得新顾客、保留老顾客，提高顾客满意度，采取的一系列建立和维持顾客关系的行为过程。根据电商客服所处的阶段划分，可分为售前服务、售中服务、售后服务。其中，售前服务包括产品咨询、询价议价、物流咨询、促销咨询、品牌咨询等；售中服务包括快递查询、催发货、修改订单、缺货通知、催付款等；售后服务包括退款退货、换货、返修、投诉处理、买家评价管理等。

6.5.2 网站客户服务流程的实施

根据客户与企业发生交易关系的阶段，可以将这种交易分为售前、售中和售后三个阶段；网站的客户服务也相应地划分为网上售前服务、网上售中服务和网上售后服务。处于不同的阶段，企业所应采取策略的侧重点也有所不同。

1. 网上售前服务流程的实施

售前服务是企业在顾客未接触产品之前所开展的一系列刺激顾客购买欲望的服务工作。售前服务的内容多种多样，主要是提供信息、市场调查预测、产品定制、加工整理、提供咨询、接受电话订货和邮购、提供多种方便和财务服务等。售前服务的主要目的是协助客户做好工程规划和系统需求分析，使得企业的产品能够最大限度地满足客户需要，同时也使客户的投资发挥出最大的综合经济效益。企业提供售前服务的形式主要有两种：一种是通过企业网站提供产品信息，另一种是通过专门的客服提供售前咨询服务。企业在提供售前咨询服务的过程中，可以通过以下方式来增强客户服务的效果。

（1）企业网站要实用，有亲和力。由于很多客户通过企业网站获取产品信息，因此网站应以最大限度方便顾客为宗旨，展现出便于系统与顾客互动交流的页面给顾客。企业网站在设计时应遵循以下三项原则：一是方便，即尽量不需要顾客自已输入文字，通过鼠标点击即可获取新客户；二是简洁，不论是在顾客建档中需要顾客填写的数据还是在其他方面需要顾客填写的问卷，一定要设计得简洁；三是美观，即企业的网站应该尽量设计得美观，这样才能吸引住顾客的第一注意力。

（2）客户建档与更新。客户建档策略是通过为客户建立档案来掌握顾客的个别特征信息，如性别、年龄、职业、爱好等，以此了解客户的消费倾向。在电子商务的环境下，通过充分利用网络的资源共享、数据共享优势，企业可以极大地发挥“客户建档”的作用。在网络的环境下，当客户第一次把自己的基本资料输入档案库之后，此数据不但应该是永久保存的，而且还应成为企业各个部门都可以共享的资源。这样既能达到企业更新顾客档案的目的，又可以极大地方便顾客。在企业为客户建立档案之后，根据时间的推移和情况的变化运用网络信息技术实时更新客户档案。

企业通过开展网上售前服务，加强双方的了解，为客户创造购买产品的条件，客户也就信任该企业及产品，从而也就愿意购买；赢得客户的支持，赢得市场，也就是提高了企业的竞争能力。

2. 网上售中服务流程的实施

售中服务主要是指在产品销售过程中为顾客提供的服务，如为顾客展示产品，详细说明产品使用方法，耐心地帮助顾客挑选商品，解答顾客提出的问题等。售中服务与顾客的实际购买行动相伴随，是促进商品成交的核心环节。网上售中服务的目标是为客户提供性能价格比最优的解决方案。针对客户的售中服务，主要体现为销售过程管理和销售管理，销售过程是以销售机会为主线，围绕着销售机会的产生和跟踪、客户下单、在线支付等一个完整的销售周期而展开的，是既满足客户购买商品欲望的服务行为，又是不断满足客户心理需要的服务行为。

优秀的网上售中服务可以增强客户的购买决策，在买卖双方之间形成一种相互信任的气氛。为了让客户达到满意，客服人员可以根据客户的具体特征和实际需求对其进行有效及时的推荐，让顾客不必在网海中独自寻觅销售，这样将极大地方便了顾客，提高了顾客的满意度。因此，对于网上售中服务来说，提高服务水平尤为重要。

3. 网上售后服务流程的实施

售后服务，就是在商品出售以后所提供的各种服务活动。网络售后服务就是借助互联网直接沟通的优势，以满足客户对产品使用、维护方面的需求。网上售后服务有两类：一类是基本的网上产品支持和技术服务，另一类由于产品质量或使用中存在的其他问题而导致的退换货等服务。

网络售后服务已成为电子商务企业扩大市场份额的要件（如天猫、京东等）。售后服务的优劣能影响消费者的满意程度。在购买时，商品的保修、售后服务等有关规定可使顾客摆脱疑虑，下定决心购买商品。优质的售后服务可以算是品牌经济的产物，在市场激烈竞争的今天，随着消费者维权意识的提高和消费观念的变化，消费者们不再只关注产品本身，在同类产品的质量与性能都相似的情况下，更愿意选择这些拥有优质售后服务的企业。

6.6 电子商务企业 CRM 应用与实施

6.6.1 电子商务情境下 CRM 的应用

随着 CRM 在大服务量系统中的应用，人工服务渠道中出现了新的瓶颈，该瓶颈源于传统交流方式的局限。与此同时，基于 Internet 的交流渠道已经形成，这一新的交流渠道和基于其上的应用程序有可能缓解个人服务瓶颈，并为客户及合作伙伴提供扩展 CRM 优势的方法。这种对 CRM 系统的电子扩展就是电子化客户关系管理（electronic Customer Relationship Management，e-CRM）。

e-CRM 的催生和发展完全归功于网络技术的发展。企业对 CRM 概念的关注集中在与客户的及时交互上，而 Internet 及在它之上运营的电子商务提供了最好的途径，企业可以充分利用基于 Internet 的销售和售后服务渠道，进行实时的、个性化的营销。

1. e-CRM 的优势

与传统的 CRM 相比，e-CRM 有其独到的优势。

（1）整合性。它依托网络平台，汇聚了各式各样的沟通渠道，企业可以让客户依据自己的方便，在不同时间以网站、电子邮件、智能终端等不同方式与企业接触。更重要的是，无论是专门的客服还是自动应答系统，对客户提交的各种形式的服务请求，企业都能提供实时、专业的响应。

（2）一对一。电子商务环境下的 CRM 应当以每一个客户作为一个独特的个体，所以对客户行为的追踪与分析，都是以单一客户为单位，寻求其行为方式与爱好。同时，应对策略与营销方案也是依每个客户的个性来提供。

（3）实时性。电子商务环境下的消费者快速地接受大量信息，所以其偏好也在不断地发生改变。企业必须能够及时采集与分析客户的行为倾向，并且快速采取个性化策略跟进，才能掌握先机，赢得客户。

（4）模块化结构。e-CRM 具有可扩充性和可配置性，应对客户需求的不断变化，它还拥有完整的数据库，字段丰富，各类数据分析更具有真实性和应用价值。

2. e-CRM 在网站销售中的应用

（1）在售前阶段的应用。

1）个性化站点定制。e-CRM 能为浏览的顾客提供海量的信息，但是这些未经分类的信息很可能让消费者无所适从，很难找到自己真正想要的东西。针对此种情况，e-CRM 可以为用户提供个性化站点定制，帮助用户过滤掉不感兴趣的内容。因此，完全的“一对一”站点是 e-CRM 的发展方向，用户只需在第一次登录时定制自己的需求，当再次登录时就可以浏览自己定制的内容。

2）多渠道沟通。e-CRM 提供各式各样的沟通渠道，如 E-mail、免费电话、BBS 等。

3）本地搜索引擎。允许浏览的客户通过关键字搜索快速找到所关注的商品。

4）会员制。游客可以注册一个账户，通过该账户可以浏览网站中加密的网页，并对自己的交易记录进行保存。

5）E-mail列表。如果客户希望得到更多信息，则可以将自己的E-mail地址加入到E-mail列表中，以接收系统自动发出的E-mail。

6）网站地图和导航。客户可以查看网站的索引，初次访问网站的游客可以通过网站导航来了解如何更加便捷地使用网站。

7）聊天室和论坛。e-CRM可以让客户之间通过聊天室或论坛的方式进行交流（如京东社区：http://group.jd.com/site/20000455/20000331.htm；淘宝论坛：https://bbs.taobao.com 等），更好地帮助客户分享、交流购物体验。

（2）在交易阶段的应用。

e-CRM提高了网络交易的透明度，让顾客对商品交易的过程及状态更加了解，从而降低了顾客对网络购物的感知风险。

1）线上浏览和预览。客户可以在网站上浏览和了解商品的相关信息，在下单前预览所要购买（定制）的商品，这种预览可以通过动画或演示来完成，还可以通过线上了解产品购买及合同的相关条款，包括运输条款、退换货政策、授权书或其他相关承诺及免责条款。

2）产品定制化。顾客可以在网络上定制他们的产品和服务，如根据自己的需求选定所要购买的个人计算机的配置（如戴尔：www.dell.com）。

3）快速下单和订单追踪。顾客仅需几次点击就可以完成购买，并通过网站实时追踪订单状态。

4）外部链接。通过外部链接，顾客可以快速地找到其他公司的同类产品。

（3）在售后阶段的应用。

1）FAQs（Frequently Asked Questions）。顾客可以通过这些常见问题解决方式等自助渠道来处理所遇到的相关问题。

2）售后问题处理。顾客可以在网页上描述他们所遇到的问题及期待的解决方式，并等待客服的回应与处理。

3）售后处理评价。顾客可以线上评价售后服务的满意度。

6.6.2 电子商务情境下CRM的具体实施

CRM的具体实施是一个复杂的系统工程，涉及范围广、周期长，能否取得成功取决于企业的发展战略是否清晰、对CRM的理解是否正确、一把手是否真正重视、需求是否清晰、总体构架是否明确、实施方案是否得当、产品选型是否合理，以及项目管理能力、资金预算和人才储备等多方因素。

CRM的实施一般按照以下流程操作：

（1）明确CRM项目实施目标。实施CRM首先要做好立项分析，包括对经费预算、过程控制、人力配备、组织保障等问题进行系统设计，明确实施目标。明确的、切实可行的实施目标是CRM成功实施的保证，也是衡量一个CRM项目成功与否的标准。CRM项目的实施目标要基于企业的基本情况和的发展战略目标。

（2）考虑企业业务量的大小和产品的性价比，确定 CRM 的实际需求。由于不同企业的客户规模、实力等存在较大差异，即使是同一类型网站的客户服务系统，其要求也有很大差别。此外，CRM 的应用需求一方面要结合企业现有的管理要求和管理水平，通过流程分析和瓶颈问题分析，整理出企业自身的 CRM 需求；另一方面要与企业的发展战略相结合，形成整体规划，并充分考虑 CRM 与其他应用系统间的集成问题。

（3）根据实际需求决定应该自主开发还是选择成熟产品。购买产品的最大优势就是可以获得包含先进管理思想与供应商实施众多企业的经验结晶，可以通过供应商获取本行业标杆企业的先进经验，而自主开发最大的优势就是贴合企业的业务流程，符合企业的操作习惯，但相应的企业所付出的代价也将更高。如果有一个易于定制的成熟产品，则将是企业的最优选择。目前，多数企业在进行 CRM 选型前只有一些初步的设想，但并没有形成明确的需求和规划，容易在软件选型的过程中被软件商所诱导，甚至导致项目实施的目标远离企业上信息化的初衷。需求的获取可以由企业的信息部门完成，也可以由专业的咨询公司与企业信息中心合作完成。

（4）确定选择 CRM 时要考虑的要点，选择恰当的 CRM。选择 CRM 产品要考虑的要点有产品成熟度、产品特点、系统功能（通过跑流程来实际检验）、行业匹配度、典型用户、产品构架（包括开放性、柔性、配置能力等）、实施方案、实施顾问团队（尤其是项目经理）、重视程度（尤其是方案的水平）、公司实力、本地化服务能力、总体拥有成本等方面。同时，选择 CRM 软件的重点是要考察软件的架构与软件的可配置性，当企业流程发生改变时，能够通过修改配置参数而不用复杂编程适应这种改变，这点对于成长型企业是十分重要的，因此最好选择一个平台级 CRM 产品，具备与外部系统整合的能力。在软件功能上，除了要关注企业现阶段的功能是否具有以外，还要考虑未来企业需要应用的功能，以及行业的特殊需求。

（5）根据客户服务工作量配备客户服务人员。成功实施 CRM，必须重视培训。通过培训在公司内部宣传建立“以客户为中心”的企业文化，通过培训让员工明白 CRM 的实施会给企业带来长期价值。同时，通过培训让企业员工能够很快熟悉系统，了解自身工作在系统中的角色及如何利用系统提高工作效率，使系统得以尽快投入到实际工作中，解决现有的问题，加强工作协调性。培训还必须要有完整的培训知识库，注重科学性、有效性和实用性，分阶段、分层次进行，借助培训手段统一员工的认识，提升管理理念和技术技能。

6.6.3 CRM 的应用效果评估

CRM 软件在企业中的应用并不是从“上线”那一刻起就大功告成了，恰恰相反，此时应用才刚刚开始。CRM 在企业的应用是一个持续改进的过程，具体到 CRM 软件的投资回报，由于在不同的应用环境下，选用 CRM 的目的不同、关注因素不同、外部环境不同，因此企业的关注点和评估方向也会有所不同。因此，可以采用比较分析的方法，在 CRM 项目开始之前，企业就应该确定要解决哪些问题，与实施方一起确定一个双方都认可的指标体系。虽然每个企业的评估指标都不一样，但都可以通过对比实施 CRM 前后的业绩变化来衡量：

- 每一个客服代表所创造的收入。
- 客户挽回率和流失率。
- 呼叫中心的业务处理数量。
- 呼叫等待的时间。
- 完成每一个销售环节所需要的平均时间。
- 实现一个销售机会需要打多少次电话。
- 每一个主要销售周期需要经过的渠道长度。
- 平均订单规模和订单频率。
- 每一个交易的边际贡献率。

通过收集这些衡量标准的相关数据，在 CRM 系统投入运作后就可以进行对比，从而能够计算出实施 CRM 前后业绩的变化。同时，也可以分析企业的营销项目效率，进一步考察评估 CRM 软件的实施效果：

- 客户信息准确率。
- 销售机会的响应率。
- 销售线索的转换率。
- 对不同类型潜在客户的获取比率的比较。
- 对不同类型潜在客户的利润贡献率的比较。
- 对不同渠道订单的利润率的比较。
- 对不同产品的成功率和利润率的比较。

6.6.4　我国企业 CRM 的应用现状

CRM 最初诞生于 20 世纪 80 年代的美国，由 Gartner Group 提出。在 2000 年前后，CRM 借助 IT 技术的迅速发展，以及中国对外开放步伐的加快和企业管理现代化进程的加速，在中国掀起了一股 CRM 热潮。但当时还只是处于知识普及阶段，市场的发展以 CRM 供应商的推动为主，企业仅仅被动接受。在还不了解 CRM 的情况下，部分企业应用 CRM 只是一种盲目跟风。

如今经过多年的市场教育和企业的实践摸索，企业逐渐趋于理性，对于 CRM 已经有了客观的了解和认识，同时十分清楚自身的需求。在这种状态下，企业的需求开始引发 CRM 市场的第二轮热潮，进入了快速增长阶段。目前，企业用户对 CRM 软件已经达到了一定的认可度。中国制造业信息化门户网（e-works）的“CRM 制造业企业应用状况调查”的数据就足以证明这一点。在已经应用 CRM 的企业中，有 49% 的企业选择了自主开发，这个比例对于一个已有很多成熟产品的市场来说，是相当高的。其原因在于，企业在实施 CRM 的过程中，都希望软件能够管理日常业务运行的所有信息，且个性化的需求非常多。而大多数厂商却忽略了 CRM 个性化解决方案，提供的 CRM 产品往往以“通用化”“无所不能”作为其营销诉求。同时，即使是有行业版的软件，但对 CRM 而言，不同企业的需求有很大的不同，同行业的经验可以借鉴但不能照搬。因此，多数企业选择了自主开发。

但随着 CRM 市场经过并购、整合以后，CRM 产品越来越成熟，并且向着平台化、集成化、行业化、精细化的道路迈进。据 e-works 调查显示，在未来有应用 CRM 规划的企业中，77%选择了购买成熟产品，这与几年前企业以自主开发为主的模式有了很大的区别，从一个侧面也说明了现在的 CRM 软件已经越来越成熟了。目前，国内市场上主流的 CRM 供应商包括 Oracle、Sage、微软、Salesforce. com、Turbo CRM 、MyCRM 等，其产品及优劣势分析见表 6-2。

表 6-2　CRM 主流供应商产品及优劣势分析

Oracle	Oracle CRM（包括旗下 Sibel，Peoplesoft. JD Edwards 等多个系列的产品）	大型企业	产品线齐全，功能强大，适合大型企业；价格昂贵，维护成本较高；需要企业具备一定的开发能力；需要企业具备良好的管理基础
Sage	SageCRM	成长型企业	适合成长型企业，性价比高；产品配置性强，“零编码客户化”；系统维护简单；与 ERP 等系统集成较好；与 Office 集成较好；渠道数量较少
	Sage SalesLogix	大型企业	
	ACT1	中小型企业	
微软	Microsoft Dynamics CRM	成长型企业	与 Office 集成较好；适合成长型企业；熟悉.NET，则开发相对较容易；合作伙伴众多，自身一般不负责实施；进入 CRM 领域的时间比较晚
Salesforce	Salesforce	成长型企业	企业首次付出成本较低；适合 IT 外包的企业；长期租用价格较高；系统集成、数据安全等问题值得关注
Turbo CRM	Turbo CRM	中小型企业	被用友收购；本土化设计，适合国内中小企业应用；产品在扩展性，稳定性，配置性上较国外软件有明显不足；项目实施依赖二次开发较重
MyCRM	MyCRM	中小型企业	价格优势明显；本土化设计，适合国内中小企业应用；产品架构较国外产品缺乏扩展性及配置性；缺乏优秀的渠道及商业模式；项目实施依赖二次开发较重

案例：唯品会——持续打造优质客户服务体系

随着互联网的普及，一大批电商网站如雨后春笋般纷纷崛起，它们以快速方便的交易方式在现代经济中发挥着越来越大的作用。“网路相逢”，实现领先的核心钥匙是什么？除了找到正确的经营模式外，最重要的是优质服务。正品特卖网唯品会（vip. com）的高速发展，就证明了在这个关注消费者的互联网时代里，只有能提供独到的“优质服务”，才能掌握赢得客户的“倚天剑”。

1. 优质、高效、愉悦的网络购物体验

作为中国电商领域最受消费者欢迎和最具影响力的网站之一，唯品会努力为会员提供优质、高效、愉悦的网络购物体验。唯品会为客户提供客服热线400-6789-888，解决消费者的问题。此外，低至1折的低价折扣，承诺所有品牌商品均为100%正品，支持多种付款方式，7天无理由退货等，所有这些服务保障，更加强化了客户对唯品会的信任度和黏度。

2. 精选优质产品和网站体现

唯品会自上线之初，就致力于高品质的正品名牌、专业的设计制作，以及完善的售后服务，务求打造B2C电商平台的名牌特卖网购第一平台。售卖商品的种类囊括时尚服饰、潮流鞋包、大牌美妆等，这些商品通过名牌正品、限时限量和惊喜折扣几个关键词打开了市场大门。唯品会还专门设立了艺术中心，为在售品牌商的产品进行策划推广、现场拍摄，设计并制作出周到美观的网页推广，大大提升了产品和企业的品牌形象。

3. 金融支付为购物助力

在支付层面，唯品会推出了一系列便利、安全的金融支付来助推“网购的线上最后一环”。“唯品钱包”是唯品会会员的专属账户，可实现充值、支付、退款、余额查询和提现等功能。同时，在线支付支持23家主流银行的网银、信用卡，以及微信支付、支付宝、财付通等各大支付平台，甚至还能提供货到付款这种极为人性化的支付选择。以上三类选择为唯品会会员在购物支付上带来了更快捷和轻松的体验以及保障。

4. 优化的频道和购物流程

唯品会在栏目上的划分十分清楚明晰，三大频道——美妆频道、亲子频道和居家频道精准指向目标群体，“明天上线”则唤起了消费者对新品的期待。购物流程也十分优化，只要登录网站注册，就可以抢购唯品会成千上万件精品，在购物袋内操作下单支付后，就可以在家坐等收货了。

唯品会各个环节环环相扣，周到贴心，使精选的海量名品、优化的购物流程和强大的客户服务融为一体，让消费者在网购中得到的不只是满意的商品，更建立起一种互相信任的关系。正是通过这样精准完善的优质服务，唯品会才能赢在前沿，成为国内电商的特卖龙头。

（资料来源：http：//www. newhua. com/）

读完上述案例，请分析唯品会是从哪些方面来打造自己的客户服务体系的。

本章小结

1. 电子商务情境下的客户关系管理的特点

1）客户关系管理的概念。客户关系管理把追求客户满意和客户忠诚作为最终目标，通过将信息技术集成在软件上，在企业与顾客之间建立一种数字的、实时的、互动的交流管理系统，是一种现代的经营管理理念。

2）电子商务情境下客户的行为特征。主要体现在以下几方面：客户需求更为积极主动；消费行为趋于理性化；客户对购买便利性以及娱乐性追求并存；更加注重个性消费；客户忠诚度下降。

2. 电子商务客户关系管理的主要内容

1）电子商务客户信息管理的主要内容包括客户信息收集、客户信息整理和客户信息分析等。

2）电子商务网站客户服务流程的主要内容。根据客户与企业发生交易关系的阶段，可以将这种交易分为售前、售中和售后三个阶段；网站的客户服务也相应地划分为网上售前服务、网上售中服务和网上售后服务。

3. 电子商务企业 CRM 应用与实施

1）电子商务企业 CRM 的应用与实施。主要流程①明确 CRM 项目实施目标；②确定 CRM 的实际需求；③根据需求确定产品的来源；④选择恰当的 CRM；⑤配备相应的客户服务人员。

2）CRM 的应用效果评估。

习 题

1. 什么是客户关系管理？实施客户关系管理对企业有哪些重要意义？
2. 在 21 世纪知识经济时代条件下，营销方法的创新主要体现在哪些方面？
3. 简述实施客户信息管理的内容。
4. 如何评价电子商务企业 CRM 实施的绩效？
5. 实验与实践：

下面的案例是美国航空公司的电子商务 EC 与客户关系管理 CRM 开展情况，作为在企业信息化领域比较成功的案例。阅读后，请探讨分析其开展特点、成功与不足，并调研我国交通服务行业都开展了哪些电子商务、开展得如何、有何特点。

CRM 的成功实践：美国航空电子商务案例

在电子商务时代，企业为了降低成本，提高效率，增强竞争力，纷纷对业务流程进行了重新设计，同时开始将客户管理系统（客户管理软件 CRM）作为新的利润增长点。如何提高客户忠诚度，保留老客户，吸引新客户，是客户管理系统（客户管理软件 CRM）关注的重点。成功的客户管理系统（客户管理软件 CRM）可以为企业带来滚滚财源，美国航空公司的案例可以称得上是客户管理系统（客户管理软件 CRM）的成功典范。

1994 年之前，美国航空公司的订票服务主要通过免费电话进行。但在电话订票发挥巨大作用的同时，时任该公司负责监督计算机订票系统业务的通路规划主任 Joho Samuel，无意中注意到公司的网站上只有公司年报一项内容，显然，公司的网站远远没有发挥应有的作用。

Joho Samuel 设想如果可以吸引这些订票者通过网络来查询航班、票价以及进行行程规划，那么将为公司省下一大笔费用；如果公司拿出一小部分资金用于网络系统的建设，让乘客得以在网上预定行程，那么实际的回收将远超开支。他还进一步想到，如果可与经常搭机的老主顾建立更加紧密的关系，在航空业越来越激烈的竞争中，公司就可以站稳自己的脚跟。

这一设想在1995年初开始变为现实。美国航空公司的调查发现，近九成的乘客会在办公室里使用计算机，近七成的乘客家中有计算机，这直接导致了以Joho Samuel为首的六人网络小组的成立。这个小组主要掌管公司的电子交易业务。他们首先改造了公司的网站，将其定位为以传播资讯为主。经营到10月份时，美国航空公司已经成为第一家在网上提供航班资讯、飞机起降、航班行程变更、登机门等诸多资讯的航空公司，甚至连可不可以带宠物上机这样的问题，也可以上网查到。他们提供的资讯准确、快捷，有些更是每隔30s更新一次，极大地方便了乘客。

如果说这一切还都是对于网络的简单应用，那么接下来美国航空公司对于自己的老主顾的关注，则加入了电子商务的内容。通过对常客进行调查，美国航空公司发现，有七成以上的公司A级会员愿意以电子化方式进行交易。他们非常在意能否自由地安排旅行计划，甚至希望视需要随时取消原定的行程与班机。于是，作为第一步，美国航空公司在1996年推出了一项新的服务：每周三定期发电子邮件给愿意接收的会员订户，一年内，订户就突破了77万人。虽然后来其他航空公司也群起仿效，但美国航空公司始终都是领先者。同年，美国航空公司为A级会员特别开设了网络订票系统，使他们可以直接上网查询特价班次、直接选定机位，这再次带动了A级会员人数的激增。后来，美国航空公司又开设了新的互动服务，使A级会员可以直接上网订票并随时更改，然后公司就将机票寄给订户。到了秋天，订户已经可以在飞机起飞前临时更改定位，而无须到换票中心换票。

不过，公司不久便发现，通过网络订票的乘客远比通过传统方式订票并拿到机票的乘客需要更多的保障，因为大多数乘客对于最后能否拿到机票仍不放心。因此，每当乘客订位或更改订位时，美国航空公司就会主动寄发一封确认电子邮件，以让乘客安心。通过这一系列手段，美国航空公司1997年网上订票的收入比年度计划高出97%。

到了1998年6月，美国航空公司又发布了新网站。新网站改善了浏览界面，功能更加强大，乘客甚至可以提出“从我住处所在机场到有海滩的地方、票价低于500美元的班次有哪些”这样的查询条件。新网站最大的改善是依靠会员资料库中会员的个人资料，向A级会员提供更加个人化的服务，如果乘客将自己对于座位位置的偏好和餐饮习惯等列入了个人基本资料，则可享受到公司提供的各种体贴入微的服务。美国航空公司甚至还记录下乘客的各张信用卡，当乘客下次使用信用卡时，将不用再麻烦地输入卡号。

再后来，美国航空公司推出了电子机票的服务，真正实现了无纸化操作；开始整合各种渠道的订票业务，使乘客通过网站、电话和旅行社都可以实现订票；对于乘客的电子邮件开始进行个人化的回复，优先处理A级用户的邮件，同时正在建设更加全面的、个性化的自动化回信系统，以处理大量的电子邮件；让乘客自行设立兑换里程的条件，获得自己想要得到的奖励；更为周到的是，美国航空公司正拟发行A级会员智能卡，使乘客订票、预定客房和租车等都可以用一张卡支付，免去乘客记忆各种卡的卡号和密码之苦。

美国航空公司在短短的四五年时间里，牢牢占据着航空业界电子商务领先者的位置，成功的客户关系管理可谓劳苦功高。

美国航空公司的成功，得益于其敏锐地利用了高速发展的网络与计算机技术这一工具。在客户关系管理上，该公司注意掌握乘客的背景资料，为他们提供量身定做的服务，特别是该公司对于3200万A级会员提供的诸多方便，不但保留住了大批常客，还吸引了大量的新乘客加入会员行列。可以认为，美国航空公司成功的关键在于锁定了正确的目标乘客群，让乘客拥有愉快的消费经验与感受，敢于让乘客自助，同时协助乘客完成他们的各种交易操作。

参考文献

[1] 邵兵家．客户关系管理［M］．2版．北京：清华大学出版社，2010.

[2] 林建宗．客户关系管理［M］．北京：清华大学出版社，2011.

[3] 汪楠，李佳洋．电子商务客户关系管理［M］．北京：中国铁道出版社，2011.

[4] 吴丽芳．电子商务环境下客户关系管理的有效性研究［J］．淮海工学院学报：人文社会科学版，2015，13（1）：91-95.

[5] 徐彬荣．电子商务时代的CRM［J］．情报杂志，2011（11）：37-42.

第7章

电子商务人力资源管理

本章学习目标

- 电子商务运营团队管理的岗位划分、运营管理制度的制订原则和内容。
- 电子化人力资源管理的内容、特点以及优势。
- 虚拟团队的含义及其组成特点。
- 常见的电子商务运营团队人员的绩效考核与激励方法。

案例导入

小米的HR管理之道

有些企业不肯投资在人才身上，随便找个人就了事，不想花太多时间在寻找人才这件事情上。但事实上，多花时间招揽人才有其自身的价值，企业花80%的时间招人也不为过，团队才是企业发展的核心价值。

小米用三年时间，销售收入突破百亿；2013年，小米销售手机1870万台，实现营收316亿元。小米模式再次引发热潮，刷新中国互联网公司的成长速度。在小米取得一系列成就的同时，人们也在思考小米公司成功的原因，其中管理创新给小米的高速发展提供了充沛的助力。小米最主要的创始人之一雷军分享了HR管理之道。

1. 花80%时间找人

小米团队是小米成功的核心原因。能和一群聪明人一起共事，为了挖到聪明人不惜一切代价。如果一个同事不够优秀，则很可能既不能有效帮助整个团队，又影响整个团队的工作效率。真正到小米来的人，都是真正干活的人，他想做成一件事情，所以非常有热情。来到小米工作的人聪明、技术一流、有战斗力、有热情做一件事情，这样的员工做出来的产品注定是一流的，这是一种“真刀实枪”的行动和执行。

所以，当初雷军决定组建超强的团队，前半年花了至少80%时间找人，幸运地找到了七个牛人合伙，全是技术背景出身，平均年龄42岁，经验极其丰富。三个本地加五个海归，分别来自金山、谷歌、摩托罗拉、微软等，土洋结合，理念一致，大都管过超过几百人的团队，且充满创业热情。

如果招不到人才，那只是因为投入的精力不够多。雷军每天都要花费一半以上的时间用于招募人才。前100名员工，每名员工入职时都亲自见面并沟通。当时，招募优秀的硬件工程师尤其困难。有一次，一个非常资深和出色的硬件工程师被请来小米公司面试，他没有创业的决心，对小米的前途也有些怀疑，几个合伙人轮流和他交流，整整12h，打动了他，最后工程师说："好吧，我已经体力不支了，还是答应你们算了！"

2. 少做事，管理扁平化

中国有不少企业很长时间是产品稀缺，粗放经营的。做得很多，也很累，一周工作7天，一天恨不得12h，结果还是干不好，就认为雇佣的员工不够好，然后搞培训、搞运动，但从来没有考虑把事情做少。互联网时代讲求单点切入，逐点放大。

扁平化是基于小米相信优秀的人本身就有很强的驱动力和自我管理的能力，设定管理的方式是不信任的方式。小米的员工都有想做最好的东西的冲动，公司有这样的产品信仰，管理就变得简单了。

当然，这一切都源于一个前提——成长速度。速度是最好的管理，少做事，管理扁平化，才能把事情做到极致，才能快速。

小米的组织架构没有层级，基本上是三级：七个核心创始人—部门leader—员工，而且不会让团队太大，稍微大一点就拆分成小团队。从小米的办公布局就能看出这种组织结构：一层产品、一层营销、一层硬件、一层电商，每层由一名创始人坐镇，能一竿子插到底的执行，大家互不干涉，都希望能够在各自分管的领域给力，一起把这个事情做好。

除七个创始人有职位，其他人都没有职位，都是工程师，晋升的唯一奖励就是涨薪。不需要你考虑太多杂事和杂念，没有什么团队利益，一心在事情上。

这样的管理制度减少了层级之间互相汇报浪费的时间。小米现在2500多人，除每周一短暂的公司级例会之外很少开会，也没季度总结会、半年总结会。成立三年多，七个合伙人只开过三次集体大会。2012年815电商大战，从策划、设计、开发、供应链仅用了不到24h准备，上线后微博转发量近10万次，销售量近20万台。

雷军称自己的第一定位不是CEO，而是首席产品经理，自己80%的时间是参加各种产品会，每周定期和MIUI、米聊、硬件和营销部门的基层同事坐下来，举行产品层面的讨论会。很多小米公司的产品细节，就是在这样的会议中，和相关业务一线产品经理、工程师一起讨论决定的。

3. 强调责任感，不设KPI（Key Performance Indicator，关键绩效指标）

全员6×12h工作，小米坚持了近三年。维系这样的工作，从来没有实行过打卡制度，而且也没有施行公司范围内的KPI考核制度。

小米强调你要把别人的事当成第一件事，强调责任感。例如，一个员工的代码写完了，一定要其他工程师检查一下，别的工程师再忙，也必须第一时间先检查完成的代码，然后再做自己的事情。其他公司可能有一个晋升制度，大家都会为了晋升做事情，从而导致价值的扭曲，为了创新而创新，不一定是为用户创新。其他公司对工程师强调的是把技术做好，在小米不一样，它要求工程师把这个事情做好，工程师必须要对用户价值负责。

4. 透明的利益分享机制

小米公司有一个理念，就是要和员工一起分享利益，尽可能多地分享利益。小米公司刚成立的时候，就推行了全员持股、全员投资的计划。小米最初的56个员工，自掏腰包总共投资了

1100 万美元，均摊下来每人投资约 20 万美元。

公司给了足够的回报，第一是工资上达到了主流水平；第二是在期权上真的有很大的上升空间，而且每年公司还有一些内部回购。

5. 与“米粉”交朋友

做朋友的心理就是，如果你这个问题是你的朋友来找你解决，那你会怎么做？那当然是你能解决就立刻解决了，解决不了也要想办法帮他解决。

小米学习的是海底捞，就是把它变成一种文化，变成一种全员行为，给一线赋予权力。例如，用户投诉或不爽的时候，客服有权根据自己的判断，赠送贴膜或其他小配件。又如，曾有用户打来电话说，自己买小米是为了送客户，客户拿到手机还要去自己贴膜，这太麻烦了。于是在配送之前，小米的客服在订单上加注了送贴膜一个，这位用户很快感受到了小米的贴心。

再比如，小米在微博客服上有个规定：15min 快速响应。还专门开发了一个客服平台，不管是用户的建议还是吐槽，很快就有小米的人员进行回复和解答。员工每天会花一个小时的时间回复微博上的评论，包括所有工程师，是否按时回复论坛上的帖子是工作考核的重要指标。

为了让工程师拥有产品经理思维，小米从一开始就要求所有员工，在朋友使用小米手机的过程中，遇到任何问题，无论硬件还是软件，无论是使用方法或技巧的问题，还是产品本身出现了问题，都要以解决问题的思路去帮助朋友，甚至要求所有工程师通过论坛和微博等渠道与用户直接取得联系。

小米还让工程师们直面每一段代码成果在用户面前的反馈，当一项新开发的功能发布后，工程师们马上就会看到用户的反馈。

小米甚至要求工程师参加和粉丝聚会的线下活动。这样的活动让工程师知道他做的东西在服务谁，他感受到了用户不仅仅是一个数字，而是一张张脸，是一个实实在在的人物，有女用户、女粉丝非常热情地拉他们签名、合影。这些宅男工程师就觉得他写程序不是为了小米公司写，而是为了他的粉丝在做一件事情，这种价值实现是很重要的。

（案例来源：http：//www.ceconline.com/）

7.1 电子商务情境下的人力资源管理

党的二十大报告指出，必须坚持科技是第一生产力、人才是第一资源、创新是第一动力。要完善人才战略布局，坚持各方面人才一起抓，建设规模宏大、结构合理、素质优良的人才队伍。这为企业做好新时代人力资源管理工作指明了方向、提供了遵循。

人力资源管理指运用现代化的科学方法，对与一定物力相结合的人力进行合理的培训、组织和调配，使人力、物力保持最佳比例；同时，对人的思想、心理和行为进行恰当的引导、控制和协调，充分发挥人的主观能动性，使事得其人，人尽其才，人事相宜，以实现组织目标的过程。

电子商务企业所面临的环境以快速变化和无法预测为特点，在这种环境中，速度是企业最重要的竞争优势之一。电子商务企业所处的环境要求更为紧缩的时间线，电商企业需要不断适应和创新，而从事电商工作的人才也需要不断提升自己的专业素养和竞争力，才能在电商人才市场中占据一席之地。在这种背景下，电子商务企业对人力资源管理也提出多变的需求，业务发展、人员增长等因素也促进人力资源管理不断升级，来匹配组织发展。人力资源管理的数字化转型就是非常重要的一步，企业人力资源管理数字化转型不仅带来管理上的敏捷、灵活、高效，更能有效满足业务快速成长的需求，应对各类挑战。

电子化的人力资源管理（eHR，e Human Resource）是基于先进的软件和高速、大容量的硬件基础上的新的人力资源管理模式，从狭义上说是指基于互联网的、高度自动化的人力资源管理工作，囊括了最核心的人力资源工作流程，如招聘、薪酬管理、培训等；从广义上说是基于电子商务理念的所有电子化人力资源管理工作，包括利用公司内部网及其他电子手段，如员工呼叫中心等的人力资源管理工作。

7.1.1 电子化招聘

因特网由于其所独具的“全球性、交互性和实时性”的特点，已成为迄今为止最有效的广泛传播人力资源信息的途径。电子化招聘是利用公司网站完成与招聘相关的一系列活动，已成为网络技术在人力资源管理中应用最快的领域。

电子化招聘的优势是显而易见的，集中表现在以下几个方面：①招聘范围的全球性，突破了传统招聘的地域性限制；②招聘费用的经济性，节省了传统招聘活动中的参会费、交通费、差旅费等开支；③招聘过程的隐蔽性，网上的人力资源争夺战虽悄无声息，但更有杀伤力，求职者可以不动声色地找到理想的去处；④招聘活动的灵活性，招聘的企业可以每周7天，每天24h向全球范围内的应聘者发出应聘信息，应聘者也可随时随地与应聘单位联系，大大方便双方的信息交流和沟通。

现如今，绝大部分企业都有了自己的电子化招聘系统，即招聘管理平台，在国外经常被称作 Applicant Tracking Systems（ATS）。这种基于互联网的招聘管理平台旨在协助 HR 以更高效的方式完成企业外部人才的吸引、识别、筛选及录用工作。

ATS 是一个集成了各个环节的电子化招聘系统招聘，一般包括职位管理、招聘流程管理、入职管理、招聘渠道管理和统计报表等模块。一旦有职位产生空缺，部门经理即可在线输入职位招聘申请，系统会自动将其职位说明书中的任职条件、主要职责等要求从数据库中提取出来，以便修改和确认；如果是因工作增加而产生的新的职位需求，则由部门经理做职位需求分析、工作分析并制订职位说明书，并经人力资源顾问或上级进行在线修改和确认。职位招聘申请提交并审批通过后，系统立即将招聘信息发布在企业招聘门户、内部推荐渠道、第三方供应商和社交网络平台等各个渠道上。应聘者在网上输入的应聘信息直接转入 ATS 的应聘者数据库，同时，与招聘相关的简历初筛与过滤、人才测评等管理工作都会在网上完成，包括确定候选人、面试考官、面试时间和地点、注意事项等，并通过网络进行互动式管理。面试结束后，面试考官在线输入录用意见（同意或不同意），当面试候选人面试通过后，系统自动产生录用审批表，交上级审批，然后人力资源顾问就可以着手办理录用程序了。图 7-1 描述了 ATS 招聘工作流程。

电子化招聘应用成功的关键之处有：企业必须建立一个不断更新的、一流的招聘网站；选用合适的能自动分析、处理应聘者初步信息的软件；对应聘者尽快做出回应；逐步过渡到实施完全电子化招聘策略；借鉴以往区分积极应聘者和消极应聘者的经验；重视网下人性化的服务等。

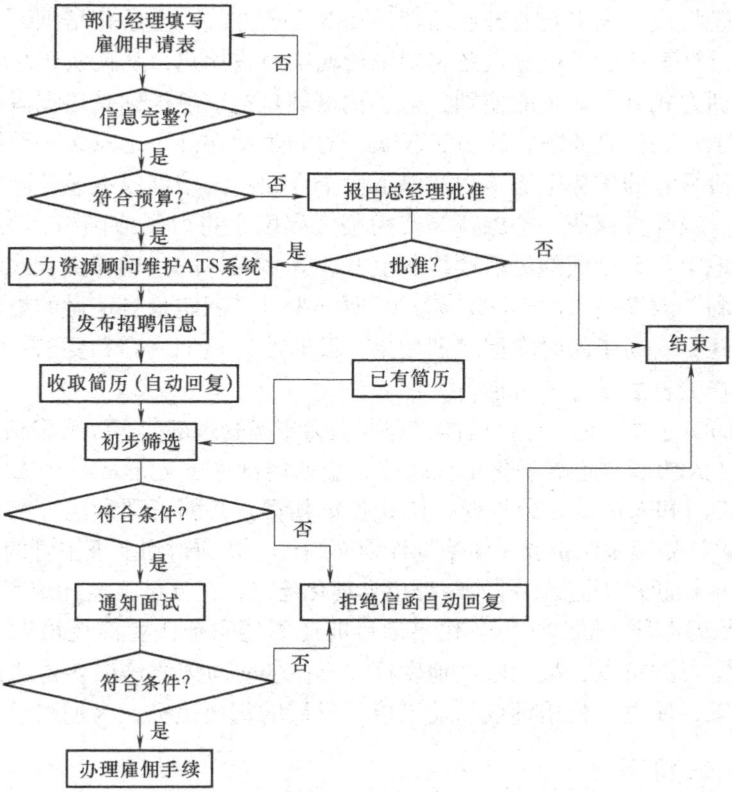

图7-1　ATS招聘工作流程

如今，随着云技术和数据挖掘等信息技术的不断发展，电子化招聘的渠道和形式也越来越多种多样，例如，有企业的电子化招聘系统具有云发布功能，可以轻松地将职位发布到上百个招聘站点，包括主流招聘网站、行业垂直招聘网站、分类信息网站、校园招聘及地方招聘网站等；有企业将电子化招聘系统对接微信、微博等各主要移动SNS门户，使公司的职位信息同步到微博和微信公众号，真正实现内部推荐移动社交化，候选人可在微信上直接投递简历、推荐朋友、分享职位、关注公司动态，将最新职位信息和公司动态第一时间推送给目标人群；还有企业采用O2O的电子化招聘模式，将互联网信息技术与传统招聘会相结合。学生可通过手机APP、微信等信息化手段接入互联网，通过扫描二维码实现电子简历、个性简历的点对点即时发送，并与意向企业进行沟通和交流，实时获悉面试评价和面试结果。利用这些新功能，企业招聘人员只需要一台计算机和一台移动通信设备就可以随时随地参加招聘会，完成一整套招聘流程，确定初步符合招聘条件的学生，既节约成本，又提高招聘的效率。

7.1.2　电子化培训

互联网让知识的更新速度越来越快，越是先进、流行、新颖的知识，生命周期就越短，犹如新鲜的水果，保质期只有区区数日。作为网络经济时代的企业必须成为“学习型组织”，通过持续不断的培训，提高员工整体素质，增强企业竞争实力。电子化培训与电子商务相伴而生，无疑将成为未来企业开展培训活动的主要方式。电子化培训，即通过运用标准的网络技术，通过计算机、手机等设备将知识传输给最终用户，从而实现培训过程。电子化培训与传统的培训方式有着显著的差别，电子化培训是把信息送到受培训者面前，传统的培训方式则是把员工送到信息面前，让员工于某一时间集中在某一地点统一受训。

电子化培训所具有的优势主要体现在以下六个方面：①培训成本显著降低，包括培训的场地设施、教材、教师讲课费、差旅费等费用很大程度上将取消或削减；②跨越时空界限，方便员工随时随地学习，培训的灵活性显著上升；③多媒体的应用和交互式的特性使培训形式生动活泼，有利于激发员工的学习兴趣；④便于为员工制定量身定做的培训方案，大大提高了培训的针对性；⑤易于随时掌握培训效果，及时改进培训内容和要求；⑥提高员工对变化的适应能力，培养自主学习的习惯。

电子化培训的实施并不是一蹴而就的，需要人力资源管理部门不断开发培训课程，逐步积累培训经验。为了成功地实施电子化培训战略，企业内部应首先形成一个有效的组织管理体系，并给予相关部门和人员以充分授权，使其各负其责，共同管理和监控整个学习过程；同时，员工个人学习计划应参照企业总体培训计划而制订，并须得到上级主管的认可，上级主管应定期察看有关员工的学习进度，并及时提出合理化建议，指导员工按计划完成学习任务，并及时进行培训结果的考评。同时，电子化培训目前还不能完全代替面授培训，成功的企业培训充分利用成人学习的特点，最大限度地发挥 e-Learning 与传统培训各自的优势，制订整合式的学习解决方案，使电子化培训成为员工成长发展的重要途径，为创建学习型企业服务。

7.1.3 电子化学习

电子化学习又称为 e-Learning，是指通过计算机、网络等数字化方法进行学习与教学的活动。它充分利用 IT 技术所提供的、具有全新沟通机制和丰富资源的学习环境，实现一种新的学习方式。e-Learning 分为线上训练、知识管理和绩效支持，三者结合起来是强有力的工具。

线上训练将课堂搬到网络上，使得受众人数增加和信息更新的速度加快，对于企业内部员工而言，可以随时随地接受培训，通常用于在职教育、岗位培训、新产品的使用等。线上训练可以针对不同的用户量身定制不同的训练内容。例如，IBM 将新员工的入职教育由原来的三四天集中培训延长横跨为一年的在线培训，网络系统会为员工设计个性化的个人发展及培训方案。当老员工在工作中发现自己的技能需要提升时，可以申请在线培训。针对经理人，“电子顾问”以在线“教练”的方式帮助他们根据各自的职务、专业目标和工作重心量身定制培训内容。据员工反馈，这种在线培训让大多数经理人获取了急需的管理经验，成为促使他们达成业绩的重要催化剂。

知识管理向员工提供信息支持。除了线上训练之外，e-Learning 还在线提供大量的数据、信息和知识管理。数据是对观察到的事件所做的记录，对数据进行处理，如文字化、分类、计算、校正和提炼形成信息，对信息进行分类、比较、关联、沟通和组织，便成了企业的知识或“智力资本”。e-Learning 还强化了员工的业务反应能力，如产品和技术的更新换代，新产品的功能特性随之变化，对于很多大公司的销售团队来说，线上训练和知识库使得分布在不同城市的销售人员无须集中在一起进行课堂式教育，学习的速度可以加快，而且学习再也不用受到教员及教室的限制，对于员工获取新的信息、迅速地反映市场的情况也有好处。

许多公司还有绩效支持系统，能帮助员工做出符合需要的更佳选择，销售人员输入客户要求，系统会找出最佳的产品解决方案，更有各种工具用来帮助技师诊断各种问题，以便在较短的时间解决问题。例如，携程网（http://www.ctrip.com/），网站将有关于景点的详细信息按地区分类，有“驴友”的游记、心得、旅行照片和景点餐饮点评等信息，并提供酒店、机票和度假产品，利用携程旅行信用卡可以网上预定，使旅客无须通过旅行社，便可轻松实现自助游，简化流程并加强了效能。与过去通过旅行社旅游的方法相比，这种工具使旅客做了过去做不到的事（如预定度假产品），同时，使他们对旅行有了更多的掌控，了解行程、价格、景点等每一个细节。

e-Learning 正成为一种趋势，被越来越多的企业、教学服务机构和员工所关注。e-Learning也使得学习的范围突破了企业的界限，员工学习的内容更为广泛，学习的时间更为充裕，形式也更为灵活。对企业人力资源管理部门来说，鼓励员工参加电子化学习，对于企业文化的塑造、知识的共享和习惯的养成以及创建学习型组织大有好处。因此，企业要在做好电子化培训工作的基础上，创造出有利于员工开展 e-Learning 的环境与条件，使整个公司养成浓厚的学习气氛，营造出富有活力和创新精神的学习文化。

7.1.4　电子化沟通

电子化沟通是指以电子计算机为主体、以各种电子设备为辅助工具的一种现代化信息沟通。电子化沟通作为互联网在人力资源管理中的重要应用，正在被越来越多的企业所实践，由此而产生的信息快速、直接、广泛、有效的传播和思想、感情的交流、融合，充分显示出了电子化沟通的魅力所在。

传统的沟通网络一般是按照组织结构，自上而下或自下而上地逐级传递的，传输速度较慢，而且信息容易衰减或失真。而电子化沟通通过 Intranet（企业内部网）使人力资源管理的触角成功地延伸到了每一位员工的身边，使相关信息和资料可以在管理高层和基层员工之间直接传递，起到了实时准确沟通的效果。此外，企业与外部业务伙伴也可以借助网络实现在人才、技术、知识等方面的资源共享，有效提高适应市场的能力。

电子化沟通的形式很多，可以在企业内部网上建立员工的个人主页，可以开设 BBS 论坛、聊天室、建议区、公告栏以及企业各管理层的邮箱等。为了使电子化沟通更好地发挥在营造优良的企业文化、促进企业经营管理水平的提高、增强企业凝聚力、激发员工的进取心和创造力等方面的作用，企业领导不仅要积极支持电子化沟通的开展，更要积极参与、及时回应。

7.1.5　电子化考评

随着网络技术在人力资源管理中应用的不断深入，电子化考评也已在一些企业出现，但更多的还是处在探索之中。传统的考评过程存在一定的不合理性，如人情式管理；客观的事实难以有文字性的客观证据；无法进行远距离考评等。

电子化考评利用先进的通信技术使空间距离的界限变得不再明显，计算机的应用使得考评指标更加科学，考评的方式也将更趋灵活。电子化考评可利用信息系统对员工的工作成果、学习效果进行记录；对员工的工作进行全程电子化、动态化的管理。它不仅可以完成填报、审核、评分、存档等功能，还可以随时录入、查询，为全面掌控员工状况提供了便利，真正建立起对员工的有效激励和约束机制。例如，主管可以随时看到来自各地的下属定期递交的工作报告，进而进行指导和监督；员工的工作进展介绍和述职均可以通过网络实现。与此同时，企业管理者可以通过电子化考评系统中实时录入的资料不断发现并改进企业管理中存在的问题，绩效考评中的人为因素的影响将大大减少。因此，电子化考评对建立规范化、定量化的员工绩效考评体系，代替以经验判断为主体的绩效考评手段有很大的作用，使绩效考评更为公正、合理、科学。

7.2 电子商务运营团队的人员组成

电子商务运营团队的主要职责是保证网站的正常运行，对于网站的每一部分功能，都应该由相应的管理团队或专人负责本模块的运行和维护。团队的工作主要涉及负责维护和管理整个电子商务网站的硬件和软件以及网站的内容，从而保证与电子商务相关的业务得以正常运行。这些工作不仅涉及技术性的工作，也包含了大量的管理工作，因此在电子商务运营团队中，除了技术人员，还需要具备市场营销、调研、服务等具有商务知识的专业人员。

根据对电子商务运营团队工作内容的描述，网站运行应包括以下岗位：

1. 网站运营总监

网站运营总监（COO）是负责企业网站运营管理、网站战略决策及网站运营计划监控的网站运营管理岗位，其主要职责在于网站战略目标决策及监控，协调运营团队整体工作。网站运营总监在互联网行业业内担任着非常重要的角色，这个职务决定着以互联网为依托的一个企业整体运营的决策权。网站运营总监的工作内容包括以下几个方面：

1）全面负责公司网站系统运营维护工作、企业网站策划、推广以及客户服务等部门的工作。

2）策划、执行、推进公司的业务运营战略、流程与计划，组织协调公司内外资源，实现公司的运营目标。

3）建议修订及执行公司战略规划及与日常运作相关的制度体系和业务流程，组织推进及协调公司重大运营计划，进行市场发展跟踪和策略调整，完善运营模式并监督实施。

4）负责本地网站运营指标、年度发展计划，同销售总监一道推动并确保业绩指标的顺利完成，对公司成本、利润负责，接受考核。

5）负责公司政企关系与媒体关系，负责当地合作和市场反馈，负责维护合作伙伴以及客户的关系。

2. 网站运营主管

网站运营主管应具有电子商务全程运营管理的经验，熟悉网络营销常用方法；能够制订网站短、中、长期发展计划，执行并监督；能够完成整体网站及频道的运营、市场推广、广告与增值产品的经营与销售；能够完成网站运营团队的建设和管理，实现网站的战略目标，流量提升与盈利。工作内容包括以下几个方面：

1）负责开发拓展网站战略合作伙伴并维护重点合作伙伴关系，建立有效的运营推广渠道，完成网站运营的各项任务指标。

2）设计网站运营维护的标准化运作流程，提高页面浏览率，提高网站及相关产品的流量与知名度，进行网站品牌的建设。

3）负责网站的整体规划和构建，管理网站频道及对外合作内容资源的策划、整合和推广。

4）负责交换友情链接，邮件推广、广告互换、流量互换等相关技术性推广。

5）负责客户的开发，定期整理、收集与挖掘客户需求，及时反馈，向管理层与网站规划人员提出有针对性的改进意见。

3. 物流主管

物流主管负责保障商品顺利完成从产品采购、入库、加工、出库直至消费者的整个流程。物流主管应具有优秀的谈判技巧和供应商管理能力，也应具备较强的分析能力。其工作内容包括以下几个方面：

1）管理采购供应商，评估供应商的供货能力及合作关系，负责与供应商的谈判，争取优惠的价格和理想的交货条件，并积极开发其他供货渠道。

2）组织制订物流配送中心各业务运作场所、各岗位的作业标准和管理标准，指导并检查其落实情况。

3）管理货源调配和配送事宜，根据各渠道的订货需求和物流方式安排货品发送，确保商品正常送到客户手中。

4）妥善保管本部门的所有文件及记录，对库存进行控制、管理和分析，控制送货和仓储成本。

4. 客服主管

客服主管负责整个网站客户服务中心的管理工作，对重要客户进行回访，提供个性化服务等。其工作内容包括以下几个方面：

1）负责客服部门的总体规划和具体工作计划的制订及实施。

2）负责客服部门的管理工作，对客服日常反映的问题进行收集、统计和分析，保证客服质量。

3）负责客户的咨询，为客户提供合理的解决方案；协调及处理客户重大投诉与建议，与重要客户进行沟通和洽谈。

4）负责对客服人员进行培训以及辅导、指导、监督、激励、评估。

5. 设备系统运行管理人员

设备系统运行管理人员一般由团队负责，成员包括网站设备管理员、操作系统管理员、应用服务器软件管理员、数据库管理员和网站安全管理员等。团队主要负责支持网站运行的各种软硬件的检修与维护，涉及服务器设备、操作系统、应用服务器软件和数据库等。其工作包括以下几方面内容：

1）负责网站硬件设备的检修与维护，当系统出现运行故障时，检查原因并对故障加以排除。

2）负责网站运行的操作系统维护和管理，及时对操作系统进行优化处理，监控系统的运行情况。

3）对 Web 应用服务器软件进行系统升级和补丁安装等维护。

4）监控数据库的运行、进行数据的备份和恢复、优化数据库储存和运行等。

5）防范病毒和黑客的攻击，及时处理网站发生的紧急安全问题，并对安全的管理制度有一个总体的方案。

6. 网站内容管理人员

网站的内容管理是网站管理的核心，是保证电子商务网站有序和有效运作的基本手段。人员包括网站内容管理员、网站编辑和网页维护员等。其工作包括以下几方面内容：

1）网站版面的设计与制作，包括网站的页面设计、制作与美化；负责网站 Flash 动画制作和图片处理。

2）网站程序的优化与设计，包括网站程序代码的优化，同时在公司需要时制作公司新的广告页和功能页。

3）网站内容管理，包括信息发布管理、企业在线支持管理、在线购物管理和用户信息管理，还包括对网站整体框架的设计与优化以及各个栏目、栏目的内容和各个页面的设置、协调和规划。

4）网络营销。按照市场部要求，积极通过网络渠道，利用各大知名媒体、论坛、商务网站，免费发布公司信息，扩大公司知名度，扩大公司客户来源渠道。

7. 网站数据统计管理人员

网站的运行数据是对网站进行维护和改进的重要依据，网站数据分析员负责对这些数据进行统计和分析，以供网站管理者做出相应的系统改进和经营决策，从而更好地改进网站服务。其工作包括以下几方面内容：

1）网站总体使用统计，统计数据包括报告截止时间、时间跨度、传输总字节数、访问请求总数、HTML 请求数、失败的请求数以及不同的服务程序数。

2）被访问情况统计，包括统计网页的访问量比例、图形资源的请求比例、被各种不同厂商和不同版本的浏览器访问的比例。

3）网站资源使用统计，具体包括网页的 FTP 站点使用统计、E-mail 使用统计和网站总体空间的使用统计等。

4）网站日志数据分析，下载系统日志文件到本地硬盘，做进一步分析，如分析某些有破坏或偷窃行为等的访问者来源。

7.3 电子商务运营团队的组织结构

团队组建最重要的是团队的组织结构。每个企业的网站都有其自己的特点，其完成的任务和功能都存在着一定的差异。因此，对于企业自己的网站，都应根据自身的特点和需要设定相应的组织结构。并且，随着企业业务的发展，网站的业务也会发生相应的变化，企业应及时针对业务的变化而调整网站的组织机构。从系统组织的视角来看，电子商务网站是一个系统组织，是一个由人组合而成的合作系统。电子商务运营团队的成员一般由企业中的对应业务部门和相应的技术人员共同构成。运营团队的人员会进行细分，如果团队的人员较少，则每个人都是担当一方面事务的主角。如果团队人员较多，则可以按职能划分为细分团队，如运营管理组、网络营销组、客户服务组、技术开发组等。

7.3.1　传统项目团队的组织结构

传统项目团队建设主要有三种组织结构，即职能型、项目型、矩阵型。

1. 职能型组织结构

在职能型的组织结构（见图 7-2）中，成员来自于各个职能部门，分别由所属的职能部门领导人管理。

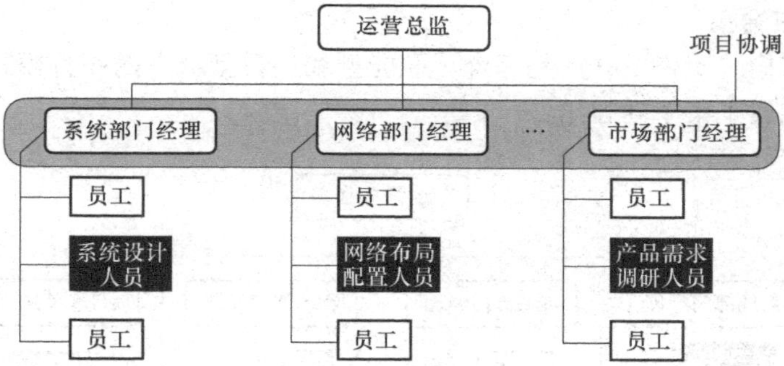

图 7-2　职能型组织结构

注：黑框代表了参与项目活动的员工。

职能型组织结构优点：①人员使用具备较高灵活性；②每个员工可以在所属部门中获得知识和技能的更新、分享和支持；③成员事业稳定性和连续性较高。

职能型组织结构缺点：①没有明确的项目经理，不能保证项目的全面控制管理；②成员的工作局限于所属的部门和专业，缺乏从项目整体的角度审视自身作用的能力；③由于每个人都将职能部门的工作放在优先的位置，因此客户的利益有时无法得到保障。

2. 项目型组织结构

项目型组织结构（见图 7-3）按照不同的电子商务项目组成不同的团队，并由指定的项目经理来协调和管理项目的运作。

项目型组织结构的优点有：①提高了项目的运作效率；②项目团队精神得到充分发挥；③客户的利益更容易得到保障；④宜于评估管理。

项目型组织结构的缺点有：①不同项目中，同种职能人员、同种资源设备之间的交流、共享及技术积累比较难开展；②专业性人员的利用效率比较低；③不利于整体激励；④成员

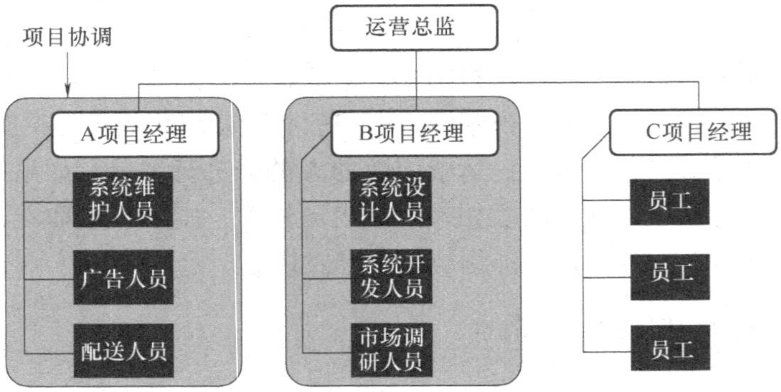

图 7-3　项目型组织结构

注：黑框代表了参与项目活动的员工。

缺乏事业发展的稳定性和安全性。

3. 矩阵型组织结构

矩阵型组织结构（见图7-4）是综合了职能型和项目型特点的一种模式，成员属于某个职能部门，同时也属于某个项目组。

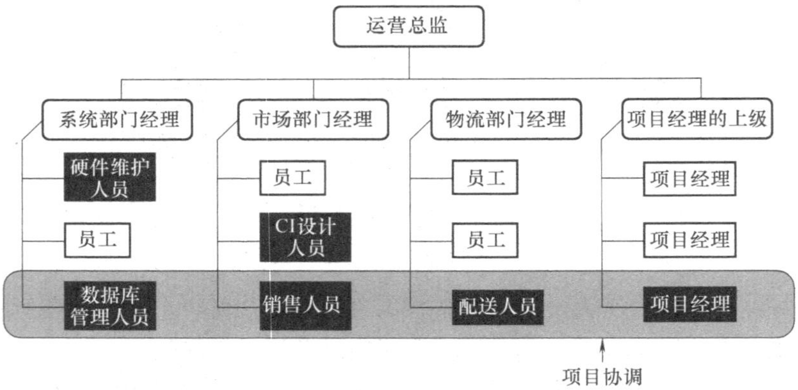

图 7-4　矩阵型组织结构

矩阵型组织结构的优点有：①项目经理和职能部门经理可以发挥各自优势；②各种资源利用率达到最高；③成员具有较高的事业稳定性和安全感。

矩阵型组织结构的缺点有：①项目组成员具有两个甚至两个以上的领导，造成责任不清；②需要共享的稀缺资源，容易引起项目组间的争斗，不利于企业的整体利益。

这三种团队组织形式各有优劣，企业需要根据自身人员的数量、质量和结构特点，以及项目的目标、进度等因素需求，选择具体项目适用的组织模式。例如，有的企业是第一次涉足电子商务，缺乏经验，一时间难以建立完整、独立的电子商务部门，而且在刚刚起步的时候需要应对各种可能出现的情况，那么按照项目型的组织结构组建团队或许是个明智的选择。因为项目型的组织形式结构明确，有单独的项目指导人，在面临紧急情况时能最快、最及时地做出反应，不会出现决策上的冗杂；而且项目型便于管理，这种组织结构不涉及两个或两个部门以上的多重管理问题，在进行实践时，不存在管理的混乱。

7.3.2　面向电子商务的人力资源管理模型

随着世界经济一体化进程的加快和市场竞争的加剧，如何使人力资源部从成本中心转变为利润中心并成为企业领导者的战略合作伙伴，如何以员工绩效和企业绩效为核心开发人力资源，就成为企业普遍关注的问题。

汉森（Hansen）和戴姆勒（Deimler）提出了基于企业-员工（Business-to-Employee，B2E）的电子商务模型。B2E 由在线业务流程、在线员工管理和对工作地所在社区的在线服务三部分组成。B2E 管理中的每一个部分都能为公司与员工带来利益，这些利益的推动因素包括更易沟通互动、更多的员工自助服务、更大规模的客户定制以及工作—生活的整合。B2E 人力资源管理系统使企业管理者、HR 管理者等实现无论何时、何地都能进行人力资源商务工作，而企业的员工也可以实现无论何时、何地都能得到优质和专业的“服务”，并达到与人力资源管理的互动，这尤其适合于具有较多分支机构的企业；在事务处理、流程管理和战略管理的三个层次上，可以实现流程管理和战略管理，克服了传统人力资源管理系统在流程管理方面局限于人事部门的缺点，使企业的领导层、各级经理都参与到了人力资源管理中，真正实现全面人力资源管理。

7.3.3　电子商务运营的虚拟团队

电子商务的发展，使团队的活动不再局限于面对面的活动，虚拟团队作为一种新的组织形式开始出现。虚拟团队是网络经济条件下的产物，在虚拟的工作环境下，由分散在不同地方、密切配合、共同进行工作的人们组成的工作团队。团队成员一般有着不同的背景、技能和知识，他们之间具有高度的知识互补性、技能的跨职能性和信息的差异性，是一种“以项目为中心”的动态、柔性、高效协作的人力资源组织模式。

虚拟团队的本质可概括为：人员、目标、联系和时间四个维度。

人员：人员是虚拟团队最基本的构成要素之一，来自组织内部或不同组织的成员。

目标：虚拟团队存在的依据，将所有具有共同愿景的人员凝聚在一起，完成组织的任务。

联系：人员之间沟通和交往的渠道、互动的方式以及关系的建立。虚拟团队与传统团队最大的差异在于联系的本质和多样性，联系的方式依赖通信技术和计算机网络，包括电子邮件、视频会议、音频会议、网站等。

时间：在虚拟团队中起着主导作用，包括工作进度、日程表、流程和生命周期。

与传统实体团队不同的是，虚拟团队成员是广泛和流动的，不局限于某项特定的职能，团队的结构也不是严格的官僚式结构，而是基于成员间知识与技能的互补和动态的协作。虚拟团队突破了时间、空间和组织的边界，成员不需要集中到有形的办公场所里工作，可以借助现代信息与通信技术进行远程的沟通与协作，因此虚拟团队具有以下几个特征：

（1）扁平化的柔性组织形式。虚拟团队是根据市场信息构建的跨越组织内外边界的组织结构形式，因而它变传统的刚性和直线式组织形式为柔性和扁平式组织形式，变静态结构为动态结构，使整体组织应对市场的变化变得更为敏捷。

（2）时空独立的工作方式。由于团队成员分散，可能由来自不同国家和不同文化的成员构成，因此工作方式具有时间和空间上的相对独立性。所以，团队的工作方式有异地同步协作或同地异步协作等形式。

（3）异质性高的团队成员。虚拟团队的成员是根据所要完成项目的需要而挑选的，有着不同的教育及社会文化背景，彼此存在较大的差异。同时，团队成员是各具所长的高技能高素质的优秀人才，人才间差别较大。

（4）借助电子媒介的沟通方式。虚拟团队主要通过电子媒介来完成工作的远程沟通与协调，交流的是与工作有关的正式信息，沟通的基础是团队信任与合作。

（5）动态优化的团队资源。虚拟团队资源选择的范围大、优化程度高，能够迅速整合团队成员的核心竞争力以实现团队的目标。

随着经济全球化与信息化的进程，电子商务企业间的竞争将愈发激烈，在复杂性、不确定性和多样性日益增加的环境下，组建以任务和关系为导向、聚散自如的虚拟团队就成为电子商务企业的一种必然选择。它可以帮助企业充分利用外部人力资源，加强企业间的交流与合作，降低经营成本，提高组织动作效率，从而提高整个组织的竞争力，以利于在激烈的竞争中立于不败之地。

7.4 电子商务运营的团队建设

建立高效的电子商务运营团队是一个相当重要的内容。一个高效的、团结向上的团队，一个有着强烈合作意识和具有自主学习精神的团队，对整个企业电子商务运营的效果起着至关重要的作用。

7.4.1 电子商务运营团队的建设原则

组建优秀的团队，就是通过目标、定位、职权、计划和人员的各项协调，达到目标一致，团结协作，从而达成企业的目标和宗旨。在电子商务团队建设过程中，总的原则是保障网站业务流程的正常运行，同时保证每位成员的应有利益，并鼓励其主动性和创造性，强化员工和公司之间的沟通和联系。具体包括以下几方面内容：

1）维护原则。应结合以人为本的理念，考虑到每位成员自身的感受，保障企业和员工的基本利益。

2）警示原则。为保障网站的正常运行，团队在建设过程中应制订完备合理的管理制度，既能发挥人的主观能动性，同时又制约其惰性。

3）分工原则。要明确团队中每个人职责和权限，既分工又协作，团队的每个人对照工作说明书，履行自己的职责，享受自己的权利，既横向体现个人的价值，又纵向关联企业的大目标，使团队中每个人每一个进步，都推动着大目标的完成。

4）激励原则。人是企业竞争中的根本因素，科学恰当的考核和激励原则也是团队建设过程中的重要内容。良好的激励原则是激发员工潜力的有效工具，是团队保持旺盛战斗力必不可少的条件。

7.4.2 电子商务运营团队管理制度的制订

团队组建完成以后，可以从以下几个方面制订相应的网站运营管理制度：

1）人员管理制度。明确团队中每个人职责和权限，并建立相应的选拔、培训、考核、责任和监督机制。防止出现擅用职权谋私，做损害公司利益的事。

2）安全保密制度。要建立对网络的恶意攻击和病毒入侵的防范措施。电子商务系统涉及企业商业和技术秘密，必须制订相应的、严格规范的安全保密制度。

3）日常维护制度。要建立日常的管理制度，对软件和硬件进行维护和升级，对网站系统资料进行备份，对数据进行统计、分析和及时更新，对系统日志进行检查审核，保证电子商务系统的正常运转。

4）应急制度。要预防电子商务系统发生紧急事件或安全事故，做好保证损失最小的应急措施和程序（如数据快速还原技术、磁盘镜像技术等措施）。

7.4.3 电子商务运营团队人员责任分配

在进行团队职责的分配时，可以借鉴知识地图来找出各个团队成员适合的工作职位与承担的职责。知识地图（Knowledge Map，KM）是描述企业所拥有知识资产的指南，刻画了不同类别的各项知识在企业中的位置或来源。将一个组织结构的各种技能、职位，甚至个人的职业生涯视为一种资源并进行记录，从而勾画出了一张该机构的智力分布图。其功能在于当需要某项专业知识时，协助使用者快速而正确地找到所欲寻找的知识。

一个典型的知识地图结构由项目知识点和项目成员两个坐标刻画。电子商务运营项目中常见的知识点包括：市场调研、需求分析、系统分析设计、美工设计、开发测试、网络构架、数据管理、市场营销、仓储运作、配送规划、车辆管理、线路设计、系统维护等。地图中，从能力和兴趣两个方面对团队成员与项目知识点的联系进行了描述，通过知识地图，管理者能清楚地找到自己需要的人才以及团队成员的特长，也可以使员工很方便地找到他们所需要的专项知识（各种技能、技术和/或职责描述）。借鉴知识地图，项目负责人可以明确工作与人力资源的关系，每项工作分配到具体的个人（或小组），并指定负责人，这样人员便得到了最大的利用。

7.5 电子商务运营团队成员的考核与激励

7.5.1 电子商务运营团队人员考核方法

电子商务运营团队成员的考核可以从特征、行为、绩效三个方面衡量。特征包括成员的学历、专业职称、技能证书等各种与项目任务相关的能力证明。行为包括成员在项目进展过程中所表现出的勤奋、合作、奉献等品质。绩效即对比目标要求，成员所担负责任和任务的实际完成情况。

传统的考核，定同一个标杆来衡量每个人，按得分高低相互比较，分出优劣；而绩效管理则是为每个人量身定做，所有人都是和自己的目标比较，看完成情况如何。一般而言，可以通过以下几种方式进行考核。

1. 目标管理和 KPI

由德鲁克在 1954 年提出的目标管理，是把企业的工作目的和任务自上而下地转化为全体员工的明确目标，据此考核。也要求经理人从控制下属变成与下属一起设定客观目标，让员工依靠自己的积极性去完成。目标管理主要是制订目标，下放目标，然后考核。虽然其中也有一些跟踪的内容，但还是注重结果而不是对行为过程的管理。而从这种纵向目标一致的理念中衍生出的关键绩效指标（KPI），却成为动态绩效管理中都需要用到的概念。它既保留了目标管理从上到下的指标分解过程，也结合了有形财务指标和无形指标（如工作态度、公共责任等）的思路，但更侧重过程中的辅导和沟通。每位员工的 KPI 选择标准一般是对工作绩效产生重大影响或占用大量工作时间的内容。它的优点是简单，如销售人员的 KPI 可以选择销售额、利润率或市场份额，对于规模较小、经营模式单一、业务单元不重叠的企业来说易于操作。缺点也比较明显，如选择 KPI 的标准相对随意零散，标准的配比权重也是随机确定的。

2. 360°打分

360°打分的用意在于从多维度来考核员工绩效，包括了员工本人、上下级、同事之间以及终端客户的打分，但如果打分的内容缺乏针对性，如很多企业对“德能勤绩”的抽象概念进行打分，则 360°的时间和人力的耗费就没有起到积极的作用，因此最重要的还是清晰界定打分的内容，使其能够真正反映该岗位对客户（包括内部客户）的增值点，使打分更具有针对性。但对一些支持部门，如财务部、行政部和人力资源部等，在考核内部客户满意度时，可以采用类似 360°打分的方法，在流程上还是要由上对下，而不采取由下对上的做法。

3. 平衡计分卡

平衡计分卡（BSC）虽然被很多企业应用于绩效管理中，但平衡计分卡从 1992 年诞生到现在，已经超越了绩效管理方法，而成长为战略执行的工具。一个成功的绩效管理系统应当把战略置于中心地位。平衡计分卡的优势在于，从财务、客户、流程以及学习与成长四个维度，将总体战略由公司、部门到员工逐层分解。它不仅强调了纵向的一致，而且突出了横向的，也就是跨部门的协调。平衡计分卡框架帮助管理团队共同开发新的愿景和战略。随着战略的每个要素都分解成平衡计分卡格式，许多交叉性收益都开始显现出来。同时，平衡计分卡还弥补了 KPI 在指标选择和权重配比方面的随意性——既跟踪财务业绩，同时又监督员工能力的建立和成长，驱动每个人的工作重点不会偏离战略方向。

4. EVA 价值管理

基于 EVA 的绩效管理方法，把企业内部制订的很多离散指标统一成一个最终指标，无论是提高销售额还是提高市场份额，最终目的是为企业创造价值。EVA不衡量过程，直接切入为股东创造的价值，是一种概念朴素的方法，避免了考核中间过程指标可能造成的管理上的误导。EVA绩效管理对最终创造价值的考核并不是孤立的，而是以公司从上至下的价值链相贯穿，能够有效地将高层压力分解到基层。但这种方法的强项是针对财务指标，因此又引入了独立绩效因素（IPF），类似于KPI中的行为过程指标。通过IPF把行政、人事等不创造价值的支持部门的奖金总额，与所服务的内部客户创造的价值额度按比重挂钩，再决定部门内每个员工间的奖金分配。在国内，基于财务的EVA绩效管理有时比较难操作：企业内部抽取下属单位的财务数据比较难，或数据难以达到供分析判断的要求。所以财务分析系统不是很完善的企业，实行时需要加以具体调整。

7.5.2 电子商务运营团队人员激励方法

获得考核结果后，还要及时与激励制度和能力发展计划挂钩才能发挥作用。绩效管理是其他人力资源工作的基础。绩效加薪、浮动薪酬都以此为依据，增加了企业决策的透明度；培训部门能够获得比较准确的信息，分析出员工绩效不理想的欠缺所在，总结优先的培训需求；在后备干部队伍选拔方面，也可以从绩效记录中获得很强的支持，因为过去几年的绩效表现通常预示着未来的潜力发展方向。企业应避免随意、短期的激励行为，将短期激励与长期激励、有形激励与无形激励相结合，构建合理的激励机制，并分析不同员工的需求层次，有针对性地开展激励，以达到事半功倍的效果。另外，企业在制订薪酬福利体系时应该协调保障性薪酬和激励性薪酬的比重，在保障员工基本生活需求的同时应具有激发员工潜力、调动员工积极性的作用。同时，在以绩效考核结果作为奖惩依据时，应调整参照标准，避免奖多罚少、只奖不罚或与此相反的局面，保持奖惩并重，真正实现激励的作用。一般而言，可以参考以下几种理论对成员进行激励。

1. 马斯洛的需求层次理论

马斯洛（Maslow，1908—1970），美国社会心理学家，在20世纪50年代提出了著名的需求层次理论（Hierarchy of Needs），具体内容如下。

生理需求：人们满足生存需要的要求。

安全需求：人们要求保障自身生命安全及自由、摆脱失业和丧失财产威胁等方面的需要。

社会需求：人们对于朋友同事间的友情，属于某一个群体，成员间相互照顾的归属需要。

尊重需求：人们希望自己有稳定的社会地位，个人的能力和成就得到社会承认的需求。

自我实现需求：人们实现个人理想、抱负，尽量发挥自己才能，实现具有挑战性目标的需求。

2. 赫茨伯格的双因素激励理论

赫茨伯格的双因素激励理论也称为激励—保健因素理论，由美国的行为科学家弗雷德里克·赫茨伯格（Fredrick Herzberg，1923—2000）在1966年提出。

保健因素，包括公司政策与管理、监督、工作条件、人际关系、薪金、地位、工作安定等。激励因素，如成就、赏识、挑战性的工作、增加的工作责任、职业的满意和赏识，以及成长和发展的机会等。这两种因素对员工产生不同的激励作用，应该差异对待。

3. 综合激励公式

综合激励公式为 $M = V_{it} + E_{ia}(V_{ia} + \sum E_{ej} \cdot V_{ej})$，式中，$M$ 是综合激励效果，量化描述了后面的若干因素共同形成的对成员的激励作用；V_{ej}代表完成任务后取得的奖酬的大小，即外酬效价；E_{ej}表示取得奖酬的可靠性；V_{ia}是对完成任务的重要性评价；E_{ia}是对完成任务的期望值；V_{it}是活动本身提供的内酬效价。

从上述的理论可以看出，职工的激励不能只靠简单的报酬待遇，还需要职工看重的被尊重感。在进行激励时要充分考虑职工的能力，给职工一种满足感，具体如下：

首先要根据团队的项目背景和成员能力，制订可行（在成员的能力范围内可以达到，也要保证一定的挑战性）、可测（对工作绩效的评价可以用客观准则衡量）、公平（在推行过程中，强调操作过程的公开和公平）的目标。

其次，要根据实际效果与目标对比得到绩效衡量，对成员进行公开公平的、物质和精神奖励相结合的、适度的奖励或惩罚。

另外，激励中还应辅助以恰当的树立典型和建立集体荣誉感等途径。

本章小结

1. 电子商务情境下的人力资源管理

1）电子商务情境下的人力资源管理的内容，包括：①电子化招聘；②电子化培训；③电子化学习；④电子化沟通；⑤电子化考评。

2）组建电子商务运营团队的人员构成。

2. 电子商务运营团队的组织结构

1）传统项目团队建设的组织结构，包括：①职能型组织结构；②项目型组织结构；③矩阵型组织结构。

2）基于企业—员工（B2E）的电子商务模型。B2E 由在线业务流程、在线员工管理和对工作地所在社区的在线服务三个部分组成。

3）电子商务运营的虚拟团队。

3. 电子商务运营团队的团队建设

1）电子商务运营团队的团队建设主要涉及：团队的建设原则，管理制度的制订，人员责任分配等内容。

2）电子商务运营团队成员常见的考核方法有：①目标管理和 KPI；②360°打分；③平衡计分卡；④EVA 价值管理。

3）电子商务运营团队成员可参考的激励理论有：①马斯洛的需求层次理论；②赫茨伯格的双因素激励理论；③综合激励公式。

习　题

1. 电子商务情境下的人力资源管理与传统的人力资源管理有何异同？
2. 电子化的人力资源管理的优势主要体现在哪些方面？
3. 什么是虚拟团队？建设好虚拟团队的关键是什么？
4. 可以采用哪些方法对电子商务运营团队人员进行绩效考核和激励？

参考文献

[1] 加里·德斯勒. 人力资源管理 [M]. 12 版. 北京：中国人民大学出版社，2012.
[2] 王瑞永，全鑫. 绩效量化考核与薪酬体系设计全案 [M]. 北京：人民邮电出版社，2011.
[3] 张登印，李颖，张宁. 胜任力模型应用实务——企业人力资源体系构建技术、范例及工具 [M]. 北京：人民邮电出版社，2014.
[4] 叶向峰，李剑，张玲. 员工考核与薪酬管理 [M]. 6 版. 北京：经济科学出版社，2013.

第8章

移动电子商务运营

本章学习目标

- 移动电子商务的定义与特点。
- 移动电子商务的发展。
- 移动电子商务的技术基础。
- 移动电子商务运营的思维与原则。
- 移动电子商务的运营策略。
- 社会化媒体运营。
- 移动电子商务的未来发展。

案例导入

赫兹公司：全面实现移动商务

问题

汽车租赁行业的竞争十分激烈，赫兹公司是全球最大的汽车租赁公司之一，它在146个国家的8400多个城镇开展租赁业务，竞争对手有几百个。竞争的形式主要是客户的开发和维系。过去几年，竞争不断加剧，利润空间也逐渐缩小。因此，赫兹公司启动了移动电子商务运作模式，目的是提升自己的竞争优势。公司在美国开发了移动经营网络，通过这个网络，员工可以鉴别信用卡，了解客户的租赁历史与里程记录等。

解决方案

赫兹公司开展的移动业务有如下几种形式：

- 便捷的租赁方式。客户预订汽车租赁以后，公司会送电子邮件确认。客户抵达目的地后会收到一份短信，告知车牌号及停车位置。到了汽车面前，客户只需拿出信用卡在射频信号识别器上刷卡，门就开了，发动机同时起动。在某些场所，赫兹公司的业务员会在停车场迎候，确认客户预订信息以后，通过无线设备将客户信息传输到租赁中心。中心的调度员通知现场业务员带领客户到达预订汽车的停车位置。
- 及时还车。通过无线系统连接数据库的移动设备能够帮助客户很快将汽车归还给赫兹公司。在停车场，现场业务员用手持设备为前来还车的客户自动计算出租赁费用，打印出发票。整个过程不到一分钟，无须去结账台结账。

- GPS 导航。赫兹公司的多数租赁汽车上安装了 GPS 定位器，由系统为客户指路。导航仪屏幕上有路线指示，还有语音导航。屏幕上地图显示客户目前的位置，以及将要去的目的地。此外，导航仪上还有附近的服务设施，如医院、加油站、饭店、旅游景点等。
- 其他客户服务项目。赫兹公司的客户可以看到公司的位置指示，还有驾车指南、急救电话、城市地图、购物指南，以及饭店、宾馆、娱乐场所等信息。赫兹公司会员用户待在家里也能获得这些信息，因为他们可以用智能手机、平板电脑以及其他无线设备获取这些信息。
- 汽车的位置。赫兹公司开发了基于 GPS 的汽车定位系统，利用该系统，公司能够实时了解出租的汽车所在的位置，甚至能够了解汽车在公路上驾驶的速度。公司承诺可以根据客户的驾车习惯来确定给予多大的折扣，但是也有人抱怨这样做侵犯了他们的隐私。持肯定态度的人则认为，这样做能够保证客户的安全，因为公司能时刻了解汽车的位置。
- 公共服务。赫兹公司与 HopStop 公司有合作关系，用户可以用手中的移动设备接收 HopStop 公司推送的各种信息，从而享受到便利。例如，有关拼车的信息，按小时租赁的信息，使用公共交通与租赁汽车的比较信息等。HopStop 公司还提供点到点指路服务，告诉用户附近有哪些地铁站和公交线路等。
- Wi-Fi 连接。赫兹公司在美国多个机场的租赁场所有宽带无线接入服务。

结果：尽管遇到了 2008～2011 年的经济危机，但赫兹公司依然在汽车租赁行业保持着领先的地位。公司的收入在 2008 年和 2009 年一度下滑，但是到了 2010 年又回升了。与竞争对手相比，赫兹公司的经营业绩是十分可观的。2009 年，公司股票价格触底反弹，2010 年已经是之前股价的 3 倍多。由于使用了无线技术，因此赫兹公司的业务在不断拓展，在客户心中的声誉也在不断提高。

（资料来源：hertz. com）

赫兹公司的案例显示，运输行业电子商务的应用不仅提升了客户服务的质量，而且改进了公司的经营模式。赫兹公司的经营依赖于无线网络和移动设施。无线网络有着它独特的属性，基于这些属性，能够开发出多种应用。

赫兹公司的案例只是日益兴起的移动技术在电子商务活动中的一种应用。本章将讨论移动电子商务的定义、模式、运营、策略等。

8.1 移动电子商务概述

8.1.1 移动电子商务的定义

移动电子商务（M-Commerce），是指基于移动通信网络，利用移动设备开展商务活动。它将因特网、移动通信技术、短距离通信技术及其他信息处理技术结合，使人们可以在任何时间、地点进行线上线下的各种交易活动、商务活动、金融活动和相关的综合服务活动等。

在移动电子商务的整个事务流程中，至少要在某个事务环节的处理中，至少有一方是处于移动状态并且通过移动网络完成该事务环节。以交易类业务为例，用户首先通过 PC 浏览选择商品并订购，然后商家服务器将用户订单通过某种方式（如短信、彩信、WAP PUSH 等）推送到用户手机上，用户通过手机进行支付。该交易过程我们认为就是一个移动电子商务的过程，因为虽然选购过程是通过有线网络进行的，但支付过程是通过无线网络来完成的。

从技术角度来看，移动电子商务是电子商务的扩展，为电子商务的应用提供了新的应用领域；但是从应用角度来看，它的发展是对有线商务的整合与发展，是电子商务发展的新形态。这种“整合”就是将传统的商务与已经发展起来的、但是分散的电子商务整合起来，将各种业务流程从有线网络向无线互联转移，这样不仅可以保证商务活动的无缝连接，而且还可以有效地利用消费者的碎片时间。

从互联网的角度看，移动电子商务与电子商务有相当大的共通之处，但是两者的服务对象和服务方式（包括终端设备方面）都有很大的不同。正如电子商务不能照搬传统商务的运营模式一样，移动电子商务也不能完全照搬电子商务的运营模式。

移动电子商务与电子商务业务的主要区别在于：用户的可移动性（泛在性）以及对有实时性要求的电子商务业务的支持。而移动电子商务与移动电子事务的区别在于，后者主要指商业信息和数据的交换。

随着 4G 网络及移动设备的迅速发展，以及其他各种智能手机的普及，移动商务的战略价值会大幅提高。

8.1.2 移动电子商务的驱动力

促进移动商务不断发展的驱动力除了它的增值属性以外，还有其他一些要素，如技术因素、经济因素、社会因素、商务因素等。

（1）技术因素。技术因素主要包含两个方面：

1）高性能移动设备的普及。截至 2015 年 1 月，全球接入互联网的移动设备总数超过 70 亿台。作为最主要的移动终端设备，智能手机保持着高速增长，2014 年，智能手机全球出货量达 12.86 亿部，同比增长 28.0%。平板电脑增速较前两年显著下降，但仍然保持增长，全球出货量为 2.34 亿台，同比增长 7.2%。

2）带宽不断增加。为了更好地开展移动商务，人们对带宽提出了新的要求，要用文字、照片、音频、视频、多媒体来传输信息。随着数据通信与多媒体业务需求的发展，适应移动数据、移动计算及移动多媒体运作需要的第四代移动通信已逐渐普及。其主要优势包括通信速度快、网络频谱宽、通信灵活、智能性能高、兼容性好、高质量通信等。

（2）经济因素。整个经济环境已经从重制造转变为重服务，在竞争激烈的行业中，客户服务是差异化优势的重要表现。所以，发展移动设备为主导的服务项目就显得十分重要。许多客户对价格并不是十分敏感，但是他们对时间的要求很高。移动电子商务能为客户提供更多的便利，如移动支付。移动服务的形式越来越多，功能越来越强大，而移动设备的价格则在逐渐走低，网络费用也在降低。其结果是移动服务的性价比提高。新的用户不断增加，老的用户也会对自己的设备更新换代，使用更多的移动服务。

（3）社会因素。手机文化愈加浓厚。手机文化的形成主要依赖于手机的普及，特别是年轻群体手机拥有量的不断上升。这个人群一旦有了足够的可支配货币，他们就会成为网络购物的主力军。手机文化既表现在个人，也表现在组织。目前，手机已经成为大多数人生活不可或缺的一部分。过去几年，手机的质量也在不断完善，应用形式越来越丰富。人们都愿意通过手机来实现相互间的沟通。

移动技术带来的最显著的利益是提高了员工在旅途中对时间的利用。有些人上下班路途遥远，有些管理者经常要出差。他们就会有这样的愿望，那就是把公交车上或在机场候机的时间充分利用起来。

（4）商务因素。这主要是经销商的推动。移动通信网络运营商及移动设备制造商都在大力宣传移动业务的应用及移动商务的潜力，目的是向消费者推出新技术、新产品和新服务。一方面，这些企业不惜在广告上投入，鼓励企业开展移动商务；另一方面，经销商之间、产品之间的激烈竞争，也导致了更多创新应用的出现。

正是上述这些技术和移动商务发展的动力催生了各种各样的移动应用。

8.1.3 移动电子商务的特点

一般来说，电子商务的各种应用在移动商务中都有体现。例如，移动购物、网络银行、网络股票交易、网络娱乐、在线游戏等，在 B2C 移动商务中都有应用。但与其他的电子商务相比，移动电子商务及其业务模式又有着自己的特点，具体内容如下。

1. 广泛性

广泛性指的是随时、随地的应用。与其他电子商务必须在固定地点使用不同，移动电子商务允许用户在任何时间、任何地点使用。这种移动性体现在服务的用户、设备、会话和应用上，这可以通过移动无线网实现。广泛性保证了信息的实时读取，这在如今充满竞争的商业环境中显得尤为重要。但需要注意的是，移动电子商务包括但并不仅限于通过无线网络提供的服务。

2. 个性化

移动电子商务与其他电子商务的另一区别在于移动设备的个人特性。大多数人都拥有个人的移动设备，几乎没有其他一种东西可以像个人移动设备一样被人们随时带在身上。这种共生关系使得识别用户并且收集关于用户的个人特征、手机型号或典型行为成为可能，也使得用户可以享受更加个性化的服务体验，从而又加强了这种共生关系。然而，这也意味着相比于其他电子商务，对移动电子商务的隐私、安全和身份管理显得更加重要。

3. 情景性

除了静态的个人信息，实时的与用户相关的情境信息使得移动服务更加有用，也更具相关性。情境信息可以是与服务使用相关的任何信息，如通过全球定位系统（GPS）或基于网络基站三角测量获得的位置信息，或是时间、温度、设备的电量、日程安排、社交联系，甚至是血压和心率等其他情境信息。情境感知信息会在相关的时间自动传输，为用户发布的内容加上标签，以提供更有效的商务机会。

4. 便捷性

在无线环境中，网络用户会感受到很大的便利。移动设备虽说体积很小，但是它的功能却越来越强大。移动设备最大的特点是便捷性，不管屏幕大小，它的网络连接速度都很快，不像传统的台式机需要很长的时间来启动。网络用户通过移动设备可以很快地连接到互联网、内联网或与其他移动设备互联等。

5. 互动性

有些商务活动或客户服务，需要很强的互动性。这时候，移动设备的优势就显示出来了，由于使用移动设备，因此交易、沟通、服务中的互动性都更强了。

6. 本地化

如果要向用户发送实时的信息，特别是广告或相关的服务，就有必要知道该用户的位置。这样的服务就称作定位移动商务。定位有时是面向群体的，如在购物中心里所有的客户，有时是针对个人的，如具体地了解该用户的位置和偏好。这就是把本地化和个性化联系在一起了。

移动运营商在竞争激烈的市场上具有自己的差异化优势，因为他们借助移动商务的特征，能够向客户提供新的、吸引人的、有更多帮助的服务。移动商务的增值特征使得运营商提供的服务更有价值。传统企业进行电子商务运营，开展移动电子商务是一种有意义的、有价值的补充。

8.1.4 移动电子商务在企业中的应用

移动技术最主要的应用场所还是在企业中。

1. 移动企业的定义

由于移动技术的出现，人们正在从信息时代走向无限制沟通、无限制协同、无限制工作的时代。企业能否将移动技术融入日常的经营管理中，才是移动技术成功的关键。

移动企业（Mobile Enterprise，也称为企业移动化，即 Enterprise Mobility）指的是企业对移动技术的应用，目的是改进员工的操作模式、增加功能、提高供应链的效率等。这些应用可以是在企业内部进行的，也可以是与商务伙伴的合作。

2. 移动企业应用的内容与形式

一般企业的移动应用内容主要分成三大块。

（1）销售应用模块。这一功能使得企业各个职能部门都能看到客户关系的所有层面信息，如有关账户、潜在销售机遇、客户需求等各种信息。它给企业带来的利益包括加快销售工作流程、提高销售额、改善客户关系、方便需求分析等。

（2）支持应用模块。这一模块方便 IT 技术人员提供实时的服务。工作人员的时间都很宝贵，遇到问题都希望及时得到解决。所以，这款应用带给企业的利益包括提高现场工作人员的工作效率，减少呼叫次数，降低运营成本，客户可以在第一时间了解服务的进度，减少投资，提高投资回报率。

（3）服务应用模块。这一模块方便现场服务人员与企业进行双向的实时沟通，使得企业各个职能部门员工使用移动设备都能看到有关企业供应、仓储、任务进展等所有层面的信息。它给企业带来的利益包括加快工作流程、提高工作效率、改进沟通、提高可视度、统计数据更加精确等。

尽管 B2C 移动商务已经很普及，但是对绝大多数企业来说，移动商务带来的主要利益还是在于企业的经营管理本身，也就是为那些主要工作场所不在企业内部的员工提供支持。

3. 移动商务在其他行业中的应用

移动商务广泛应用在各行业中，如旅游/交通业、移动电商、社交网络、即时通信、游戏和效率工具等行业，都已成为移动互联网巨头公司的主营业务领域。

交通/旅行领域一直是应用最活跃的领域之一，也是移动互联网投资最值得关注的领域。作为 O2O 代表的移动打车应用，是用户量大、使用频率高的重量级应用。

随着互联网金融的创新频发，互联网金融市场规模不断扩大，可以期盼，互联网金融可能成为未来促进传统银行改革的新生力量。支付宝和余额宝获得了长足发展，奠定了我国互联网金融发展的坚实力量。

工业互联网正成为引领产业互联的新趋势。2014 年 3 月底，在美国商务部的支持下，由 AT&T、思科、通用电气（GE）、IBM、英特尔等发起成立的工业互联网联盟（IIC）力图通过设备与 IT 技术的融合，将高性能设备、低成本传感器、互联网、大数据分析等技术结合，大幅提高现有产业的效率并创造新产业，进一步推进美国“再工业化”国家战略。

8.1.5 移动电子商务带来的利益

移动商务不仅为企业也为个人带来了诸多的利益。

1. 带给企业的利益

1）由于可以不受时空的限制而订购商品，因此提高了销售量。

2）定位商务的开展为企业带来了更多的销售和收入。

3）移动商务为网络营销提供了新的形式和渠道，客户满意度提高，竞争力提高。

4）能够向员工提供各种实时信息，减少了培训所需的时间。

5）帮助流动作业的员工节省时间，加快了信息传递速度，提高了生产效率。

6）可以通过移动设备提供数字化的产品和服务。

2. 带给员工个人及客户的利益

1）可以不受时间和地域的限制参与电子商务活动。

2）同样的交易，多了一种移动渠道的选择。

3）缩短了沟通交流的时间，有利于客户将自己的碎片化时间利用起来。

3. 其他的利益

移动商务除了带给人们普适性的利益以外，还伴随着提高个性化程度，降低成本，增加员工的可支配时间，加快商务流程以及其他众多好处。

8.2 移动电子商务的发展

8.2.1 移动电子商务的发展阶段

移动互联网的发展是互联网技术、平台、商业模式和应用与移动通信技术的结合并实践。

移动互联网的发展历程大致经历了三个阶段。

1. 起源阶段

起源阶段为2000～2007年。2000年12月，中国移动正式推出了移动互联网业务品牌——“移动梦网Monternet”，搭建了移动增值产品付费下载平台，如彩铃、电子邮件等，由于网络和终端等基础硬件设施不够成熟，因此产业发展较为缓慢。

2. 发展阶段

发展阶段为2007～2010年。2007年，苹果公司推出iPhone后，互联网已经从桌面互联网开始步入移动互联网的新阶段。随着3G网络和智能手机系统的发展，众多厂商的加入，迅速扩大了移动互联网市场和用户规模，提升了智能终端的产业价值。随后，一些移动互联网企业开始获得融资。

3. 迅速发展与普及阶段

迅速发展与普及阶段为2010年至今。随着中国智能手机的普及以及移动互联网的发展，手机已经成为人们生活中非常重要的一部分，手机已经不是过去传统意义上的通信产品，而是更多承载了人们的娱乐、消费、商务、办公等活动。与此同时，移动支付、移动电商、移动医疗等各种移动应用迅速发展。在此背景下，中国移动电商行业快速成长起来，用户的移动购物习惯也在逐步养成。

一方面，智能手机和其他移动智能终端的普及和应用，奠定了移动互联网的硬件基础；另一方面，移动互联网所衍生出的互联网金融、交通旅行、在线教育的应用服务愈发完善，并加速推广向市场，成为市场规模快速增长的主要原因。

2014年，我国移动互联网市场继续蓬勃发展，总市场规模突破千亿元大关。2014年中国移动互联网市场规模为2134.8亿元，同比增长115.5%，是2011年市场规模的7倍多。

2011年，全球每月移动互联网流量约为600pb，2014年这一数字上升至3200pb。智能手机是移动互联网流量增长的最大驱动力。2014年，智能手机的移动互联网流量为2011年流量的7倍有余。2012～2014年，智能手机上网流量都保持每年两倍及以上的速度增长。

移动个人计算机（PC）、路由器和平板电脑的流量增长速度较智能手机增速较缓，但2014年的月移动互联网流量也超过了1000pb大关，如图8-1所示。

8.2.2 移动电子商务的发展特点

1. 移动购物消费渐成气候

根据iCTR的在线调研数据显示，在2013年9月至2014年2月，有59%的被访网民用过手机购物，20%的被访网民用过平板电脑购物，如图8-2所示。可见，已经有至少六成的被访网民有过移动购物的经历，中国网民的移动购物习惯已逐步养成。

而移动购物的兴起，势必会对PC端（台式机+笔记本）的购物造成影响。根据iCTR在线调研数据显示，7%的被访网民表示，他们已经有超过80%的商品从PC端转移到移动端购买，可见这部分用户已经成为移动购物的重度用户；有15%的被访网民表示，其有50%左右的商品已经从PC端转移到移动端购买；另外，有35%的被访网民表示，他们有

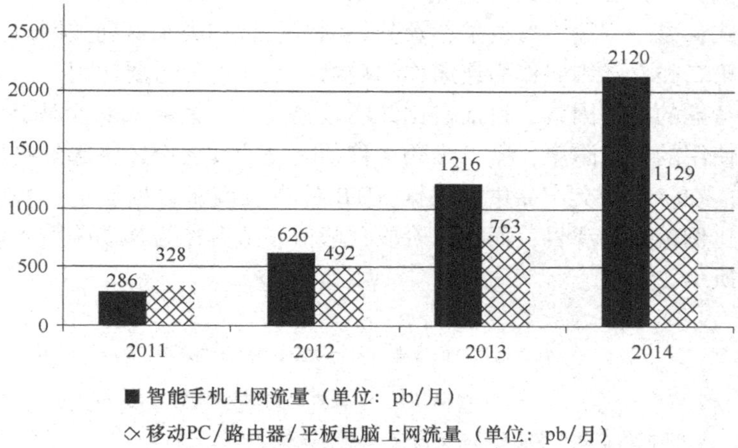

图 8-1　2011 ~ 2014 年全球移动互联网流量增长图

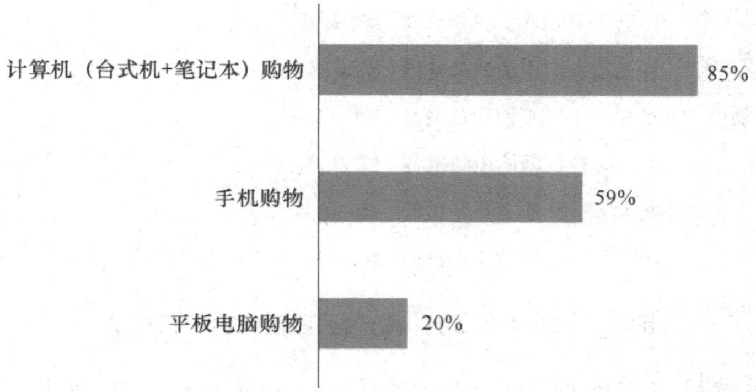

图 8-2　2014 年 2 月网民购物终端选择调查结果

30% 左右的商品购买行为开始向移动端转移。

由此可见，已经有接近一半的用户，其购买行为已经从 PC 端向移动端转移。随着 4G 时代的到来以及移动购物用户体验的不断改善，移动端购物对 PC 端购物，乃至传统的购物行为都会造成很大的影响，这种影响不仅表现在对 PC 端、传统购物市场的抢夺，还有可能对两个市场的发展起到拉动作用，带来新的客户和市场空间。所以，在此趋势下，电商企业以及传统企业都需要抓住此时机，布局移动端业务，不断优化移动端购物体验，才能在未来的发展中占得一席之地。

2. 移动购物入口多样化

现阶段，移动购物对 PC 端购物产生了一定的影响，而移动购物的入口也在悄然发生着变化。除了传统的站内搜索、通用搜索等方式外，二维码和移动社交产品也成为了用户选择移动购物入口的方式。

根据 iCTR 的在线调研数据显示，目前移动购物入口主要分为三大类。第一类，与 PC

端的网络购物类似，一方面，搜索（包括站内搜索和通用搜索）依然是用户移动购物时查找商品的主要方式；另一方面，首页推荐及分类浏览、折扣类及返利类网站查找也是用户较常使用的方式。第二类，二维码作为连通移动购物线上线下的重要应用，二维码的安全性依然是用户使用时考虑的核心因素，目前占比并不是很高，但如果未来针对于二维码的监管力度加大，降低其使用的安全隐患，则二维码在移动购物的发展中还将起到更重要的作用。第三类，移动社交。在移动社交产品中，根据 iCTR 的在线调研数据显示，“分享购物类”产品成为用户选择比例最高的项目，而在此阶段，微信、微博作为移动购物入口的作用还不太明显，如图 8-3 所示。

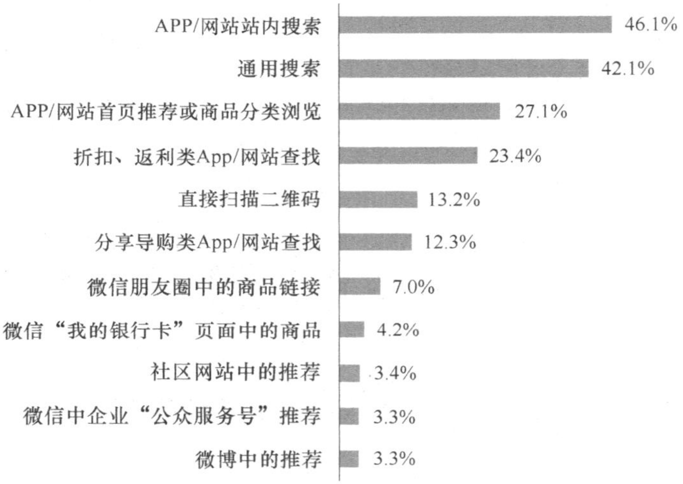

图 8-3　2014 年 2 月被访网民移动购物入口情况

iCTR 认为，虽然目前移动社交在移动购物入口方面还没有表现出太大的优势，但是，在以微信为首的移动社交产品已经成为移动互联网重要入口的前提下，移动社交在移动购物的转化率方面还有很大的提升空间。以微信“公众服务号”为例，在微信对认证的企业开放了微信支付后，“公众服务号”将成为传统企业进行微信营销的一种很好的形式，接通微信支付后，可以更好地将营销转变成实实在在的销售额。虽然目前用户的使用程度还较低，但是未来此部分业务还有很大的发展空间。

3. 移动金融迅速发展

在移动电商领域，除了移动购物外，移动金融也在快速成长。2013 年 6 月 13 日，在支付宝推出余额宝后，余额宝的用户规模及基金规模都实现了快速的突破。余额宝推出后，支付宝的页面流量有了一个显著的提升。而根据 iCTR 的在线调研数据显示，40% 的用户曾经在移动端购买过金融产品，41% 的用户主要通过移动端来查看收益。未来在国家政策利好的情况下，互联网金融以及移动金融还将继续保持蓬勃发展的态势。

总之，移动电商正在快速成长。所以，这就要求电子商务从业者抓住行业发展大势，探索出真正适合自己的发展模式，从而进一步推动行业的发展。

案例：2014 年的“双十一”移动市场

2014 年，全球的目光都聚焦在移动市场。6 月 18 日，刚在美国上市成功的京东迎来了店庆日，与往年不一样的是，移动端成为各路电商围剿京东的主战场，如天猫的“年中大促”、苏宁易购的“年中庆”、1 号店的“秒杀 618”、聚美优品的“6 月比价月”等。不仅移动电商激战正酣，雷军打造的小米平板也加入了移动互联生态圈；顺丰快递的 O2O 新贵“嘿客”则咄咄逼人。移动互联网巨大的市场带动效应，刺激着各类企业跨界、渗透、博弈，创新者与巨头们重新站到了同一条起跑线上。

数据显示，移动网购在今年双十一购物狂欢节全面爆发。开场仅 75 秒，来自移动端的成交就迅速突破了 1 亿，而上一年突破 1 亿的时间为 4 分 10 秒；开场后 4 分 28 秒，移动端成交额突破 10 亿元；早上 7 时 36 分，移动端成交额的数字已刷新至 100 亿元。2014 年天猫双十一购物狂欢节实现成交额 571 亿元。其中，移动端交易额达到 243 亿元，为上一年双十一移动端交易额的 4.5 倍，占到总成交额的 42.6%，刷新了全球移动电商单日成交记录。天猫总裁王煜磊表示，2014 年无线的变化超出预期。天猫双十一移动端的交易额超过 40%，是一个历史性的时刻，也是阿里巴巴“云 + 端”战略的一个最好的印证，移动电商时代的深刻变化已经来临。

最终，双十一全天的移动端成交额数字，定格在 243 亿元，这一数字是去年双十一 53.5 亿元的 4.5 倍。今年，阿里巴巴集团将移动端消费定为双十一的主攻方向之一，不仅调动手机淘宝、手机天猫、支付宝钱包、淘点点全面发力，还动员了 UC 浏览器、优酷、微博、高德地图等移动平台力量。

8.3　移动电子商务的技术基础

移动商务的技术基础是纷繁复杂的。本节所介绍的只是其中最主要的部分。

8.3.1　移动计算技术

传统的计算环境一般包括台式计算机，网线连接网络、服务器，还有外部设备，如打印机等。这样的计算环境就把使用者限定在固定的位置，用户无法保证随时随地使用计算机。但人们经常需要在工作场所或在旅途中使用信息技术，这样能够提高工作效率。解决的方法就是无线移动计算技术（Wireless Mobile Computing，或称 Mobile Computing），这种技术能够让移动设备与计算机网络（或是另一台计算机设备）进行实时的连接，不受时空的限制。移动商务主要依靠移动网络来实施。所谓的移动网络，指利用移动设备连接互联网，或利用移动设备中的浏览器连接互联网。

移动计算环境中有许多硬件设备和软件支持。首先是移动设备（如智能手机），用户可以利用它连接移动网络。此外，还需要能够支持无线连接的条件，如网络接入点或 Wi-Fi。还有就是通过连接可以传递的服务，如 GPS 定位器。最后是支持移动商务运行的一些条件，如网络服务器、数据库服务器和企业应用服务器。这些服务器既能向连线的计算机提供服务，也能向无线设备提供同样的服务。不同点在于一个是有线连接，而另一个是无线连接。移动设备有着自己的特征，如屏幕较小、内存少、带宽不大、数据接收速度较慢等。这就要求硬件及软件的设计者要考虑到用户的特殊需求，无线系统在设计时也要考虑这些特点。

本节将简要介绍移动计算系统的主要技术。要了解这些技术，首先需要明白一些基本术语，具体见表8-1。

表8-1　移动计算技术的基本术语

基本术语	解　释
蓝牙	这是一种支持设备短距离通信的无线电技术，能在包括移动电话、PDA、无线耳机、笔记本式计算机、相关外设等众多设备之间进行无线信息交换
全球定位系统	这是一种基于卫星技术的跟踪系统，据此能判断GPS设备所在的位置
PDA（平板电脑）	这是一种小型的便携式计算机，如蓝莓手机、Palm等企业生产的便携式PC设备
WiMAX	全球微波互联接入；WiMAX也叫802.16无线城域网，这是按照电气和电子工程师协会标准开发的无线技术；它的用户是城区内的固定用户，而不是移动用户；它也属于一种无线宽带技术
无线应用协议（WAP）	这是一种支持无线设备接入互联网的技术
无线局域网（WLAN）	这是泛指802.11标准，一般情况下，它是指以太网接入技术的无线版

8.3.2　移动设备

几年前，计算机、手机、PDA，被用来进行日程管理、通讯录管理和计算等，各自的功能都非常清晰。但是，如今的设备很难再根据功能区分彼此。

移动设备有各种形状、各种规格，如手提电脑、轻薄型笔记本式计算机、薄片式计算机、随身计算机、超便携移动个人计算机等。其实，这些设备的基本功能都是相似的（例如，支持音频和视频、电子邮件、互联网浏览器、Wi-Fi接入等）。能够区分这些移动设备的只是它们的外表。例如，轻薄笔记本式计算机重约2.5lb（1lb≈0.45kg），显示屏15～21in（1in=2.54cm）。随身计算机则更轻、屏幕更小。大多数计算机生产商（如惠普、苹果、戴尔、华硕、东芝、联想等）都生产轻薄型笔记本式计算机和随身计算机。但是生产超便携移动个人计算机的厂家却不多。因为虽说超便携移动个人计算机的功能也很齐全，但是它们体积太小，是非标准化的小键盘，显示屏也小得多（5～6in），一般重1～2lb。

移动设备也有大的，如戴尔公司生产的M6500移动工作台，显示屏为17in，售价超过5000美元，它可以与非移动式计算机相媲美。惠普和联想公司也生产这样的移动设备。

移动设备包括个人数字助理（Personal Digital Assistant，PDA）、智能手机、平板电脑（PAD）、智能电子书（如亚马逊的Kindle）、可佩戴移动设备（如苹果iWatch、Google眼镜、车载移动设备等）。

许多移动设备（尤其是PDA和智能手机）如今都趋向于整合为一体，成为一个体积小、便于携带、集多项功能于一体的装置。

8.3.3　无线通信网

所有的移动设备都需要连接通信网络或其他的计算机设备。连接的方式取决于多种因素，例如，连接的目的是什么、无线设备有哪些功能、位置的远近等。无线设备可以连接的网络包括：①个人设备之间的连接，距离不超过 30ft（1ft = 0.3048m）；②短距离的无线连接，距离在 300ft（1ft = 0.3048m）以内；③市内无线网络，覆盖半径为 30mile（1mile = 1609.344m）；④适用于手机通信的无线广域网。以下是对这些网络的具体描述。

（1）个人局域网。个人局域网（Personal area network，PAN）是无线用户在很小的范围里（一般是在一个房间里）利用无线技术在设备之间进行无线连接。最为典型的是蓝牙技术。“蓝牙”（Bluetooth）指的是多个通信标准的集合。利用这种技术可以形成无线设备的近距离（20m 以内）的连接。例如，无线键盘与 PC 的连接，PDA 与计算机之间的数据传输，数字照相机与打印机的连接等。

（2）无线局域网及 Wi-Fi。无线局域网（Wireless Local Area Network，WLAN）与有线局域网是一样的，只是没有连接线。大多数无线局域网是依据通信标准 IEEE 802.11 开发的，这个标准称作 Wi-Fi，就是“无线高保真”。无线局域网的关键部分是连接无线设备及相应网络的无线接入点。无线设备上有一个出厂时就配置在设备里的无线网卡，无线网卡也可以由用户自己插入，通过无线网卡接入无线网络。无线接入点接入互联网的形式与有线接入的形式相似。许多公共场合（如机场、宾馆、饭店、会议中心等）都使用 Wi-Fi 接入互联网。同样，很多家庭用户也使用 Wi-Fi 接入网络。

（3）城市 Wi-Fi 网络。城市里若是设置多个无线接入点，就形成了无线网络城市，人们将其称为无线城市。例如，2006 年 8 月 16 日，谷歌公司在美国加利福尼亚州山景城的几百根电线杆上设置了无线接入点，成为美国第一座完全覆盖无线网络的城市。至今，美国有多个城市实现了无线城市的目标。

（4）WiMAX 网络。有些地方不是用 Wi-Fi 无线网络，而是用 WiMAX 网络（World-wide Interoperability for Micro-wave Acceess，全球微波无线接入），它适用于 50km 半径范围内的宽带接入形式。WiMAX 接入形式可以形成一个相互覆盖的网状区域。每片地域有一个基站，由基站连接宽带。基站发出一定频率的无线信号，称作光谱。WiMAX 接入与 Wi-Fi 不同，它的频率属于某一家公司，公司要从政府主管部门领取执照。WiMAX 接入的地域更宽，可靠性更强。接入 WiMAX 网络，用户也需要一种特殊的上网卡。

（5）无线广域网。无线广域网（Wireless Wide Area Network，WWAN）提供的无线接入带宽最大。它的技术与手机网络相似，这就意味着，只要手持计算机和上网卡，用户就可以接入相应公司开发的本地网、全国网，甚至全球网。无线广域网可以按照网络速度来区分，如 2G、3G、4G；可以按照所使用的通信协议来区分，如 TDMA、CDMA；也可以按照无线蜂窝通信标准来区分，如全球通用的 GSM 标准或日本专用的 PDC 标准。

8.4 移动电子商务运营的思维与原则

8.4.1 移动互联网时代的思维

自进入互联网时代以来，人们体验了一场颠覆性的生活变革，而互联网时代发展最快的是经济生活，传统商业面临转型，大量的电商企业如雨后春笋，遍布各大领域。iPhone 的出现，正式开启了移动端向传统 PC 端宣战的第一步，而随后智能手机频繁地更新换代，越来越多的移动端设备代替了 PC 端。移动端用户越来越多，PC 端流量也开始向移动端分流。在移动互联网时代，互联网思维开始逐渐被移动互联网思维所取代。

首先要了解互联网与移动互联网连接的分别是什么，互联网是 PC 端与 PC 端的连接；而移动互联网则是人与人之间的连接，人与世界的连接，是 PC 端互联网进化的高级阶段。因此移动互联网的出现，将会改变传统的商业格局，改变世界的游戏规则，掀起一场更大的革命。清楚地了解移动互联网思维，是成功的第一步。

移动互联网思维可描述为 5F 思维，如图 8-4 所示。

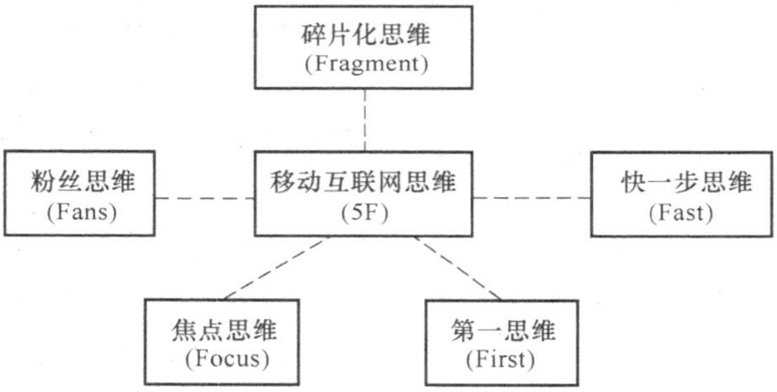

图 8-4 移动互联网思维

1. 碎片化思维 (Fragment)

移动互联网连接的是消费者，这个连接是实时的。随着 4G 时代的到来，实时连接起来的消费群规模将越来越大；连接的成本越来越低，信息传播的速度越来越快；大家分享的内容越来越丰富，从文字、图片到短视频、电影，信息的控制权也已从企业转移到消费者的手中。

在移动互联网时代，消费者是全天候的消费群，任何时间如果产生了购物需求，可能会立即购买；消费者也是全渠道的消费群，在任何地点，包括实体店、网店、移动商店或在社交媒体里，都可以立即购买。同时，消费者也越来越个性化。

移动互联网时代，用户的消费场景发生了巨大变化。商家接触消费者的地点越来越不固定、接触消费者的时间越来越短暂。移动互联网加剧了消费者的三个碎片化趋势：第一是消费者购物地点的碎片化；第二是消费者购物时间的碎片化；第三是消费者购物需求的碎片化。而碎片化的时间、需求、口碑，甚至碎片式的投入，通过移动互联网的众包模式，就会爆发出巨大的商业力量。阿里的余额宝，就是一个很好的众筹模式，把 4000 多万个碎片式的余额账户，在 1 年之间，变成了 1800 亿的金融力量。如何建立起碎片化思维，从看似碎片的世界中汇聚商业的力量？有五个关键的问题需要研究：

1）如何让消费者在碎片时间主动选择。

2）如何让消费者在几分钟内喜欢上该应用。

3）如何在一小段时间里与消费者建立起令他（她）心动的对话。

4）如何在一个碎片的时间窗口提供令消费者惊喜的商品和服务。

5）如何通过全渠道覆盖消费者更多的碎片时间。

2. 粉丝思维（Fans）

工业经济时代，是以福特、麦当劳和可口可乐为代表的标准商业时代。任何企业只要产品足够好，分销渠道和零售终端布局得当，理论上可以卖给世界上的每一个人、卖到每一个角落。

而在移动互联网时代，则是“得粉丝者，得天下”。在中国，相比阿里巴巴一直以来的强大地位，京东、微信、小米等强势崛起，电商行业重新洗牌。粉丝不仅仅是品牌忠诚的顾客，也是品牌的传播者和捍卫者。粉丝就是生产力。粉丝是最优质的目标消费者，一旦注入感情因素，有缺陷的产品也会被接受。进入移动互联网时代，人人都是自媒体人。当粉丝对一个品牌或企业拥有高度的忠诚和热情时，不仅会再三购买，而且会通过微博、微信等各种社交媒体向其朋友圈传播口碑，帮助企业业务获得非线性的增长，甚至是爆炸性增长。《小时代》系列电影创造出超高的票房神话，就是因为有超过 1 亿的郭敬明和杨幂的粉丝的喜欢和捧场。

品牌是粉丝们的精神家园。移动互联网时代，每个公司都有一个强大的粉丝团。未来的顾客关系将从单向的、静态的、没有情感连接的会员体系走向双向的、动态的、注入每个粉丝情感的粉丝圈。每一个企业，每一个品牌都必须与自己的粉丝团通过真诚的对话建立起忠诚的消费部落。“因为小米，所以小米”，小米提出“为发烧而生”的价值主张，聚集了 2700 万粉丝的力量，他们收入不高但追求品质，共同参与设计，每年自发组织很多同城见面会。在数码消费领域，如今人们爱用“果粉”来形容对苹果产品热衷的数码用户，这群“果粉”大部分是从 iPhone 开始接触苹果，通过情感认同再延伸消费到苹果的个人计算机 Mac、音乐播放器 iPod、平板电脑 iPad，同时再把这种对苹果的认可去感染周围的人群，“果粉”们历来以其执着而著称。

3. 快一步思维（Fast）

很多企业家做决策的时候，仍然停留在工业经济时代，喜欢制订五年目标，往往对世界的小变化视而不见，更是在当今移动互联网时代，对未来竞争格局和世界变化的速度缺乏感知。

移动互联网时代，整个世界瞬息万变，最重要的体现就是速度发生了变化。企业得到优势的时间和失去优势的时间可能是同样的短，创新有时候带来的优势和利益是越来越少。当某个小公司的新产品诞生时，企业所制订的策略往往在短短的一两年时间内就失去了竞争的力量。

我们正迎来一场速度越来越快的大规模变革的洪流之中，无论是哪家公司，都必须深刻意识到世界正随着消费者在改变，必须跟上消费者的步伐，制订出长远的战略规划和可快速启动的、切实可行的发展路线图，同时植入富有激情的、新的创业基因。

如何建立起快一步思维？有两个关键的问题需要研究：

1）如何加速，找到快速发展的道路。

2）如何将整个组织的速度与顾客的速度协调一致。

4. 第一思维（First）

移动互联网时代，只有第一，没有第二。在消费者的心智和碎片时间里，大部分都会选择第一个，而不会记住第二个。第一，并不一定是销售额第一。如果想要成为第一，就必须打破消费者的惯性思维，成为消费者心目中的第一。

第一胜过最好。如何建立第一思维，在自己定位的焦点市场赢得消费者心中的第一？有两个关键的问题需要研究：①如何定位，找到成为第一的路径；②如何成为第一。

5. 焦点思维（Focus）

将全部精力投入到一个焦点上，做专一的，从满足大部分人的需求变成满足特定人群的需求，从做全部商品变成只做特定商品，做成这一品牌或这一行业的佼佼者，这样的思维才是可取的。这一点思维可以从唯品会、聚美优品、艺龙网的成功中看出。只做特定的产品和服务，是一种明智思维方式。

建立焦点思维有两个关键点：①如何做减法，找到焦点战略；②如何将焦点战略做到极致。

8.4.2 移动互联网时代的原则

以移动互联网时代的5F思维为指导，具体的移动电子商务运营中还必须遵守一些行动原则。

原则一：倾听消费者的声音。

对于品牌营销来说，消费者不再是单纯的受众，而是已经参与到品牌的塑造与传播中，成为品牌的推广者；同时，品牌与消费者实现直接的对话与沟通，企业可以通过聆听消费者的声音获得第一手信息。这种变化要求企业必须调整自己的位置和心态，改变与消费者沟通的态度。

进行用户分析。用户在网络上一般会产生交易信息、浏览信息、购买行为、购买场景和社交关系等多个方面的大数据，这些数据的沉淀，有助于企业进行预测和决策。当年，沃尔玛的工程师通过追踪分析许多年轻父亲每次的购物小票，发现每到周五晚上，啤酒和尿布的销售量同时都非常高。原来，年轻的父亲们周末下班后帮太太买尿布时，顺手带上啤酒，准备看球赛的时候喝。沃尔玛洞察到这个需求，啤酒和尿布干脆就摆在一个货架上卖，销售量马上提升三成。

尊重消费者的个性化需求。真正的需求创造者，把所有的时间和精力都投入到对“人”的了解上。消费者越来越追求个性化，如在衣服上印上亲友的头像。红领建立了全球第一家全面信息化的个性化生产线，流水线上每一件衣服都有一个电子标签，记录着某位顾客在每个工序个性化定制的全部生产数据（包括布料、体型、纽扣和款式等上百个数据）。消费者希望借助互联网、社交网络，在前端任何渠道里，包括实体店、网店、移动商店、社交商店等完成定制和订单。

原则二：全渠道一致体验。

过去“以产品为中心、以实体店为中心”的传统零售分销模式，已经被新一代的“以顾客为中心、以电子商务为中心”的全渠道体验模式所取代。商家要跟随消费者的脚步，在全渠道、全媒体为顾客提供一致性的体验，如给消费者参与感。互联网把传统渠道不必要的环节、损耗效率的环节都拿掉了，让服务商和消费者、让生产制造商和消费者更加直接地对接在一起，消费者的喜好、热点能快速地通过网络反馈。

原则三：为消费者创造价值。

移动互联网颠覆了价值创造的规律，必须回归到商业的本质，真正找到用户的普遍需求，为客户创造价值。

为什么同样生产数码产品，苹果的出品能带来充满与众不同的惊喜？其他很多计算机公司在以这样的思维顺序劝服人们进行购买：“我们生产计算机。它们性能卓越，使用便利。快来买一台吧！”而苹果传递信息的顺序恰恰相反：“我们永远追求打破现状和思维定式，永远寻找全新的角度。方式是我们会设计出性能卓越、使用便利的产品。计算机是我们的产品的一种。想要买一台吗？”其思维关键在于，要想最大程度影响他人，最关键的不在于传递“是什么”的信息，而在于给出“为什么”的理由；人们最在乎的也并不是实现供需之间的匹配，而是达成信念的契合。

原则四：高效。

移动互联网时代的高效体现在以下几个方面：

企业必须要及时乃至实时关注消费者需求，把握消费者需求的变化。“敏捷开发”是互联网产品开发的典型方法论，是一种以人为核心、迭代、循序渐进的开发方法，允许有所不足，不断试错，在持续迭代中完善产品。

只有快速地对消费者需求做出反应，产品才更容易贴近消费者。Zynga 游戏公司每周对游戏进行数次更新，小米 MIUI 系统坚持每周迭代。微信在推出后 1 年内迭代开发 44 次，小米手机每周都有四五十个漏洞要修改。

流程设计要简化，在每个顾客与其想要的商品或服务之间建立最短的路径、使用最少的时间。顾客无论从哪个渠道进去，在找到商品前，整个操作流程越短越好。

同时，整个组织要有一种包容失败的文化（Inclusive Culture）。做到快速失败（Fail Fast），廉价地失败（Fail Cheap），及时收集错误并及时改进。

案例：小米的“快”字诀

“快”字诀正是小米手机引以为傲的。据小米官网公布的数据，2013 年双 11 当天，小米获得了“单店销售额第一”“单店破亿速度第一”“手机品牌关注度第一”“手机类目单店销售额第一”的四大第一战绩。3min 销售额突破 1 亿元，11min 销售额突破 2 亿元，31min 销售额突破

3亿元，6小时52分钟销售额突破4亿元，12小时35分钟销售额突破5亿元，单日销售额突破5.5亿元。为什么这么快？小米的内部组织结构尽可能扁平，基本分为三层：七个核心创始人是一层，部门管理者是一层，然后就是员工。小米始终不会让团队太大，稍微大一点就拆分成小团队，实行小分队小步快跑。小米手机2011年10月上市，2012年小米手机销售了729万部，销售额达50多亿元人民币。小米成立3年后，公司价值已经达到100亿美元。很多人说小米是手机行业的搅局者，但小米的创始人雷军先生说："我觉得我是这个行业的革命者。"作为一家创业公司，小米以惊人的速度膨胀，产品线从手机、操作系统到应用商店，甚至到了盒子和电视，从硬件到软件，从产品扩张到平台，从入口升级到生态——雷军的目标是，寄望小米在几年内成为一家营收突破千亿元的公司。

8.5 移动电子商务的运营策略

成功的移动商务模式取决于人们如何有效操作和管理移动电子商务。为了搭上移动电商的顺风车，企业的移动电子商务解决方案需利用其区别于基于网页的传统电商的特征优势。这些特征包括：一直在线、方便不同应用程序整合、迎合社会化和游戏化趋势、方便获取消费者的地理定位信息等。

8.5.1 移动电子商务的运营内容

任何一样互联网产品，没有恰当的运营都无法成长。本节需要了解一家电商运营移动端需要完成哪些事情。由于移动端的所有订单、商品、类目信息都是和原网站集成在一起的，因此很多原来网站上的日常运营工作不必重复做。移动端的运营侧重于三个方面：内容、活动、服务。由于移动设备屏幕较PC端小，内容要求更简便、快速、具有个性化；移动端更利于利用消费者碎片化的时间，促销活动更适宜多一些游戏性、趣味性，如限时限量、签到积分等；利用移动端的即时通信等工具能为消费者提供更好的客户服务和关怀。

具体运营工作如图8-5所示。

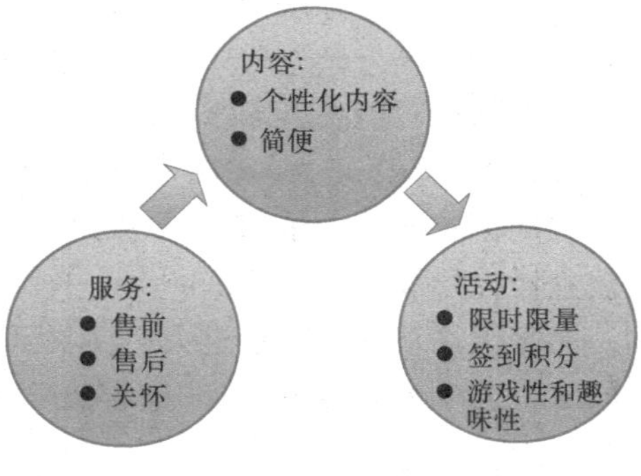

图8-5 移动电商具体运营工作

移动网站和APP在运营方面的本质是一样的。本节先看一个普通用户的移动购物步骤，再分别介绍首页、其他页面及进阶活动的运营。

1. 用户移动购物步骤

如图8-6所示，消费者通过几个可能的入口进入移动网站，开始进行商品搜索和购买。

1）入口1：如果是老用户，则可以在没事时就用手机进入网站看看有没有什么新鲜的商品。这些用户进入移动网站后，对应第一次访问的网页应该是移动网站的首页。

2）入口2：用户从搜索引擎上搜到网店的商品页，然后单击链接到网站。这些用户进入

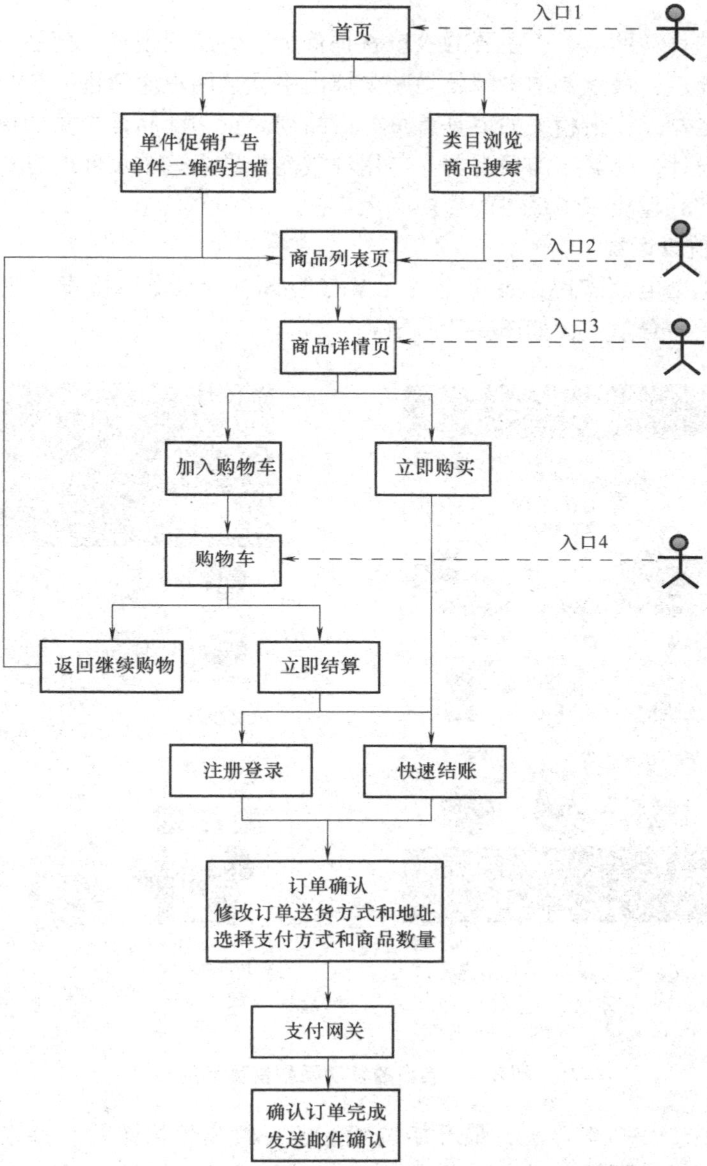

图 8-6　移动商店购物流程及用户入口页面

移动网站后，对应第一次访问的页面应该是商品的详情页面，或是某个类目的商品列表页面。

3）入口 3：用户单击在互联网上或移动互联网上的广告链接、软文链接、社交媒体推广链接等来到网站。这些用户进入移动网站后，对应第一次访问的页面应该是商品的详情页面，或是某个类目的商品列表页面。

4）入口 4：用户在线下世界，通过图像识别、二维码等技术连接到线上世界，对应到网站的首页、某个类目、某个具体商品，或直接到购物车抢购，也就是前面入口 1 ~ 3 的后续页面。

归类到商户的移动网站上，主要的入口就是首页、商品列表页、商品详情页。流量进来的入口或者说着陆点，最重要的事情就是减少掉出率，让用户愿意进一步与商户互动。这三个着陆点中，与运营工作最相关的就是首页。商品列表页和商品详情页的掉出率主要与移动商店的用户界面设计、商品、类目有关，与用户被商户导入这个页面的方式有关，用户进来这个页面的目的和兴趣决定了最终的转换率大小。

2. 移动网站首页运营

对于一个中小型电商来说，首页上的元素有 Logo、购物车、搜索、轮播图片、首页商品、类目、导航条、登录等，如图 8-7 所示。

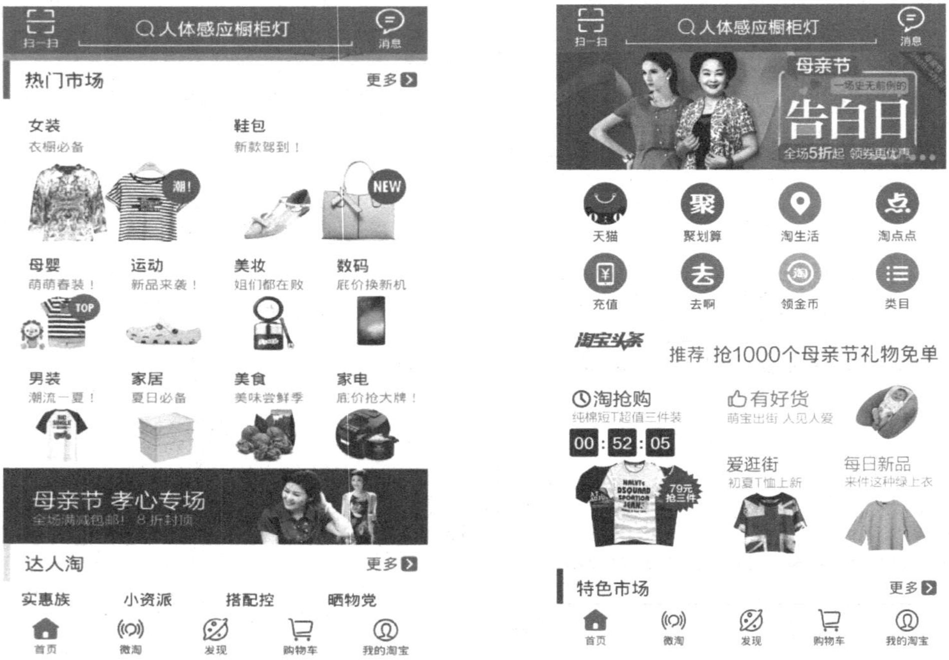

图 8-7　典型的移动网站首页示例

（1）轮播图片。手机屏幕上，最开始位置上的一般是轮播图片。每张图片的点击率衰退很快，这也比较容易理解，因为手机屏幕较小，用户可以看到的大图数量很有限，移动用户点过一次的图片，知道后面的内容后，一般不会再点第二次。所以当大部分用户都点击过这个图片之后，二次点击率很低，具体见表 8-2。

表 8-2　首页轮播图片点击率衰退速度

	第一周	第二周	第三周	第四周	第五周	第六周	第七周	第八周
点击率	60%	30%	10%	5%	5%	5%	5%	5%

因此，对于首页轮播图片不用放太多，一般不超过 6 张。排在后面的图片点击率也是依

次越来越低的。另外，要经常更新轮播图片的内容，以保持其较高的点击率。

（2）首页商品显示。首页商品显示需要考虑三个问题：如何显示、显示多少和显示什么商品。

首先是如何显示的问题。手机上商品列表的陈列方式主要是两种，即重图片和重文字，适用不同的商品类型。如果是服饰、居家这类重外观的商品，则可选择第一种重图片的商品列表样式，如图 8-8 所示。如果是电子类产品，消费者关心的是性能参数信息，则可选择重文字的商品列表样式，如图 8-9 所示。

图 8-8　重图片的商品列表方式

图 8-9　重文字的商品列表方式

接着是显示多少商品的问题。如果显示太少，则用户需要频繁翻页，容易放弃继续使用。如果显示太多，一方面网络加载时间会略长，另一方面让用户下拉很久都看不到头，或无法进行其他操作，用户也会随时放弃页面。因此一般情况下，因为在首页上还有其他内容，所以建议精选 10 件商品左右。商品列表一页在 20～40 件商品左右。

最重要的是显示哪些商品。首页商品和轮播图片一样，是否具有足够的吸引力影响着页面的点击率。选择哪些商品显示在首页上的决定因素在于这些商品是否代表了网站最热门、最好的商品。如果是新访问者，则这些商品很有可能就决定了他们对商户的第一印象。另外，在首页可加上限时限量促销活动的商品列表，也有助于促进移动流量的增长。在商品列表上需要加上翻页功能，使得消费者能点击后直接进入某个类目，或所有商品的列表，或类目的列表。

（3）类目列表。首页的最下面是类目列表，因为一级类目一般并不多，所以可在首页中将所有类目显示出来。淘宝类目页如图 8-10 所示。

3. 其他页面运营

由于首页对于吸引用户与网店进一步互动具有非常重要的作用，但又受屏幕的大小限制，因此首页设计非常关键。相对而言，移动站点的类目页、商品列表页、商品详情页设计则相对简单，应以优化用户购物流程为基本要求。

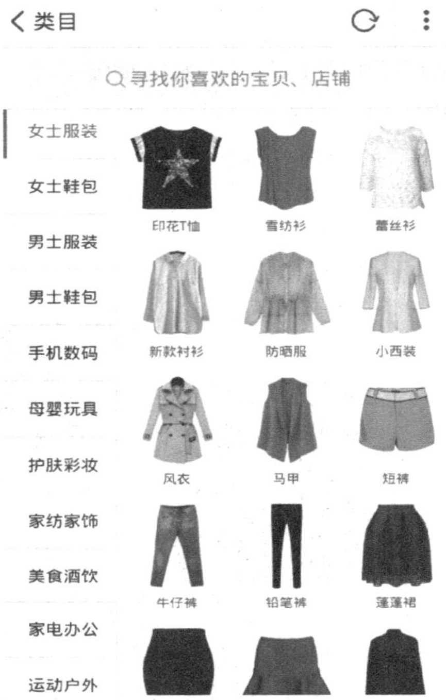

图 8-10　淘宝类目页

4. 移动电子商务进阶活动运营

移动电商运营的另一重要内容是进阶促销活动的运营，其核心是通过有趣味的促销活动吸引用户，从而产生销售。本节以淘宝 App 的促销活动运营为例。

（1）天天特价。如图 8-11 所示，单击在淘宝首页中部位置的“天天特价”，就进入了展示特价商品、扶持淘宝网中小卖家成长的营销平台。优质卖家会通过该平台提供每天最优惠的折扣单品，并通过买家限时抢购等模式进行促销，获得高流量，并借机推广店铺、增强其店铺营销能力。

从第三方的角度来说，“天天特价”是一个限时限量的特价促销活动。之所以这个产品会被放在淘宝 APP 首页的入口，是因为它很适合移动场景，可以让用户在碎片时间里迅速找到满意的商品。

（2）清仓。淘宝清仓也是一个提供优惠价格商品的平台，如图 8-12 所示。看到“清仓”，消费者会想到更为优惠的商品，因此这个标题已具有足够大的吸引力。而实际上，该平台上的商品确实非常便宜，品质依然有一定的保证。“清仓”有“品牌清仓”和“好货抄底”等不同页面可以切换。

清仓活动利用了移动营销活动的精髓——限时限量、超低价，能帮助商户清理库存，给产品核心定位，同时吸引眼球，提高店铺流量。

（3）淘宝试用。“淘宝试用”是全国最大的免费试用中心之一，是专业的试客分享平台，如图 8-13 所示。试用中心聚集了上百万个试用机会及亿万消费者对各类商品最全面、最真实客观的试用体验报告，为消费者提供购买决策。试用中心作为集用户营销、活动营销、口碑营销、商品营销为一体的营销导购平台，为数百万商家提升了品牌营销与影响力。

在淘宝试用上，用户需要填写试用申请，试用后要填写试用报告。一般说，商家提供试用的数量并不是很多，试用价值较高的商品一般不超过 10 份，但却能收到上万份消费者的申请。借助于试用产品，卖家成功地将消费者吸引到店铺来并浏览店铺里的其他商品，很好

图 8-11　淘宝天天特价

图 8-12　淘宝清仓

地实现了促销商品、寻找消费者对产品的反馈意见和吸引流量等目的。

图 8-13　淘宝试用

（4）聚名品。淘宝的“聚名品”汇聚了众多名牌商品的优惠信息，如图 8-14 所示。每天 10 点准时上新一批名牌商品供消费者抢购。用户可以非常直观地看到所有参与特卖的品牌和相应的折扣和时间。参与品牌特卖的商品优惠力度极大，当品牌和低价两者结合起来时，吸引力以几何倍数增长。

（5）有好货。淘宝“有好货”的商品定位是——非“主流平台和主流渠道上的常见款”，如图 8-15 所示。主流平台是指淘宝/天猫平台首页，主流渠道是指淘宝/天猫官方的营销活动、聚划算、淘金币、天天特价、行业市场等由淘宝官方主导的频道市场，常见款指行业大品牌下的商品，主搜渠道的类目词搜索下的前几页里的商品，如知名品牌 iPhone、传统品牌、安踏和十月妈咪、淘品牌的茵曼和韩都衣舍。除这些常见款外，阿里平台上的“好货”都可以推荐。对于好货的概念，该平台认为每个人的理解都是不一样的，他们从不同行业对好货进行了定义。例如，服装、家具属于非标类商品，希望从设计感和品位来诠释好货，关键词可以是“设计”“品位”；家居、数码、家电则希望从新奇特、有新功能、少见、很有特色的角度诠释好货，关键词可以是“新奇特”。

通过淘宝“有好货”，将那些非“主流平台和主流渠道上的常见款”商品推荐给消费者，让他们能真正淘到新奇有特色的好商品，既吸引了消费者眼球，满足他们淘好货的愿望，又为中小卖家们提供了一个展示自己商品的平台。

图 8-14　淘宝聚名品

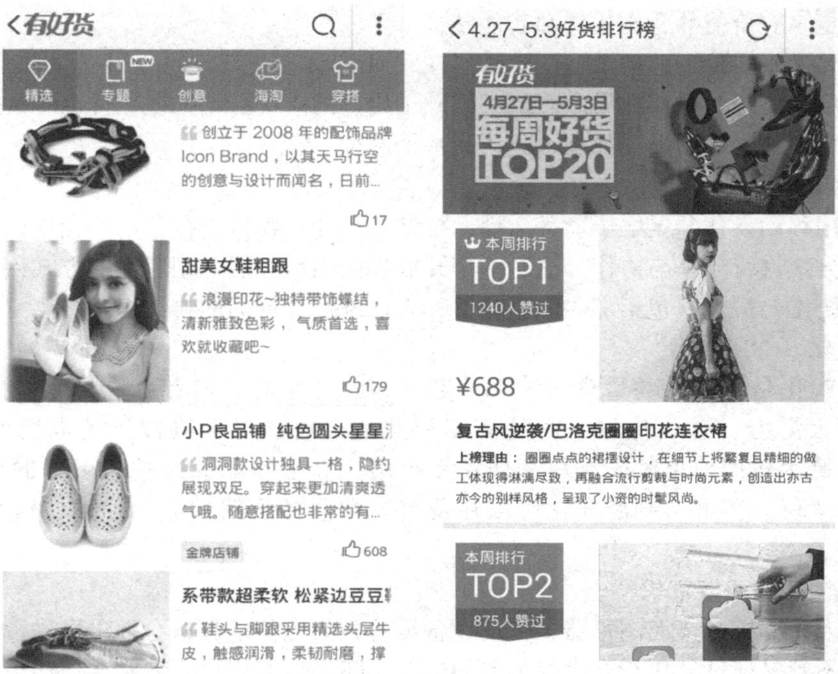

图 8-15　有好货

8.5.2 移动电子商务的运营策略

围绕上述电子商务运营内容，为了在移动电子商务市场取得成功，企业的移动电商解决方案可以围绕以下六种基本策略。

1. 选择适合的营销策略

移动互联网时代营销对策更为丰富，不同类型的产品必须寻找适合自己的策略。

如苹果等公司遵循的“Less is more”，即少就是多策略。1997 年苹果接近破产，乔帮主回归，砍掉了 70% 产品线，重点开发 4 款产品，使得苹果扭亏为盈，起死回生。即使到了 6S，iPhone 也只是从内存和机身颜色等方面区分为几款。

让顾客在短时间内选出产品并迅速做出决策的最好途径是给消费者最少最优的推荐。C&A 在一些地面店展示出来的模特商品就是每天在 Facebook 上赞得最多的衣服；腾讯旗下的易迅，推出了“精选商品”模式，还有很多商家都采用的一种闪购模式是以限时特卖的形式，定期定时推出少量知名品牌的商品，一般以原价 1 ~5 折的价格供专属会员限时抢购，限时限量，售完即止。

2. 高度整合并保持在线

网页和移动端具有能无缝链接的能力。服务型的构架允许不同的应用程序相互交流。现代移动电商应用的关键是整合各种资源为客户提供价值。例如，整合社会网络的客户资源，或在后端提供优惠、进行促销等，这些都对移动电商应用程序的成功起到了关键作用，也能为商家提供更多有价值的合作伙伴和其他整合。

一个重要的事实是，移动设备用户长年在线对移动电子商务的应用程序具有重要影响。移动应用程序也需时刻保持在线。它们不依懒于用户的直接行动来提供优惠和价值服务，更多的是根据用户的间接活动，如登入或访问一个网址。

3. 社会化

商家利用移动设备开展电子商务活动，可结合社会化媒体进行营销。允许用户以成立小组或评论等方式进行分享与协作。这是一个开放性的领域，通过创造性的方式使消费者和他们的网络系统参与进来，包括那些基于位置、人口统计和行为的自组织网络。

4. 游戏化

虽然游戏化是在简单的徽章游戏和分数比试进化中开始萌芽的，但它能发挥电子商务产品的巨大潜力。游戏化与电商是高度相关的，它甚至可以被传统电商网站广泛使用。它与提高手机用户忠诚度有着密切关系，用户会因为那些极具吸引力的目标而冲动消费。如果“玩”得好，则游戏化可以在暴富者和业务之间创造出赢家，这是一个重要的区别。

5. 提高消费者语境意识

相比个人计算机和桌面浏览器，移动设备最持久的优势是具有在用户操作过程中提供语境的能力。不管是通过用户登录跟踪他们的位置，还是根据用户的喜好递送动态和自定义菜单，或是简单地将用户行为与相对流行的产品相混合，在用户使用移动电子商务应用程序时，对消费者语境的理解和采取的行动，是其成功的一个关键因素。

6. 实行多样化终端

未来，移动设备更加多样化，各式各样的设备将在不同的平台上运行。以最直观的方式呈现产品和电商交易，这是成功的移动电商应用程序的一个重要差异化特性。在移动设备上运营是由终端的网页服务、云计算和服务型构架所支撑的。移动电子商务应用需将它们与移动设备的固有功能相结合，从而提供完全不同的用户体验。

移动界面的定义必须与本地使用和网页技术相关；根据用户设备大小，专注于优先产品；拥有正确的后端信息构架，使不同设备呈现最佳产品信息。这些因素不仅对移动设备具有独特意义，而且对移动电子商务应用也非常重要。

8.6　社会化媒体运营

除开发 App 运营、借助淘宝等第三方平台外，社会化媒体运营也是移动电子商务运营的一个重要组成部分。借助于手机等移动设备，极大地便利了用户对社会化媒体的使用，也极大地拓展了电商企业的社会化媒体运营。党的二十大报告指出，构建优质高效的服务业新体系，推动现代服务业同先进制造业、现代农业深度融合。借助社会化媒体运营，企业可以结合自身的产品、技术等优势，建立高效的运营体系，以扩大品牌及产品的知名度。本节介绍微博和微信两个最常见的社会化媒体运营模式。

8.6.1　微博运营

微博，即微博客（MicroBlog）的简称，或称为"一句话博客"，是一个基于用户关系的信息分享、传播以及获取平台，用户可以通过 Web、WAP 以及各种客户端组建个人社区，以 140 字左右的文字更新信息实现即时分享，实时性、便捷性和现场感极强，是目前企业普遍选择的一种互联网业务。

微博采用一种简单的传播方式，用户间是单向的"跟随"与"被跟随"关系。大多数用户扮演着"粉丝"和"倾听者"的角色，"明星"和"事件"对业务发展有关键作用，基于用户社会关系来实现信息快速传播。

1. 微博的特点

（1）立体化。微博平台提供开放的 API 接口，极大地方便用户通过手机、计算机、IM 客户端等方式接入平台发布微博和第三方应用等。微博营销可以借助先进的多媒体技术手段，通过文字、图片、视频等展现形式对产品进行描述，从而使潜在消费者更形象、直接地接受信息。

（2）高速度。微博的显著特征之一就是传播迅速。一条关注度较高的微博在互联网发出后，在短时间内互动性转发就可以抵达微博世界的每一个角落，达到短时间内最多的目击人数。

（3）便捷性。微博营销优于传统的广告行业，发布信息的主体无须经过繁复的行政审批，从而节约了大量的时间和成本。140 字以内的要求，更利于用户原创内容；原创的内容有助于用户之间产生联系，以达到增加黏性的目的。

（4）广泛性。通过粉丝关注的形式进行传播，影响面非常广泛，同时，名人效应能够使事件的传播量呈几何级放大。

2. 微博的功能

（1）发表微博。将用户看到的、听到的、想到的事情，微缩成一句话或一张图片，然后随时通过手机或计算机发表到微博上。

（2）查看微博。用户可以使用微博中的“关注”功能，关注感兴趣的微博账号，收看账户发布的信息。

（3）参与话题。可以针对一篇新闻或一个热门词汇来发起话题，并邀请朋友一起参加讨论；同时，用户也可以参加到其他账号发起的话题讨论中。

3. 微博常用营销策略

（1）内容营销。微博的迅速转发模式是较为便利的工具，基于用户喜欢的内容从而达到值得一看，值得一读，如视频、图片等，真正与用户达成情感上的共鸣。

（2）意见领袖。网络无权威，但是有意见领袖。他们在各种产品、美食、旅游、体育等领域掌握着强大的话语权，时刻潜意识里影响着数以万计的围观群众，如果想让品牌或产品快速传播，可以借助重要的意见领袖，并引导意见领袖去讨论和传播。

（3）活动营销。微博最善用免费和促销模式。免费的东西和促销活动，无疑对消费者来说有着强大的吸引力，且能实现迅速传播。

（4）情感营销。微博有着相对传统渠道无可比拟的亲和力，多了些人性化。企业选择微博这种轻松的互动方式，调动用户参与其中，深层次地走入用户的内心，用情感链条连接起品牌的影响力。

总之，微博能带给企业的不仅仅是推广产品或业务，最重要的一点在于，它是企业的一张名片，直接参与企业的品牌塑造。尤其对于新企业和不知名的企业来说，选择微博运营是品牌塑造的不错选择。

8.6.2 微信运营

微信是腾讯公司于 2011 年初推出的一款通过网络快速发送语音短信、视频、图片和文字，且支持多人群聊的手机聊天软件。微信的版本已从 1.0 发展到 8.0[㊀]。

截至 2023 年第一季度末，微信及 WeChat 月活跃用户已达到 13.19 亿，同比增长 2%。微信用户覆盖 200 多个国家、超过 20 种语言。此外，各品牌的微信公众账号总数已经超过 800 万个，移动应用对接数量超过 85000 个，微信支付用户突破 10 亿人次。微信不仅受到年轻人的热捧，便捷的语音对讲方式也为它赢得了众多的中老年用户。企业开展微信运营已成为电子商务运营的重要组成内容。

1. 微信与微博的主要区别

（1）精准定位。移动互联网时代来临之后，企业一直对智能手机能够带来的广告精准性有着很高的期望。微信可谓是率先尝试精准营销的先行者。微信公众平台的认证账号后台可以根据各种条件对关注它的用户进行分类，认证账号可以针对某一分类的用户发

㊀ 截至 2023 年 6 月，微信版本已更新至 8.0.38。

送特定的信息，与过去广告大范围地“广播”有了较大区别，这种传播方式可以称为“窄播”。作为一款移动社交应用，微信还允许企业通过公众账号与个体用户进行更方便的互动。

（2）微信克服了微博的一些缺陷。微信规定每个公众号每天只能发 1 ~ 3 条信息。这直接从源头掐断了通过微信公众账号多发信息抢头版的压力和可能。因此每个账号发布信息时必须精挑细选，确保最优质的内容。

微信公众账号发送的信息与微信朋友的交流信息一样，均出现在微信主界面中，这既保证了信息的到达率是 100%，也让微信信息区别于微博信息，对于用户不是可有可无，而是非看不可。

微信里对信息的转发只能发生在自己小范围的朋友圈内，而不能转发给大范围的公众账号的听众，这极大降低了信息的扩散宽度。

2. 微信的主要优势

微信的主要优势有以下几点：

1）企业进行微信营销，实现了点对面、一对多，相当于直销模式，且整个营销过程全封闭无干扰。

2）微信运营是一种许可营销。客户主动选择关注公众号，防止恶意推送带来的反感，实现精准推送信息，与客户实时互动。

3）口碑营销。通过微信平台的强大影响力，粉丝间主动传播扩散，实现了良好的口碑，树立了品牌形象。

4）O2O 营销。通过微信，将线上线下真正结合起来。

5）客户服务与品牌营销。企业可以利用微信进行客户服务和品牌服务，与粉丝互动沟通并对粉丝进行精细化管理，建立客户数据库，实现持续营销。

3. 微信的常见运营模式

（1）许可式的互动推送。建立微信公众号，从多渠道推广获取目标客户群体的主动关注，实现许可式的互动推送。

（2）二维码运营。二维码就是一个可以往里面装大量信息的匣子，这个匣子可以供摄像头识别，如手机和平板电脑。二维码的价值在于把线下与线上结合，免去了用户输网址、输名字等输入的过程。例如，扫一扫线下宣传物料上的二维码，就关注了线上的微信账号。

这其实是为许多传统商家实现线上营销、线下销售提供了绝佳的机会。一些本地化的影院就非常适合通过微信推送最新的影片信息和折扣信息，以及提供在线客服，从而实现与每一个订阅用户的亲密互动，从而创造销售机会。

（3）LBS——查看附近的人。微信也结合了 LBS 功能，在微信的“发现”选项卡中，有个“附近的人”的插件，用户可以查找自己所在地理位置附近的微信用户。系统除了显示附近用户的姓名等基本信息外，还会显示用户个性签名的内容。商家也可以利用这个免费的广告位为自己做宣传，甚至打广告。

（4）开放平台。利用分享功能把网站内容分享到微信，或把微信内容分享到网站；也可以将手机应用、PC 客户端、网站中的精彩内容快速分享到朋友圈中，支持以网页链接方式打开。

用户愿意与朋友分享自己看到的有价值的东西，所以，当产品有价值时，用户便愿意去分享。由于微信用户彼此间具有某种更加亲密的关系，所以当产品中的商品被某个用户分享给其他好友后，相当于完成了一个有效到达的口碑营销。

4. 公众号运营

微信公众平台运营内容主要有实时交流、消息发送和素材管理。用户对自己的粉丝分组管理或进行实时交流都可以在这个界面完成。

微信公众号是主要面向名人、政府、媒体、企业等机构推出的合作推广业务。在这里可以通过微信渠道将品牌推广给上亿的微信用户，减少宣传成本，提高品牌知名度，打造更具影响力的品牌形象。

公众号运营的主要步骤如下：

1）打开 http：//mp. weixin. qq. com/，选择注册。

2）在“设置”界面中修改自己的账户信息，如图 8-16 所示。“公众号名称”是注册时填写的，不可修改。而“微信号”注册完成后，会生成初始账号，可修改，但只能修改一次。“用户说明”其实也相当于个性签名，可当作免费的广告信息，可在此处写上自己公司的信息，包括近期的优惠活动、地址、联系方式等，字数不超过 140 字。

3）群发消息、实时消息及智能回复。建立好公众号以后，就可以群发消息、发布实时消息及与客户互动。

图 8-16　填写微信公众号账户信息

群发功能还是比较强大的，可以选择群发的对象：全部的好友或是有目的性的分组，按区域、性别等细分的参数来定向推送，甚至可以根据不同的人群设计不同的宣传内容。只要选择合适的分类、定位明晰，就会取得很好的效果。发送的内容包括文字、音频、图片、视频等，基本包含了所有格式的信息。

用户消息回复与自定义回复是智能回复系统，如果设置好了，则可以实现系统与客户间的自动对话。在“自定义回复”中，可以定义好规则，当用户发送过来的文字中，包含某些关键词时，则自动回复相应的内容。如果设置了“用户消息回复”，则当用户发送过来的文字中不包含“自定义回复”定义好的关键词时，则回复“用户消息回复”中设置好的内容。

企业还可以在公众号中针对用户的特殊疑问，为用户提供一对一的对话解答服务。

总之，微信营销是一种基于强关系网络的营销，在运营中如果不顾用户的感受，强行推送各种不吸引人的广告信息，则会引来用户的反感。商家只有善用微信这一运营工具，实现与客户的真诚沟通，才能获得真正的持久客户关系。

8.7 移动电子商务的未来发展及趋势

互联网以及移动互联网技术在中国发展已有多年，在发展初期，人们依靠各种移动应用交流、学习、获取信息，移动互联网的新技术和新商业模式也创造了一个巨大的消费市场，它丰富了生活，带动了制造业、消费、就业，甚至促进了经济发展，但消费领域的移动互联网应用并不会对整个社会发展起到真正的革命性作用。移动互联网只有与生产相结合，才会将移动互联网技术转化为移动生产力。中国巨大的经济体量、产业结构转型升级、经济体制改革都为移动互联网在中国的应用提供了巨大的空间。

8.7.1 移动电子商务的未来发展

1. 国民经济发展为移动互联网提供应用空间

经过多年的发展，中国已成为全球第二大经济体，同时保持着每年近 7% 的经济增长。快速的经济增长为移动互联网在生产领域的应用提供了空间。

互联网已经降低了信息技术与工具的门槛，使信息和知识的获取更加平等、便捷，赋予个人和企业更大的商业能量与自由。而结合云计算、大数据、物联网、3G/4G 网络、人机交互、移动定位等技术的移动互联网更是使互联网从最初的工具和渠道跃升为战略性基础设施。随着移动互联网的应用，信息的传播速度将进一步提高，信息的传播范围也将进一步扩大，决策的不确定性大大降低，从而可以增加有效劳动时间，整个社会的生产能力能够得到大幅度的提升。

下面看一下未来移动应用的场景：工厂生产线上已没有成排的产业工人，取而代之的是互联网的智能机器人；如果某个机器人发生故障，则管理人员无须逐一检查，系统会自动排查出问题所在；按照智能眼镜给出的指导，一个没有修理经验的人也可完成对机器的维修。产品生产完成后，系统会自动联系物流公司实施配送；每辆配送卡车上都装有 GPS 芯片，管理人员可实时跟踪货物状态；货物运到商场上架后，系统会向顾客的智能手机推送相关商品及折扣信息；顾客进入商场消费，可以利用室内定位技术快速地找到所需商品，并扫描商品的二维码比较价格；顾客选好要买的商品后，无须去收银台排队，只需利用商场的移动应用扫描二维码并使用手机钱包移动支付货款，然后即可离开。离开之前，顾客还可以使用打车软件叫一辆出租车，这样当顾客走出商场时，出租车已在商场门前等待。

总之，随着智能终端的普及，移动互联网正以更快的速度向各个领域渗透，移动互联网将对人们的工作、学习、生活和各行各业的生产运营产生巨大的影响，对经济发展起到巨大的推动作用。

2. 产业结构转型升级促进移动互联网与传统产业结合

中国虽然经济体量巨大且增长迅速，但中国经济中第二产业比重过大，并且经过近20年的发展，很多传统产业发展遇到了瓶颈，需要新的技术和商业模式来帮助其完成转型升级，走出困境。

传统产业的商业模式以信息不对称为基础，这种信息不对称在企业发展初期有助于形成垄断，提高企业利润。但这种信息不对称也会导致企业信息闭塞、信息传播速度慢等弊端，会阻碍企业进一步发展。

移动互联网以云计算、大数据和物联网为基础，促进信息和数据广泛应用于电子商务、金融、公共服务、传媒和教育等领域，并进一步向制造业和供应链延伸，实现传统行业的转型升级，并催生新能源、新制造业、新农业等新兴产业。

3. 深化改革释放更大的应用空间

桌面互联网时代，依靠信息的无界限传播，使得传统建立在信息不对称基础上的商业模式受到了极大冲击，如淘宝、京东等用电子商务颠覆了传统的商业零售渠道；百度等搜索引擎和搜狐网易、新浪等门户网站改变了人们的信息获取方式。这一时期的互联网产业是中国最具活力的行业，诞生了如百度、阿里巴巴、腾讯、网易、盛大、携程等一批互联网巨头。

随着互联网产业的发展，资源逐渐向少数几家巨头聚集，原有的业务也逐渐饱和，竞争越来越激烈。越来越多的互联网企业开始将目光移向传统领域，试图利用互联网技术和游戏规则改造医疗、教育、金融、物流等传统行业，而这也引起了传统行业的反击和监管机构的重视。近两年，“宝宝类”金融理财产品的热销，滴滴、快的两大打车软件的补贴大战以及随后的监管措施都可以看出，互联网企业、传统企业、监管机构的三方博弈将是未来一段时间的市场重点。但是深化改革带来的管制放松政策红利为中国互联网的发展注入新的活力，有助于中国互联网企业和传统企业的进一步融合和发展，更加有助于整个互联网产业的发展。

8.7.2 未来移动电子商务的发展趋势

1. 消费互联网延伸发展，加速转型产业互联网

在近十年的发展中，以淘宝为代表的电子商务发展已经超过美国主流电子商务平台交易量的总额，实现了我国以零售业为代表的消费互联网发展的逆袭。当前，我国互联网的发展正从消费互联网转向企业互联网。据麦肯锡预计，2013～2025年，互联网在中国GDP增长中的贡献可望达到7%～22%。消费电子、汽车、化工、金融服务、房地产、医疗卫生这六大产业产值超过中国GDP的1/4，移动互联网将通过互联互通、数字化、智能化，对六大产业融合起到关键性的引领作用。

中国智能手机将进一步普及。同时，智能终端的普及使得台式机、笔记本式计算机与移动终端的界限越来越模糊，许多以前只能在台式机或笔记本式计算机实现的功能已经越来越多地可以在智能移动终端上实现了。移动与桌面的优势将互补，实现移动和互联网的互补效应。例如，在周末，移动互联网的使用率更高，而台式机主要在工作日使用，当用户更多地使用移动终端接入互联网时，将为应用厂商带来巨大的商机。

2. 移动互联网是开放的世界，发展空间还很大

基于移动互联网的市场还有很多尚待挖掘。伴随着移动互联网时代的到来、智能终端普及以及云计算的大规模普及，很多过去想象的应用都将成为可能。

在移动互联网时代，包括上传、下载和浏览都是用户自己决定的，无论平台、应用以及终端，都应当遵守开放、自由、公平的原则，让用户真正得到最好的应用，才能获得用户的欢迎。

3. 移动互联网向物联网过渡，智能硬件市场期待爆发

全球智能硬件的规模不断扩大，种类不断丰富。未来移动通信技术结合大数据、物联网、传感器等，会有更大的发展。2015 年全球智能手机出货量为 12.93 亿部，年增长 10.3%。平板电脑出货量为 2.068 亿台。2015 年，随着苹果手表的发布，进一步明确了智能可穿戴产品的发展方向。

4. 全球移动互联网价值提升，社会功能不断提升

未来移动互联网将更加广泛深入地参与经济活动，提升社会价值。

企业办公 BYOD（Bring Your Own Device，自带设备）移动办公趋势显现，引领企业级应用增长，随着企业信息化的发展，BYOD 逐渐进入成熟期，移动商务有望成为移动互联网的第一大增长点。

与传统互联网模式相比，移动互联网同样对搜索的需求量非常大，在移动的状态下，非常适宜去搜索相关信息。移动搜索信息仍然将是移动互联网的主要应用。

未来基于位置的服务（LBS）将是移动互联网中一个非常大的突破性应用。固定和移动互联网的最大差别就是移动是非常本地化的，在位置服务和位置信息上有非常大的优势，厂商可以把用户在其位置的信息进行更多的服务和整合。例如，通过移动终端，为用户方便地找到附近的酒店、餐馆以及娱乐场所等。

移动互联网将带来新型消费模式。移动互联网的消费模式与台式机和笔记本式计算机有很大的不同，用户希望有更多的个性化服务。所以，未来如何捕捉移动互联网的用户，为其提供全新的广告和信息服务等新型消费方式成为业界关注的焦点。

5. 云计算成为最重要技术趋势之一，改变移动互联网

云计算成为移动互联网发展的最重要技术趋势之一。未来，巨头们仍将重视公共云和商业云的布局，移动云技术有望快速提升。未来移动互联网将更多基于云的应用和云计算上，当终端、应用、平台、技术以及网络在技术和速度提升之后，将有更多具有创意和实用性的应用出现。

6. 移动端在推荐方面的功能将不断拓展

1）地理位置。基于地理位置的推荐是移动端最典型的优势之一。移动端的应用可以获得用户信息的精准位置，为用户推荐周边的产品，特别是生活服务类产品，如餐饮、影院等。

2）精准时间。由于移动端可以获取用户较为完整的行为数据，可以对用户进行更精准的分类，并相应推出针对不同用户群的套餐，能针对时间段、短信或通话时间给精准的人群提供优惠。还有一种精准时间的用法是时效非常短的商业模式，如服饰清仓特卖、临过期机票、酒店房间特定时段优惠等。这些都是非常适合从移动端访问的。

3）更多的可推荐因素。移动端能采集的信息太多了，如声音、图像、位移等，想象空间很大。例如，特卖网站 Gilt 有个很有趣的推荐功能，用摄像头取色，根据颜色功能就可以得到用户喜欢如何搭配颜色的数据，然后推荐商品给用户。

7. 移动端更能占据消费者的碎片时间

商户在移动端利用碎片时间的方式主要有两种。一是从社交网络的移动端导入流量，这种形式的要求是，手机浏览器可以正常访问网站；二是通过电商自己的订阅、预告、收藏系统，通过邮件、微信公众号、短信、推送或约定好每天固定的时间等形式，有形或无形地提醒用户，常回来看看。

从统计数据来看，移动端本来就比 PC 端的“碎片化”更为明显：移动端首页访问比例高于 PC 端，平均使用时间低于 PC 端，从单品开始的转化高于 PC 端。简单来说，访问路径更为简捷，目标更明确。在网络不稳定、流量费用、小屏幕等多种因素影响下，移动端既方便了碎片访问，又实现了“不得不”碎片访问。

8. 移动端在黏性方面的优势

首先，显著的优势是便于形成完整的、闭环的交互。

黏性的基本原则是用户的行为可以得到反馈，这种反馈能加深印象，同样的事情多次重复以后将成为习惯。例如，发帖了有人回、评论了文章有人顶、订阅了更新通知以后能及时收到通知，都是形成黏性的基本过程。移动端在黏性方面较 PC 端具有明显的优势。例如，商品收藏功能，各种限时活动、团购、签到，或线下的二维码扫描等，各种时间、空间因素都能触发移动端的交互，如扫二维码，获取商品信息并实现用户关注或直接的销售转化。

其次，移动端在丰富黏性操作手法方面也有特色。关于黏性的操作手法，在移动端通常有三方面的建设。

（1）内容建设。移动端的强项是信息发布和社交，网站的通知、评论、问答类交互，在移动端可以发挥更强的黏性效应。究其原因，移动端是一个随身媒体，可以加强内容建设，将 PC 端原来无法到达用户的内容直接推送到手机，而且容易引发传播。

例如，移动端的限时特卖，就要求有内容团队，每天发布有吸引力的图文预告来吸引用户提前预订。对移动端运营来说，很有必要在内容方面增加投入，并对结果进行统计追踪。

（2）娱乐化。移动端能实现比 PC 端更多的操作，如发优惠券，可以用丰富的交互手法来实现，定时、定位、多人同时操作、结合拍照录音等。其目的是，通过游戏娱乐形式，弱化金钱/促销的感觉，用“好玩”“有趣”留住客户，而不是用低价留住客户，有趣的促销形式不仅不会让品牌“掉价”，而且反而实现提升。使用户始终感觉不到是在降价，而是在娱乐，商家必须保持推陈出新。

（3）打通已有的营销渠道。报纸、杂志、户外等传统营销，在内容建设和娱乐游戏形式的基础上，可以用移动端打通，无论是网络、传统媒体，还是线下活动，都可以实现信息互通和共享，并定位到同一个对象。例如，在传统媒体广告上放置移动端二维码，用户通过扫描可以实现关注、接收推送信息、触发交互，做好用户黏性，随后可以在其他端完成交易，实现订单转化。

本章小结

1. 移动电子商务概述

1）移动电子商务的定义：指基于移动通信网络，利用移动设备开展商务活动。它将互联网、移动通信技术、短距离通信技术及其他信息处理技术相结合，使人们可以在任何时间、地点进行线上线下的各种交易活动、商务活动、金融活动和相关的综合服务活动等。

2）移动电子商务的驱动力：技术因素、经济因素、社会因素、商务因素。

3）移动电子商务的特点：广泛性、个性化、情景性、便捷性、互动性、本地化。

4）移动电子商务在企业中的应用。

5）移动电子商务带来的利益。

2. 移动电子商务的发展

1）移动电子商务的发展阶段：起源阶段、发展阶段、迅速发展与普及阶段。

2）移动电子商务的发展特点：移动购物消费渐成气候、移动购物入口多样化、移动金融迅速发展。

3. 移动电子商务的技术基础

1）移动计算技术：蓝牙、全球定位系统、PDA、WiMAX、无线应用协议（WAP）、无线局域网（WLAN）等。

2）移动设备。

3）无线通信网：个人局域网、无线局域网及 Wi-Fi、城市 Wi-Fi 网络、WiMAX 网络、无线广域网等。

4. 移动电子商务运营的思维与原则

1）移动互联网时代的思维：碎片化思维、粉丝思维、快一步思维、第一思维、焦点思维。

2）移动互联网时代的原则：倾听消费者的声音、全渠道一致体验、为消费者创造价值、高效。

5. 移动电子商务的运营策略

1）移动电子商务的运营内容：用户移动购物步骤、移动网站首页运营、其他页面运营、移动电子商务进阶活动运营。

2）移动电子商务的运营策略：选择适合的营销策略、高度整合并保持在线、社会化、游戏化、提高消费者语境意识、实行多样化终端。

6. 社会化媒体运营

1）微博运营：微博的特点、功能、营销策略。

2）微信运营：微信与微博的主要区别、微信的优势、常见运营模式和公众号运营。

7. 移动电子商务的未来发展

1）移动电子商务的未来发展：国民经济发展为移动互联网提供应用空间、产业结构转型升级促进移动互联网与传统产业结合、深化改革释放更大的应用空间。

2）移动电子商务的发展趋势。

习题

1. 简要介绍各种移动设备的相同点和不同点。

2. 什么是移动商务？移动商务有哪些主要的驱动力？

3. 移动商务发展的趋势如何？

4. 移动互联网时代的思维和运营原则是什么？

5. 讨论企业追踪员工活动轨迹的利弊，如跟踪员工或他们的汽车会产生隐私侵犯的问题。

6. 讨论企业在上班时间是否有权查阅员工在企业设备上的电子邮件以及语音通话信息。

7. 百度地图为移动设备提供哪些服务？了解百度地图的功能。百度地图与定位商务有哪些关联？就此写一份报告。

8. 阅读本章开头的导入案例后回答下列问题：

1）哪些应用是移动娱乐？哪些应用是移动客户服务？

2）赫兹公司引入无线网络和移动设施有哪些好处？

3）如果你在赫兹公司租车，那么对于该公司能时刻了解你的去向，你有怎样的感受？

9. 实验与实践：

在微信上找到一家企业的公众号，评价其微信营销的效果。

参考文献

[1] 2014-2020年中国移动互联网产业市场发展趋势与行业投资研究报告［R］. 北京：智研咨询，2014，03.

[2] 吕廷杰，李易，周军. 移动的力量［M］. 北京：电子工业出版社，2014.

[3] 埃弗雷姆·特班，戴维·金，等. 电子商务——管理与社交网络视角［M］. 时启亮，等译. 北京：机械工业出版社，2014.

[4] 颜艳春. 第三次零售革命：拥抱消费者主权时代 [M]. 北京：机械工业出版社，2014.
[5] 复旦商业知识. 移动互联网时代的变“态”思维 [M]. 杭州：蓝狮子文化创意有限公司，2014.
[6] 吕廷杰. 移动电子商务 [M]. 北京：电子工业出版社，2011.
[7] 王汝林，等. 移动商务理论与实务 [M]. 北京：清华大学出版社，2007.
[8] 周翔. 决战移动电商 [M]. 北京：电子工业出版社，2014.

第9章 电子商务的线上线下运营策略

本章学习目标

■ O2O 资源合作的渠道与主要形式。

■ 电子商务环境下 O2O 网络联盟构建的目标、形式及策略。

■ LBS 和二维码技术的含义，以及对 O2O 模式的影响。

■ O2O 模式下实施社会关系管理的途径、O2O 模式下的社会关系管理的危机处理方法。

案例导入

优衣库的 O2O

2010 年 12 月 13 日，优衣库在人人网上发布了一款基于 SNS 的社交小游戏，有着时尚的卡通界面和诱人的糖果色，用户可以选择自己喜欢的卡通形象作为在网络世界里的替身，去参加一个品牌的促销排队。在这里，你会走过一个长长的队伍，或许会见到队伍里有你的 SNS 好友，而且他们中奖的消息也会通知你，让你心中涌上一阵欣喜和亲切。到队尾的时候，游戏会立即告诉你是否中奖。如果两手落空？没关系，五分钟后又可以再去排队，而且可以一遍遍这样每五分钟重复下去，直到中奖为止。

在奖项设置上，优衣库做了精心的准备。首先是为参加排队游戏的用户提供可随机抽中的打折优惠券，用户可以拿着它去优衣库旗下的门店消费，为了鼓励他们及时消费，优惠券上还印着日期。另外，对于排到幸运数字的用户，优衣库都提供了衣服奖品，每 7 天还抽一台 iPhone 或 iPad 大奖。

为了让大家对抽奖更有信心，增加抽奖的可信度，除了游戏里的“立即知道获奖”“见到好友获奖”等功能外，优衣库更加注重沟通的作用，它不仅调用了人人网参与活动的用户 ID，还调用了人人网的在线聊天室，人们可以同时在一个多人聊天室说话，分享对排队游戏的体验以及中奖的喜悦。人人网上的优衣库主页里，也滚动播出中奖者的名单信息。

活动当天参与的人次就达到了 10 多万。截止到 12 月 24 日游戏结束时，共有 133 万人次参加了排队。优衣库的实体店顺利完成了销售目标，而活动期间，优衣库的 B2C 网站每天的独立访客超过了 10 万，活动之前是 2 万多。在活动结束后，人人网将参与了优衣库排队游戏的 10 多万用户，自动贴为优衣库的好友。

凭借这个活动，优衣库再次巩固了在年轻消费者心中的时尚品牌形象，这是排队促销的边际效益。

9.1　O2O 概念及其特征

9.1.1　何谓 O2O

近年来，随着网络的普及以及生活压力的加大，越来越多的青年人喜欢“宅”在家里，沉迷于个人兴趣和爱好中。宅经济是随着网络兴起而出现的一个新词，可以理解为宅在家而产生的一系列经济活动，包括在家中工作、兼职，或者从事商务工作，也包括在家消费。在“宅经济”带动下，具有高便利性和时效性的即时零售，成为了近年来新型零售的主要引擎之一，也被视为新型零售的重点赛道和正在吹起的“风口”。在过去 5 年，实物商品网上零售额占社会消费品零售总额的比重从 15.8% 提高到 27.2%，其中作为 O2O 到家业务重要组成部分的即时零售等业态创新正不断激发消费活力，带动网络零售提质升级。

O2O 是指将线下的商务机会与互联网结合，该模式打破了“线上”与“线下”的隔离局面，促使了“线上”与“线下”的互动融合，逐渐成为新的热点。

目前，O2O 主要有两种解释：一是 Online to Offline，即线上到线下，典型应用场景有：用户在线上购买或预订服务，然后再到线下商户实地享受服务（目前这种业务在国内开展得最为广泛）；或用户在线上购买或预定商品，然后再到线下的实体店取货或体验。二是 Offline to Online，线下到线上，应用场景有：用户通过线下实体店体验并选好商品，然后通过线上下单来预定商品。

O2O 与 B2B、B2C、C2C 的商务模式有着明显的区别，具体见表 9-1，前者是以“电子营销 + 客流”的模式，后者是以“电子营销 + 物流”的模式。特别是它们与实体经济的关系有所不同，O2O 模式强调“在店体验或消费”，而 B2B、B2C、C2C 强调的是“在线采购或消费”。实际上，O2O 模式是将线下商务机会与互联网结合在一起，让互联网成为实体店的入口，同时促进线下商务的推广及成交。

表 9-1　O2O 电子商务模式与传统电子商务模式的比较

比　较　项	传统电子商务	O2O 电子商务
商业模式	电子营销 + 物流	电子营销 + 客流
产品类型	以实体货品为主	以服务型产品为主
技术支撑	以传统互联网大规模数据信息交互为主	整合互联网、移动互联网、身份识别认证等多项技术
与实体经济的关系	和实体门店互有消减，甚至有竞争	一商多店，多渠道为实体店带客

与传统的消费者在商家直接消费的模式不同，在 O2O 平台商业模式中，整个消费过程由线上和线下两部分构成。线上平台为消费者提供消费指南、优惠信息、便利服务（预订、

在线支付、地图等）和分享平台，而线下商户则专注于提供服务。在 O2O 模式中，消费者的消费流程可以分解为五个阶段。

第一阶段：引流。线上平台作为线下消费决策的入口，可以汇聚大量有消费需求的消费者，或引发消费者的线下消费需求。常见的 O2O 平台引流入口包括：消费点评类网站，如大众点评；电子地图，如百度地图、高德地图；社交类网站或应用，如微信、人人网。

第二阶段：转化。线上平台向消费者提供商铺的详细信息、优惠（如团购、优惠券）、便利服务，方便消费者搜索、对比商铺，并最终帮助消费者选择线下商户、完成消费决策。

第三阶段：消费。消费者利用线上获得的信息到线下商户接受服务、完成消费。

第四阶段：反馈。消费者将自己的消费体验反馈到线上平台，有助于其他消费者做出消费决策。线上平台通过梳理和分析消费者的反馈，形成更加完整的本地商铺信息库，可以吸引更多的消费者使用在线平台。

第五阶段：存留。通过平台为消费者和本地商户建立沟通渠道，可以帮助本地商户维护消费者关系，使消费者重复消费，成为商家的回头客。

9.1.2 O2O 模式的优势与特征

下面从不同主体的角度分析 O2O 电子商务模式的优势和特征。

对于实体供应商而言：

1）能够获得更多的宣传和展示机会，进而吸引更多新客户到店消费。

2）推广效果可查、每笔交易可跟踪。

3）掌握用户数据，大大提升对老客户的维护与营销效果。

4）通过与用户的沟通和释疑，更好地了解用户心理。

5）通过在线有效预订等方式，合理安排经营，节约成本。

6）对拉动新品、新店的消费更加快捷。

7）降低线下实体对黄金地段旺铺的依赖，大大减少租金支出。

对用户而言：

1）能够获取更丰富、全面的商家及其服务的内容信息。

2）更加便捷地向商家在线咨询并进行预订。

3）能够获得相比于线下直接消费较为便宜的价格。

对 O2O 平台本身而言：

1）与用户日常生活息息相关，并能给用户带来便捷、优惠、消费保障等作用，能吸引大量高黏性用户。

2）对商家有强大的推广作用及其可衡量的推广效果，可吸引大量线下生活服务商家加入。

3）数倍于 C2C、B2C 的现金流。

4）巨大的广告收入空间及形成规模后更多的盈利模式。

在移动互联网时代，O2O 模式可以帮助用户随时随地获取周边商家信息，记录和分享消费行为，更快捷地帮助其进行二维码身份的辨识和移动支付，让商家获得更快、更大的发展。

9.2 O2O 网络联盟的发展与建立策略

9.2.1 O2O 资源合作的渠道与主要形式

O2O 早期是为本地生活服务电商化提出的概念，但随着电商市场的不断发展与移动互联网市场的快速崛起，O2O 的概念已不再局限于本地生活服务领域。例如，搜房网、汽车之家、中关村在线等这些垂直类资讯网站，58 同城、赶集网这种分类信息网站，在广义上也都可称为 O2O，因为它们涉及了商业链条第一环节的目标信息查找。如果从电商角度讲，O2O 包括本地生活服务与部分 B2C 业务，进一步细分本地生活服务可包括团购、优惠券等形式，O2O 中的部分 B2C 业务包括家具、橱柜等产品的销售和部分零售企业线上线下相结合的零售方式。虽然广义的 O2O 涵盖范围非常广，但行业关于 O2O 的关注更多聚焦在相对狭义的关于本地生活服务市场的电商化发展。

目前根据 O2O 的模式，大致可以分为以下六种：

1. 实体店和网络商城双线运营

有线上零售渠道和线下零售渠道的品牌商、零售商都可以统称为 O2O。这种模式的线上线下双零售渠道结合的形式，已经颇具代表模式，这是传统零售企业做电商的集体表征，代表性的有苏宁易购和国美在线等。双线零售的 O2O 模式围绕的是“产品消费”。围绕“产品消费”的 O2O 模式不仅只有零售企业的双线结合，与 B2C 相比，还有很多产品更适合 O2O 模式，如有些企业已开始在房产、汽车、家具、橱柜、配镜等非标准、高单价商品上进行尝试，并取得了不错的成绩。这类运营模式实施同款产品线上线下价格相同的策略，消除了顾客对实体店价格偏高的错觉。人们可以选择在现场体验后直接下单，既节省了配送费用，又节约消费者的时间，提高了购买效率。

2. 团购

团购是从电商市场细分出来的，由于其主要经营本地生活类服务，而团购模式日渐成熟稳定，因此团购被认为是 O2O 代表性模式。团购行业已经基本覆盖本地生活服务市场的方方面面，主要可分为餐饮、服务、娱乐这三大类。若不考虑模式细节，只看经营范围，则团购基本上已经涵盖了本地生活服务的所有主要项目。但从模式上讲，团购并非 O2O 最理想的模式，一来，团购行业现在还更多地依赖于互联网，没能完全地与移动互联网相融合，由于需要提前预约，团购消费更多的是消费者事先的“计划性消费”，不能满足即时需求；二来，由于团购多是薄利多销的服务，毛利较低，商家更多地用它来做清库存，是合理利用资源的有效促销手段，但并非是最理想的 O2O 模式。

3. 优惠券

手机优惠券是结合了移动互联网的最为基础的 O2O 模式，用户只需在就餐时向商家出示手机上的优惠券即可，商家通过利用优惠券做营销吸引消费者光顾。优惠券 O2O 发展初期是通过与全国知名的快餐连锁合作，如麦当劳、肯德基、真功夫、一茶一坐等建立合作关系，之后向本地生活市场全面扩展。随着智能手机普及和移动互联网的发展，O2O 市场越来越热，优惠券成为颇具代表性的O2O模式，市场前景大好。目前，优惠券O2O也不仅局限在餐饮业，正逐步涵盖本地生活服务市场的各个领域，并结合LBS功能，根据用户位置即时推送周边的相关服务。这种形式非常实用，用户使用方便，商家也很受益，但对于优惠券平台运营商来讲，优惠券实际带来的效果难以评估，盈利模式不好把握。

4. 微信CRM

由于微信用户量的急速增长，线上活跃用户已突破4亿，媒体界、零售界都对微信O2O寄予厚望，对于本地生活服务类商家来讲，微信用户就是巨大的潜在市场。商家希望通过微信建立CRM，把本地生活服务市场形成与网络零售市场相同的数据化管理方式。这样一来，商家便于对客户关系进行管理，形成精准可持续的营销渠道；再者，可对自身的经营状况进行数据化分析，进而提高资源利用情况，提升服务质量。对于用户来讲，这种“微信模式”的O2O既可以在好友圈内进行互动，又可满足突发的即时性消费需求，也可随时了解目标餐馆的具体情况。相比团购与优惠券模式，“微信模式”的O2O更为理想化。

5. 移动支付

业界除了非常关注微信O2O之外，还对支付宝等移动支付O2O模式寄予厚望，O2O代表了本地生活服务市场的发展方向，移动互联网又是O2O模式的主要载体，本地生活服务将会与移动互联网紧密结合，移动支付则担负着结合后的资金流通重任，移动支付对O2O市场起着至关重要的作用。目前，支付宝已经试点二维码支付、声波支付等多种移动支付方式，将成为O2O市场最有力的竞争者之一。

6. 供应链型O2O

与基于本地生活的O2O模式不同，基于零售业的供应链型O2O是结合门店、连锁店、互联网的优势打造的新兴连锁业态。供应链型O2O以供应链、物流为核心，最具有代表性的是京东商城。京东的O2O模式，就是将自身的物流以及配送服务和会员体系开放给上万家便利店，然后将便利店的丰富品类（如食品、生鲜、消费品等）融入到京东的销售体系之中，京东会员可以根据自身的位置寻找距离较近的便利店品类进行下单，最后由京东配送网络负责从便利店送达到用户家中。这种运营模式为一些传统电商与线下的零售企业的合作提供了很好的参考。由于便利店网点非常密集，且具有良好的基础设施和忠诚的客户群，客户购买的商品也比较固定，而且区域性很强，因此在线下零售企业中，最有成功把握和互补资源的就是线下连锁便利店。再者，移动互联网的发展，位置服务（LBS）、客户关系管理系统（CRM）、移动支付等技术和服务的成熟，为实现精准配送提供了很好的契机。

9.2.2 O2O模式存在的问题和瓶颈

O2O模式作为线下商务与互联网结合的新模式，解决了传统行业的电子商务化问题，但是，它也存在着一些比较突出的问题，主要表现在以下方面：

（1）社会化服务商家的信息化水平不足。由于国内大多数服务型商户互联网程度不高，对O2O模式的数字化电子平台还很陌生，不少餐饮等生活服务类企业还无法实现有效的信息化对接互联网，从而也无法实现实时响应、匹配消费者的需求。要想成功激活O2O模式，必须大力推动传统服务业自身信息化水平的提升，构建好与O2O电商平台的互联互通的接口，才能打造完整的交易信息链。目前，社会化服务商家资金实力弱，信息化程度低，人力资源有限，因此就面临着是否需要额外增加或调配人手来处理 O2O 带来的业务，商家的服务员是否明白业务，如何实现订单的结算并且关联网上的订单同步等相应的问题。此外，对于线下的传统企业而言，O2O 不能只是一个形式，传统企业不能为了电商而电商，为了 O2O 而 O2O。如果传统企业认为搭建一个在线商城实现线上交易，然后让消费者在线下去体验、去取货这就是 O2O，那就过于片面了。O2O 最终的落脚点是让线下的用户养成线上购买和消费服务的习惯，这不是仅在线上提供优惠、大搞低价促销就能解决的。传统企业需要想明白用户在线下实体店的情景之下有哪些痛点需要去解决和改变，要通过电商的方式掌握用户的消费习惯，从而提升线下的服务质量，把产品和服务最本质的价值还原给消费者。

（2）难以实现精准化营销。区域的餐饮、购物、娱乐等服务行业的目标商户如何找到最受消费者欢迎的服务和产品是个问题。顾客在网上下订单后，很长时间以后才去消费，这就无法跟原有的库存实现有效的对接。尽管部分地区的商家优惠库和消费者数据模型已基本成熟，但仍需较长时间的实践来证明，因此如何实现精准有效又价格适中的新型营销方式，使之对消费者更具有吸引力是商家面临的关键问题之一。

（3）“线上信息”与“线下商家产品服务”的对称问题。线上的很多活动和服务最终需要线下的服务商配合完成，平台通过线上的方式吸引用户，而真正消费的产品或服务必须由用户到线下体验，这对线下服务提出了更高的要求；而线上能否掌控线下稳定的服务体系，掌握线下服务的质量，这将成为一个很大的问题。很多 O2O 模式的企业并不能掌握线下服务的质量，只相当于一个第三方中介，在中间起到协调作用。“线上支付 + 线下体验”模式，容易造成用户在线下获得的服务没有达到预期，或低于线上的宣传信息，用户将使用“负口碑”反馈体验效果。而体验式服务没有好的口碑和信誉也很难获得规模化的发展。因此作为 O2O 服务商，如何把控线下商家服务的质量，并根据用户反馈去帮助线下商家进行服务质量提升，从而形成一个可视化的闭环，将是 O2O 成功的关键所在。

（4）互联网巨头与线下商家的合作深度不足。面对巨大的市场潜力，互联网巨头积极布局 O2O，腾讯凭借微信、阿里凭借淘宝本地生活、百度凭借地图，三大巨头在 O2O 市场上各占优势。微信对用户有极强的黏性；支付宝明确将自己定位在 O2O 链条的后端，为阿里内外的其他平台与客户端提供金融与数据服务；百度则应用 LBS 技术，积极推广百度地图。现阶段，互联网平台成为 O2O 实践的主要推动力量，而作为平台，其产品是标准化和普适化的，目前线下实体商家进行的 O2O 实验，基本依赖于腾讯或阿里的“产品”，其产品核心是以“客流导入”为主的场景及业务设定。平台运营内容一般包括导流、优惠、移动支付、会员，后期将延伸至 CRM、数据分析、会员管理。平台出发点是通过优惠、降价等形式来改变客流路径，并不是围绕商家的“商品或服务”进行新技术应用，以提高消费者的体验为出发点。平台商作为独立的盈利组织，必然首先考虑其自身的战略和盈利模式，很难兼顾到具体线下实体商家的消费者体验这一深度运营层面。平台与商家如何合作才能兼顾提升用户体验，将成为一个关键的问题。

9.2.3 O2O网络联盟的构建策略

由于O2O模式存在的一些问题，为了更好地实现线上线下合作，为用户提供一个有保障的满意消费体验，构建一个线上线下安全、高效、完整的运营支撑就尤为重要，其中O2O网络联盟便是一种有效的解决方案。

企业网络联盟是由两个以上独立的实体企业，在面对市场机遇时，以信息技术为支持，基于协议或信任而配置各自不同的核心能力或优势资源所形成的临时的动态的经济关系，它是介于市场和企业之间的一种创新的组织形态。通过构建O2O网络联盟，可以致力于增进产业链中各类企业的信息互通，加强产业协同、应用联动发展，使相关企业的单一竞争优势转化为产业链的整体竞争优势，形成O2O产业的商业模式和品牌。

可以采取以下策略进行构建：

（1）以数字营销服务为核心的数据应用服务平台策略。O2O网络联盟应以实体零售商家为合作基础，将信息化与传统商业资源相结合，并使用当今前沿的互联网技术、无线通信技术、物联网技术、大数据分析等，为传统零售业搭建快速、便捷、低廉的电子商务交易平台，为顾客提供线下门店体验和线上网站购物融合的消费新体验。例如，采用“SoLoMo + O2O + BBC”相结合的架构模式，SoLoMo指“Social + Location + Mobile”，利用线上互动社区和移动互联网，将线下商户串联起来，帮助传统零售企业实现转型升级。通过商圈的深度运营，为商家带来更多的客户，为客户带来更多的服务，实现线上线下商圈的可持续繁荣和发展。

（2）信息技术策略。O2O网络联盟可以通过构造覆盖商圈内主要商户的公共免费Wi-Fi网络联盟，让用户通过Web认证或使用客户端软件，能够非常便利地接入Internet；为消费者提供免费无线上网和即时优惠信息，形成持续积累用户3W（Who、When、Where）数据的网络基础。基于商圈Wi-Fi网盟平台的3W数据分析，帮助圈内商户开展即时、精准的数字营销服务。

（3）精准营销策略。O2O网络联盟还可以通过建立商户营销管理平台和提供就地实时消费向导的APP，帮助商户实现及时、精准的数字营销。商户营销管理平台可以为商家进行营销和配套服务提供便利的管理工具，如编辑营销广告、筛选目标顾客、选择信息通道、制订营销计划、即时双向互动、客户关系管理、移动POS收银、经营数据分析等。实时消费向导的APP可以根据用户所处的位置和时间，以及消费者当下潜在的消费需要，向用户提供准确的相关商品和服务的信息以及商户优惠资讯，为消费者提供有针对性的，即时、互动、社区化的消费。用户通过APP，能够就地获得当时最新的和最吻合自身需求的优惠活动或商品和服务的信息。

（4）服务领先策略。O2O网络联盟的主要目标是服务质量、成本及操作效率，由于之前不少商户存在各种不规范的运营，距离稳定完善的高服务质量仍相差甚远，从而影响整个平台的口碑。规范制度是管理的标准和基本准则，是支撑体系执行保障的标准，当操作形成制度后，其执行力才有保障。因此，O2O网络联盟应建立一套标准、完善、可执行的制度，来规范商户的行为并建立完善的售后体系，从而保障整个平台的服务质量。为了约束平台，可以采取让商家交保证金的形式运行，一旦发生与实际宣传商品质量不符的情形，可以对消费者给予合理的赔偿。同时，要实现服务领先还必须积极推行服务创新，为顾客提供更加透明的服务、更加方便的服务、更加快捷的服务和更加个性化的服务。

（5）会员促销与价格策略。O2O 网络联盟还可以为电子商务平台的积分会员开发积分消费平台，通过积分商城，用户可以查询积分使用信息，在商城内使用积分兑换等值的积分商品，也可以在积分商城联盟商户之间进行积分汇兑，扩大积分使用范围，提高积分商城使用价值。建立商圈会员积分体系，一方面，能促进商圈内不同业态之间的合作互动，巩固商户联盟，帮助商圈内商家获取客户、吸引消费者并产生黏性；另一方面，通过商盟积分互通，更好地应用积分这一营销工具，为消费者提供更多优惠体验和多元化消费渠道。

（6）搭建商圈微物流策略。通过与专业物流公司合作，开发并整合区域物流配送资源，依据商圈中心地域与实体商户位置关系属性，打造与之相配套的统一微物流配送服务体系，如订餐配送、商品送货上门等，让用户“解放双手，轻松购物”，从而增强线下购物体验，实现实体商圈服务能力的延伸。

【阅读 9-1】　微信 + 外婆家

“外婆家是比较时尚、会接受新鲜事物、走在行业前面的餐厅，我们想借微信支付引入移动支付体验餐厅”，“外婆家”信息部部长王伟表示，“外婆家”正在大力推广微信点餐及支付场景，即“当用户排队等位的时候，微信能自动推送订餐信息，然后进行支付，自动下单，顾客排到号时就可拿着入口牌，进去享用美食了，不需要进去之后再点餐”。

据介绍，本次活动优惠券金额为 6 ~ 30 元不等，用户参与活动的方法也非常简单方便。关注“外婆家”微信公众账号后，微信支付 1 分钱，可获得优惠资格。通过该公众账号在线点餐功能点餐，微信会将点餐编号推送到店内终端上，服务员通过该编号下单。用户在买单时会自动下发含支付链接的微信消息，点击即可微信支付买单，此时，优惠信息会自动减免。

此外，为了更好地吸引和留住顾客，“外婆家”利用微信开放的接口功能，创新了诸多移动用餐服务。例如，定位查找身边的餐厅信息，通过优惠活动了解餐厅动向，如果有喜欢的菜品，可以直接在线下单，无须到店点餐，俨然一个随时的掌上移动餐厅。

“很多第三方的支付平台，不能和 POS 结合起来，形成一个好的闭环”，王伟表示，传统商家借助微信平台实现 O2O 落地，不仅可以提升用户的消费体验，还可为商家带来系统的用户信息管理。“外婆家餐厅希望通过微信支付，把中餐做成快餐化，让用户的移动用餐消费更加便捷、优惠。”

“微信是天然的 CRM 体系，O2O 闭环”，王伟认为，会员系统只是对会员进行归类，CRM 包括顾客的引导、顾客的身份识别，以及对顾客的分类，获取到顾客的信息后，进行进一步、深层次的营销。将微信的 CRM 系统和企业的会员系统对接，就可以知道顾客的身份信息，对不同会员等级的顾客提供针对性的服务，这样可以更好地服务顾客、留住顾客。

通过对“外婆家”公众号的运营策略的解读，我们仿佛能够看出“外婆家”递推活动的下一步走向。这是否意味着，“外婆家”在不久的将来或许可以实现这样一种场景：通过微信下单后，得到一个等位牌号，快轮到时，微信自动推送消息提醒，如果这一天是顾客的生日，则“外婆家”还可能有额外的“照顾”？

据介绍，目前“外婆家”会向会员推送节日关怀、生日关怀等消息，还会通过消费订单送积分，未来这类有针对性的营销将会做得更细分化，让用户体验到更高品质的差异化服务。业内人士认为，O2O 不仅是一种新的营销模式，更重要的是为客户带来前所未有的消费体验。只有服务差异化，才能吸引更多的消费者到实体店消费。

“餐饮业要找准餐饮行业的痛点才能做好，就像腾讯做精品一样，外婆家正是通过微信建立核心竞争力，树立品牌形象，提高知名度的代表”，微信事业群微信支付部总监刘鹏表示。王伟也对“外婆家”公众号的未来表现出了极大的信心，他表示，除了正在进行递推活动的上海门店，和 4 月下旬已上线的“外婆家”深圳店，后续还将接入北京、杭州等超过 20 家门店，更便利的移动餐饮消费体验已在眼前。

（资料来源：http：//www. chinaz. com/）

9.3 影响 O2O 发展的关键技术

9.3.1 二维码技术

二维条码/二维码是按一定规律在平面分布的黑白相间的特定几何图形，用于记录数据符号信息。二维码在代码编制上利用构成计算机内部逻辑基础的“0”“1”比特流的概念，使用若干个与二进制相对应的几何形体来表示文字数值信息，通过图像输入设备或光电扫描设备自动识读以实现信息自动处理。

物联网的应用离不开自动识别，条码、二维码以及 RFID 被人们应用得更普遍一些，二维码相对一维码，具有数据存储量大、保密性好等特点，能够更好地与智能手机等移动终端相结合，形成了更好的互动性和用户体验。从技术层面上讲，二维码并不是个新鲜事物。国外早在 20 世纪 80 年代末就开始对二维码技术进行研究。随着 3G/4G 移动网络环境下智能手机和平板电脑的普及，二维码应用不再受到时空和硬件设备的局限，二维码似乎一夜之间渗透到了生活的方方面面，如地铁广告、报纸、火车票、飞机票、快餐店、电影院、团购网站以及各类商品的外包装上。作为物联网浪潮产业中的一个环节，二维码的应用越来越受到关注，已逐渐成为移动互联网的重要入口之一。

在 O2O 电子商务模式中，首先要解决的是线上和线下如何对接的问题。消费者希望在平台上获得消费建议、优惠信息、消费便利并评价或体验，而商家则希望借助 O2O 提高销售收入、降低营运成本、形成品牌及口碑并能够了解市场趋势和消费者的喜好。二维码可以有效地实现两者的沟通，构造交易的信息闭环，具体应用主要体现在以下几个方面：

（1）宣传与营销。二维码作为 O2O 平台宣传和营销渠道的引流工具，其优点显而易见。首先，它具备低成本的特性，可以大大降低平台及商家宣传推广的成本，高效率地扩大营销宣传范围。其次，它具备互动性高的特点，消费者通过手机 APP 上的“扫一扫”主动扫描自己感兴趣的二维码，进入线上平台进行浏览消费，大大提高了互动性。最后，它具备了趣味性的特点，现如今的很多商家开始设计打造自己独一无二的二维码，先以外表的独特吸引消费者的注意，还有些商家推出二维码游戏等趣味性活动，用户通过手机 APP 扫描二维码打开链接玩游戏或闯关以获得优惠，从而达到吸引和汇聚消费者的目的。总之，利用二维码进行宣传和营销可以轻松实现线上和线下的有机结合，将客户从线下引导到线上，并引导用户访问企业网站，从而提高关注度，提升品牌形象，带动客流量和销售量。

（2）购物与消费。二维码给受众提供了更便捷的感知，开拓了更大的营销平台，不再局限于传统的店面销售和时下的电商推广，是更为便捷、更易于人们操作的新购物方式。O2O 与支付宝的联合，拓展了二维码的购物市场，形成商场 O2O 购物模式。为了让用户能够更便利地获取更多的信息，商场也开始在产品上使用二维码，当用户想购买某种产品时可以直接扫描商品二维码并跳转至相关链接进行付款，所购买的产品将以快递的形式送货上门。二维码让消费者省去了很多排队时间，只要一部网络覆盖的智能手机便可通过二维码完成一切娱乐和购物等体验。目前，国内使用较多的方式是上海翼码等公司的电子凭证，即消费者线上订购后，可以收到一条包含二维码的彩信，购买者可以凭借这条彩信到服务网点，经专业设备验证通过后，即可享受对应的服务。这一模式很好地解决了线上到线下的验证问题，安全可靠且后台可以统计服务的使用情况，方便了消费者的同时，也方便了商家。

二维码购物不仅体现在购物的便捷性方面，利用二维码软件也可以轻松进行多商家的商品信息对比。例如，利用一些二维码购物比价软件扫一扫商品的二维码，就可以立刻在手机屏幕上显示哪家店有卖，售价多少，店家的电话、地址、营业时间、网址等信息。同时能够显示包括淘宝、京东、家乐福等商家的价格信息，让买家不出门便可货比三家，从而真正实现花最少的钱买最实惠的商品的目的。

（3）支付。移动支付的核心价值是便捷性，不管是香港的八达通，还是国内的 NFC，所有移动支付为用户提供的核心价值都是便捷性。从商业推广的角度看，一种支付方式想要获得成功，需要同时抓住用户和商户两头。之所以二维码支付在手机等移动终端如此普遍地使用，主要是二维码支付改变了人们生活中传统的线下消费模式，将线下购物与线上付款有机结合，使支付不再受物理网点和 PC 终端的限制，为消费者带来了快速、便捷的体验。一些商家也开始利用二维码软件与 O2O 结合进行支付，在该支付方案下，商家可把账号、商品价格等交易信息汇编成一个二维码，并印刷在报纸、杂志、广告和图书等各种载体上发布。用户通过手机客户端扫描二维码，便可实现与商家支付宝账户的移动支付结算，这使二维码俨然成为消费者口袋中的电子钱包。

总之，二维码在我国 O2O 平台中的使用已经越来越广泛，尤其是在与生活息息相关的生活类 O2O 平台，如订餐、订票、旅游、团购、支付等方面都有二维码的身影。虽然基于二维码的很多功能都有待开发和完善，但它作为 O2O 营销平台线上线下的关键入口已得到越来越多的重视，移动商务价值链上的各个参与者通过技术手段和商务模式改造创新，不断地提升二维码 O2O 的市场空间，共同发展，创造新的商业价值。

【阅读 9-2】　二维码营销案例集锦

韩国 Emart 超市——正午才能扫的二维码

韩国 Emart 超市发现在一天的正午时间里，超市内的销量和客流量是最低的，为了提高在正午 12 点到下午 1 点的超市人流量和购物销量，Emart 超市想出一个好办法。

为了给人们在中午购物时能有独特的体验，Emart超市在超市前安装了一个shadow QRcode取名为sunny scale，如图9-1所示，只有在正午太阳直射地球时二维码才可以被正确读取，它巧妙地利用了太阳和影子之间的物理原理，增添了扫二维码的乐趣。当人们扫出二维码后就可以跳转到超市的网站页面，可以获得超市的八五折优惠券，顾客可以选择去超市购物，也可以在网上直接选购，配送人员会提供送货上门服务。这个活动让Emart超市的销量提高了两倍。

图9-1　正午才能扫的二维码

美诺币创意二维码

在2012年广州网货交易会上，美诺彩妆策划了一场精彩刺激的“抢钱”活动。众所周知，网交会是从线上走到线下再回到线上的O2O创新展会，是厂商发展网上分销商的重要平台，显然，对于分销商来说最关心的就是“财富”。抓住分销商的心理诉求，美诺彩妆奇思妙想——现场发钱，不过，发的不是人民币，而是独创的美诺财富币，如图9-2所示。

图9-2　美诺财富币

美诺财富币以美诺海外销售的国家和地区的货币为蓝本，重新设计，将美诺元素和创意二维码融合到美诺财富币上，持有美诺财富币不仅可以享受分销支持优惠，而且用手机扫描、收藏美诺二维码，即可获取百元美诺彩妆淘宝天猫商城的兑换券，还可以在网交会现场登录美诺天猫商城，了解美诺彩妆品牌和产品等详细信息，方便快捷。

Turquoise Cottage酒吧用二维码做入场印章

Turquoise Cottage是印度新德里的一个酒吧，为了让顾客度过一个美好的夜晚，它在进店的印章上下了功夫，将以前传统的图案换成了二维码。Turquoise Cottage称自己的这种创意印章为Buddy Stamp，如图9-3所示。

图9-3　Turquoise Cottage酒吧的创意印章

顾客只要用智能手机对准二维码，就能访问Turquoise Cottage的网站。当顾客在晚上8点到10点扫描二维码的时候，他们能享受某些饮料的折扣，如果时间是早上6点到下午4点，则它还能提供宿醉提示。

超过85%的夜店达人使用智能手机扫描了二维码，并且积极将这一独特的体验分享到Facebook上。

（资料来源：http：//www. techxue. com/）

9.3.2 LBS技术

LBS（Location Based Service）即基于位置的服务，是指通过电信移动运营商的无线电通信网络或外部定位方式，获取移动终端用户的位置信息，在地理信息系统（Geographic Information System，GIS）平台的支持下，为用户提供相应服务的一种增值业务。LBS包括两层含义：首先是确定移动设备或用户所在的地理位置；其次是提供与位置相关的各类信息服务。

我国基于LBS的移动电子商务营销从2010年开始萌芽，经过近几年的发展，目前已经进入快速增长期。LBS通过不断强化自身定位和服务两大功能，逐步与移动互联网各种商业模式密切结合，成为各种应用的基础服务。表9-2描述了LBS在中国的发展情况。

表9-2　LBS移动电子商务在中国的发展情况

时　间	LBS移动电子商务发展情况
2010年	国内涌现出几十家主推“签到”的LBS企业，如街旁网、切客网、嘀咕网等，但遭遇用户签到兴趣弱、盈利模式不清晰等问题
2011年	各签到企业转型，推出LBS+社交、LBS+O2O生活服务等，并取得了成功
2012年至今	基于位置的服务逐渐被认可，LBS已成为移动互联网应用的标配功能，近70%的应用都与LBS有关

近年来，移动支付的不断成熟使得O2O的产业链变得更加完善，线上线下资源得到了进一步的整合。LBS+O2O模式将位置服务与生活服务紧密结合，在生活服务方面具有广阔的应用空间，无论是互联网企业还是传统行业纷纷加入，以大众点评网为代表的餐饮行业，以去哪儿网为代表的旅游行业以及以滴滴打车、快的打车为代表的打车软件形成了拉动O2O商业模式发展的主要动力集群。LBS在O2O模式的应用有助于形成“二维码+LBS+支付+关系链”的O2O闭环体系，进而构造新的“消费场景”，其具体应用主要体现在以下几个方面：

（1）从线上渠道低成本获取用户，将在线流量转变为消费人流。O2O模式的核心是在线支付，同时把线上的消费者带到现实的商店中。然而把在线流量转变为实际的有效消费人流，才是O2O实现价值的关键。以LBS+餐饮业为例，消费者打开应用，弹出界面地图，出现附近美食，显示具体位置，用户可以按距离远近查看，也可以按热度排行榜查看，有商家电话可以直接拨打，甚至可以直接网上订位。用户在寻找餐馆时用的是碎片化的时间，三五分钟就可以。有的LBS服务商还提供公众渠道的应用营销服务，更好地为O2O创业者完成低成本的线上流量推广。LBS+O2O的商业模式初具形态，形成了包括在平台上发布广告、分销并通过差额交易获得营收、从团购商家获得分成以及与团购网站分成等四大盈利途径。

（2）实现在消费半径上的精准营销。应用了LBS后的移动电子商务业务模式最大的优势在于，它使提供给用户的生活服务信息更加的准确和智能化，而不仅仅是单纯的分类信息展示。以团购为例，以往的团购只是一次性的数量规模上的消费，不少消费者由于与商家之间的距离原因导致都是一次性消费，造成用户黏度低的问题。而通过在用户消费半径上进行精准营销，可以增加用户对商家的忠诚度。基于 LBS 首先可以将信息按用户位置推荐，增加用户个性化定制功能，能够让用户找到周边感兴趣的信息，很容易形成回头客，此时就带来口碑营销的附加价值，通过朋友的推荐，其他用户更容易接受、参与消费。以团 800 网站（http://www.tuan800.com/）为例，网站可以让用户在“附近团购”里设置常用地址并保存。当用户想要知道附近是否有需求的信息时，打开该应用，点击存储过的地址，就会显示。用户可以按距离远近查看，也可以按热度排行榜查看，网站配置了地图标记，可直接显示每个商家的具体方位，用户还可选择消费半径，查看 1km、2km、5km 以内的商家，让用户在时间上做参考。

（3）实现服务资源的最优调度和管理。部分 LBS 技术支持企业还提供了基于位置轨迹管理的综合服务，它面向 O2O 行业，也提供了专门的行业方案，主要涉及对 O2O 行业外勤人员的位置轨迹管理和对 O2O 订单的调度分配服务。针对 O2O 行业的外勤人员轨迹管理，提供了低功耗的鹰眼轨迹回传 SDK，可以实时地掌握外勤人员的地理位置，帮助行业管理人员更好地进行服务管理，同时也让 O2O 服务过程以更加直观的方式呈现给用户。针对 O2O 行业的订单调度分析服务，结合地理编码、空间检索、道路导航、数据挖掘等多项技术，可以结合开发者的实际业务，给出最合理的资源调度方案，从而提高了 O2O 行业的服务效率，降低了行业运营成本。

【阅读 9-3】 Olay 首家携手滴滴 LBS，开启全新 O2O 时代

李克强总理一句话，火了“互联网+”，也火了“O2O”。然而在这股高烧逐渐退去之后，各大小企业才幡然醒悟，所谓的 O2O 并不仅仅意味着打通线上与线下渠道这么简单。事实上，O2O 的核心是提升用户体验与销售转化率，而根源则在于能够将线上与线下进行无缝对接，从而实现良性的闭环营销。而对于企业来说，有效整合线上线下资源是关键。

从发展趋势来看，O2O 闭环需要将移动社交的有效交互与商业智能的技术手段相结合，营造出以用户体验为中心的商业交易模式。现如今，有着 60 年历史的传统全球美肌品牌 Olay 已经与互联网新锐品牌滴滴打车并肩走上了 O2O 闭环营销的道路。如何闭环？LBS！

Big Idea：传统企业与互联网企业跨界玩混搭

母亲节期间，Olay 在线上以 H5 的形式号召年轻妈妈对自己好一点，吸引用户在线上进行免费的肌肤测试，同时可以预约并获取滴滴专车百元礼券，鼓励用户搭乘滴滴专车前往 Olay 专柜进行肌肤测试，获得护肤大礼包。在母亲节当天，所有使用滴滴打车的用户只要输入了能覆盖 Olay 专柜的商圈作为目的地，就会收到推送的 Olay 活动信息。

至此，用户的整个肌肤测试体验过程，即从线上预约到线下交通，再到最终享受测试服务，形成了一条完美的 O2O 闭环曲线，使用户在全程免费的状态下能够实现毫无阻力的体验。传统 Olay 与互联网企业滴滴就这样以用户体验为导向而联手实现了 O2O 闭环营销。

Perfect Technology：LBS 技术无缝对接线上线下

不得不说，Olay 此次 O2O 闭环的实现，很大程度上倚重于滴滴的最新技术 LBS。在整个过程中，LBS 技术因其与地理位置的结合，使线上的广告信息与线下的实践体验能够实现完美的无缝对接，充分刺激了消费者的体验欲望。

事实上，在“互联网+”的趋势下，各大小企业都在争夺 O2O 市场，同时也在抢滩 LBS 布局。根据 TalkingData 数据显示，2014 年 TOP100 的应用中，O2O 应用的数量从 27 个上升到 44 个；而在 O2O 应用的 TOP200 中，68% 的 O2O 应用都使用到了 LBS 功能。可以预见的是，在未来，LBS 功能肯定会成为 O2O 行业的标配。

而对于品牌来说，由于 LBS 具有覆盖率高、定位精准、可基于地理位置进行个性化信息推送等商业功能，从而可以更加有效地实现各种形式的精准营销与活动推广。就像本次 Olay 与滴滴联手推广的母亲节活动一样，不仅开创了全新的战略合作模式，更为重要的是，完美实现了传统企业的 O2O 闭环营销方案。

Key Effect：线下转化率达新高

从最终传播效果来看，本次 Olay 与滴滴跨界合作的 O2O 闭环营销，不仅实现了活动曝光量与品牌美誉度的大幅提升，而且其对于线下转化的带动效果也颇为惊人。据统计，线上 H5 预约到线下体验的转换率大于 50%。

借助 LBS 技术，Olay 与滴滴联合打造的本次母亲节活动可谓是开创了传统企业与互联网企业战略合作的新模式，创造出了一条完美的 O2O 闭环营销路径。双方企业通过整合各自资源而形成优势互补的模式，一方面带给消费者高价值的用户体验与物质优惠，另一方面也大幅提升了双方品牌的客流量与用户留存率。

因此可以说，O2O 闭环对传统企业的价值主要体现在用户体验方面，即企业通过将线上与线下融合为闭环模式的方式，提升用户在消费体验过程中的便捷感、舒适度与满意率，从而最终实现品牌营销与口碑传播。从这点意义上来看，企业打造 O2O 闭环，事实上是基于服务层面的消费创新，其根源还在于提高产品附加服务的深度与广度。

（资料来源：http：//www. meihua. info/）

9.3.3 未来 O2O 转型的关键技术创新

O2O 变革是多种因素混合驱动的。而对传统企业而言，技术创新将是助其 O2O 转型的第一关键因素，未来 O2O 转型的关键技术可能涉及的技术领域有以下几个方面：

1. 基于消费者位置信息的兴趣点匹配

Pinterest 网站的兴起归因于它的兴趣图谱。用户之所以高度地热衷，就是因为该网站是基于兴趣把用户吸引在一起，而有共同兴趣的人们会把一个信息一张图片进行无数次的转发，“病毒营销”得以实现。LBS + O2O 模式的公司，可以通过加入兴趣分享的因素，增强用户的黏性。通过基于消费者位置信息的兴趣点匹配，了解消费者消费记录和社交记录等信息后，分析出消费者的兴趣点，从而在相应的位置推送消费者感兴趣的内容。记录可以通过不同途径获取，如 GPS 定位、室内地图、热点追踪等。

2. 消费者行为预测

消费者行为预测指收集用户完整的行为路径，从而推测出其下一步行动计划。消费者数据有许多来源，如住所、日常行程、兴趣爱好、社交行为等。通过对数据的挖掘，从而能够以消费者的下一步行为为导向，提供更符合消费者关注点的服务和产品。O2O 的线下闭环不仅指交易的闭环，线下大数据的积累和挖掘也是闭环中一个重要的组成部分。

通过数据的挖掘，对改进产品和服务提供了强有力的数据支撑和导向，更容易驱动消费者消费。

3. 实时情境管理

实时情境管理则指根据消费者的位置、环境等信息，实时自我调整，以最适宜的状态出现在消费者面前，以便消费者在需要某资源或系统时即刻使用。

这些技术领域，对于企业精准发现消费需求、引导消费路径、满足消费行为提供了有力支持，有效促进交易机会的提升和交易额度的增加；同时也让企业能为用户提供更丰富、更时尚、更个性的信息服务，进而提升用户的购物体验。

9.4 O2O 模式下的社会关系管理

9.4.1 O2O 模式下的社会关系管理的内涵与特征

1. 社会化媒体推动传统客户向社会化客户转变

社会化媒体（Social Media），也称为社交媒体，是指允许人们撰写、分享、评价、讨论、相互沟通的网站和技术。社会化媒体具有用户关系构建突出和用户内容信息发布及时性强等特点。各类社会化媒体平台交互融合且开放，用户可以通过加关注等多种形式有选择性、有目的性地进行关系建立，不同平台的用户也可交叉互动。同时，移动互联网的发展让用户的信息发布可以不受地理空间影响，用户可以通过多种终端渠道实时沟通，碎片化信息也促进了内容发布的便捷性。

社会化媒体推动了传统客户向社会化客户转变。

第一，随着社会化媒体功能的不断完善，传统客户迁移至社会化媒体环境下发表各类信息，提升了客户参与企业能力和信息获取能力。越来越多的消费者开始使用社会化媒体讨论他们购买或打算购买的产品和服务，他们也更精于分析比较各类品牌的产品和服务，在众多广告和营销信息中选择自己喜欢或适合自己的品牌，同时也在不断体验与比较中变换品牌产品和服务。

第二，社会化媒体使传统客户不再孤立，可以快捷且低成本地建立关系，且不同客户又可把关系网转变为差异化的空间。社会化媒体平台的互联互通使传统客户的群聚性得到彰显，同一产品或品牌的客户能够便捷地找到“与自己相似的人”。同时，社会化媒体具有的自主化和小众媒体属性，可以针对特定受众提供有针对性信息。社会化媒体把现实中客户间的交互、口碑传播复制到网络上，形成虚拟世界的“客户社会化”。

第三，社会化媒体的公开性让客户关系透明化，优化并提升了客户信息传播的效率和价值。传统客户的信息传播范围有限且导向性弱，信息随着传播距离的加大被大大曲解、弱化。在社会化媒体环境下，由于关系透明化，客户间信息流通导向性强，因此会自动流向最优结点客户。同时，社会化媒体能够让客户信息的真伪在客户的互动交流中得到自证，增强了信息的可信性。

2. O2O 模式下的社会关系管理的内涵与特征

社会关系管理（Social Relationship Management）是基于社会性网络（Social Networks）和客户关系管理（Customer Relationship Management）而发展的，其最初的主题是将每个人的社会关系形成网络，最终为个人或企业不同程度地共享所用，即关系网，关系网开始强调将个人的社会关系与企业或组织结合在一起来创造社会价值或商业价值。社会关系管理包括两个密不可分的部分：社会关系网络和对这个网络的管理利用。

电子商务社会关系管理建立在企业与客户的持续对话基础上，真正以客户为核心，通过客户信息和互动来求得繁荣发展。其本质和核心是企业借助社会化媒体营销的平台，进行智能化的社会网络关系管理，鉴别和评估社会化网络中个体消费者的价值和需求，认知和管理个体的社会化网络结构和最佳路径，选择合适的社会化媒体进行适合的交互，最终通过满足个体的个性化需求实现社会关系的转变和忠诚。它与传统的客户关系管理相比，有着明显的区别，具体有以下两方面：

一方面，由企业主导的传统 CRM 是相对静止的，在传统 CRM 系统中，消费者是一个笼统的整体，如果没有严重的投诉事件，可能除了计算机系统以外，没有谁会知道单个消费者叫什么名字。与此不同，电子商务社会关系管理更看重活跃于社会化网络中的每一个潜在客户，以及他们的社会化网络结构。它可以使企业与消费者之间产生更多的互动，并从中获取消费者的反馈信息、褒贬意见、新创意，之后再通过销售、市场推广以及产品服务等措施吸引更多的目标消费群，并通过公关活动做进一步推广。

另一方面，传统 CRM 的主要方式是向外传递信息，而电子商务社会关系管理的方式则更偏向于内向聚集信息，它往往是通过某一个话题把潜在消费者聚集在一个平台上，然后就着这个话题跟消费者进行交流和互动，或以此吸引更多的潜在消费者聚集到这个平台上。在这个过程中，企业甚至有可能使消费者成为公司的拥护者，双方之间建立起合作关系来解决商业问题。

9.4.2　实现 O2O 模式下的社会关系管理的途径与策略

目前，企业实现电子商务社会关系管理是通过建立各种开放平台，由客户根据自己的兴趣主动寻找品牌公众平台，大致有以下几种途径：

1）通过注册自己企业的微博。

2）通过企业自己网站上的客户社区和论坛。

3）通过在 Facebook、Twitter 以及开心网、人人网这样的外部社会化媒体网站上以及上面的客户社区和论坛。

4）通过微信等平台构建自己的微信公众号社交媒体平台。

通过微博粉丝、微信关注、品牌俱乐部、品牌论坛等，企业接收到来自各个领域、各个年龄段的群体信息，可以根据自身需求对这些群体进行划分，区别管理，形成一个强大的、系统的社会关系库。在对不同产品和服务进行推广时，根据不同群体的不同需求，推送不同的信息，实现精准化传播。

9.4.3 O2O 模式下的社会关系管理的危机处理

1. 社会化媒体下的品牌危机

品牌危机实质上是品牌或其所代表的企业和消费者之间信任、感情和利益关系的危机。它指在企业发展过程中，由于企业自身的失职、失误，或内部管理工作中出现的缺漏等，从而引发的突发性品牌被市场吞噬、毁掉，直至销声匿迹，公众对该品牌的不信任感增加，销售量急剧下降，品牌美誉度遭受严重打击等现象。

由于社会化媒体平台的开放性，每个网络上的个体都是信息的发布者与接收者，因此品牌消息会像病毒一样传播到社会关系网的各个角落。这是一把“双刃剑”，一方面为企业宣传、提高知名度提供了有利渠道；另一方面，一旦企业产品出现信任危机，也会迅速地扩散蔓延。纵观近几年国内外发生的企业品牌危机事件，都呈现出一个明显特点：危机的发生、扩散、深化背后都明显存在社会化媒体“推波助澜”的痕迹，众多网民有意或无意地扮演了企业品牌“杀手”的角色。

社会化媒体环境下，品牌危机无时不在，呈现出了突发性、聚焦性、放大性和强破坏性等特点。面对随时可能出现的品牌危机，如果企业处理不当，则可能如“多米诺骨牌”一样，使灾难在企业相关的各个领域出现连锁反应，从而摧垮企业。因此，电子商务环境下的社会关系管理的危机处理对策显得尤为重要，是企业品牌危机管理的核心所在。

2. 社会化媒体下的品牌危机处理策略

在社会化媒体环境下的品牌危机管理过程中，企业应该充分认识社会化媒体的传播特点，积极应对企业品牌危机管理的新挑战，从预防、处理和恢复三个阶段全面调整危机管理策略，具体策略如下：

（1）危机预防阶段的对策。

1）构建危机检测和预警机制。“防患于未然”是危机处理的最优原则，不管有没有危机，企业都应建立一套完备的危机预警系统和一套完善的监察制度。企业应该建立一套网络实时监控系统和即时电子传输、警示系统，通过技术手段和人员监测的方式，全面、有效地对网络信息进行过滤，将监测的范围从平面媒体、门户网站、专业网站，向下级网页中的BBS、论坛、热点博客延伸，从中发现可能发生危机的关键信息，及时警示企业相关部门或人员给予重视，把潜在危机消灭在萌芽状态下。

2）建立危机管理机构和应急预案。企业必须建立和健全危机管理机构，制订或审核危机处理应急预案，提前部署危机发生时企业将要采取的措施。一旦危机发生，立刻进行有效控制和处理，减小危机对企业和品牌的危害。另外，企业应指定新闻代言人，避免多种声音对外而口径不一，以最大限度维护企业信誉。

3）做好公关营销，保持与权威媒体及意见领袖的联系。在社会化媒体环境下，一些网站或个人往往发挥着意见领袖的作用。因此，企业官网或微博平时应该注重与权威网络媒体、权威机构的官方网站以及其他博客的链接，同时还应该注重保持与权威机构、行业协会以及意见领袖的联系，争取它们对企业品牌的认可。一旦危机出现，也可以借助它们有效地引导危机舆论的走向。

（2）危机处理阶段的对策。

1）快速响应，及时控制事态发展。危机发生后，首先企业应从关心消费者利益出发，迅速发表声明，表明立场，勇于承担责任；其次应迅速弄清原因，控制事态的发展和蔓延；最后应迅速利用适当的传播媒介及时公布企业所采取的处理事故的一切措施，制止流言的产生。

2）整合传播渠道，加强与各利益相关方的沟通。首先是加强与影响力较大、公信力较好的网络媒体的沟通，调动网络编辑、发言积极活跃的网友以及版主的积极性，使事件向企业自身有利的方向发展；其次，要加强与政府相关单位及协会的沟通，因为只有借助于政府、协会的力量，得到他们的认可，公众才会觉得这是可信的；再次，还要积极与公司董事及股东、经销商、消费者沟通，获得他们的理解，维护他们的利益。通过与各方面利益相关者的沟通，最终目的是消除公众消费者的担心和恐惧，从而快速解除危机。

3）重视第三方对舆论的引导作用。在危机发生后，公众对企业会持有一种怀疑心理，依靠企业自身的沟通已很难获得消费者的信任，此时应请出权威性的专家、意见领袖、资深记者等第三方为企业撰写文章或博客，并借助各种媒体及时进行发布，间接起到引导舆论的效果，也使消费者逐渐解除警戒心理，重新获得他们的信任。

（3）危机恢复阶段的对策。

1）总结经验教训，挖掘危机产生的根本原因，防止危机的再次发生或升级，从本质上找到消除危机根源的合理途径。这一时期要利用网络舆论继续对危机进行监控，预防危机“死灰复燃”或出现新的危机。

2）制订更加完善的危机应对措施。根据危机产生和处理过程中暴露的问题和缺陷，优化企业内部的组织架构和危机处理的流程，从而更好地应用社会化媒体平台进行营销沟通。

3）将公司可能造成的不良影响列成表格，根据不同对象、程度、方面进行具体分析，进而完善销售策略，提升产品质量，改进与公众交流的渠道，在公众对企业的关注还未减弱之前，重塑企业的品牌形象和社会公信力。

【阅读 9-4】　麦当劳和家乐福如何度过信任危机

2012 年 3 月 15 日晚，央视“3 · 15 晚会”曝光了一系列品牌企业侵犯消费者权益的虚假欺诈行为，麦当劳及家乐福当晚即做出回应。

一名接近家乐福的人士表示，央视晚会一经播出，家乐福（中国）立即召开紧急会议，并草拟声明。同一时间，位于北京三里屯 village（太古里）地下的这家麦当劳店内，涌来了一批媒体记者，值班店长一直解释“对于曝光的事情，可能是个误会”。

3 月 15 日晚近 10 点，麦当劳（中国）有限公司做出回应称：对于央视“3 · 15 晚会”所报道的北京麦当劳三里屯餐厅不遵循麦当劳营运标准违规操作的情况，麦当劳（中国）对此表示非常重视。我们将就这一个别事件立即进行认真调查，并坚决严肃处理，以实际行动向消费者表示歉意。麦当劳（中国）将由此事件深化管理，确保营运标准的切实执行，为消费者提供安全、卫生的美食。欢迎和感谢政府相关部门、媒体以及消费者对麦当劳的监督。

20 余分钟后，家乐福（中国）于微博声明表示：对央视“3·15 晚会”所报道的河南花园店严重违规操作生鲜类产品的问题高度重视，在此向消费者表示最诚挚的歉意。公司立即展开调查，并将严肃处理。家乐福始终高度重视食品质量管理工作，我们将进一步加强培训，采取措施，切实保证相关规定认真落实，维护广大消费者的权益。感谢社会各界的关注。

“麦当劳这样的大公司，平时就应该有各种危机预案”。一位熟悉麦当劳的人士如此解释：“麦当劳素以完善的培训著称，员工们通过各种培训才能上岗，包括危机处理培训”。

速度为麦当劳赢得人们的支持创造了先机。央视“3·15 晚会”一直拥有让企业提心吊胆的杀伤力，被曝光企业的形象往往一落千丈。但这次网络舆论却没有一边倒地指责麦当劳，更有声援者认为，节目中提到麦当劳“超过十五分钟就必须将食物扔掉”的标准，反倒像是给麦当劳做了广告。

截至当晚 11 点半，麦当劳的这条声明微博有 8400 多次转发量。但情节发展也有微妙的变化。截至 3 月 17 日中午，在几个参与人数较多的投票中，支持麦当劳的比例超过声讨。麦当劳的态度也在为有利局势加分。麦当劳通过积极的响应和有针对性的措施，弱化了其负面影响。

（资料来源：http：//www. huanqiu. com/）

本章小结

1. O2O 概念及其特征

1）O2O 的概念。O2O 模式是将线下商务机会与互联网结合在一起，让互联网成为实体店的入口，同时促进线下商务的推广及成交。

2）O2O 模式的优势与特点。

2. O2O 网络联盟的发展与建立策略

1）O2O 资源合作的渠道与主要形式。O2O 的模式大致可分为六种：①实体店和网络商城双线运营；②团购；③优惠券；④微信 CRM；⑤移动支付；⑥供应链型 O2O。

2）O2O 网络联盟的构建可以采取以下策略：①以数字营销服务为核心的数据应用服务平台策略；②信息技术策略；③精准营销策略；④服务领先策略；⑤会员促销与价格策略；⑥搭建商圈微物流策略。

3）影响 O2O 发展的关键技术涉及二维码技术、LBS 技术以及一些未来 O2O 转型的关键技术创新等。

3. 电子商务社会关系管理策略

1）实现电子商务社会关系管理的途径与策略有以下几种：①通过注册自己企业的微博；②通过企业自己网站上的客户社区和论坛；③通过外部社会化媒体网站以及上面的客户社区和论坛；④通过微信等平台构建自己的微信公众号社交媒体平台。

2）社会化媒体下的品牌危机处理策略，包括从预防、处理和恢复三个阶段实施的不同策略。

习题

1. 电子商务情境下的O2O模式能带来哪些商业价值？
2. O2O资源合作的渠道与主要形式有哪几种？
3. LBS+O2O有哪些具体应用？列举你身边常见的几种LBS+O2O应用。
4. 可以通过哪些途径实现电子商务社会关系管理？
5. 实验与实践：

下面是红星美凯龙企业布局电子商务O2O领域的情况，通过阅读红星美凯龙布局O2O的时间轨迹以及所采取的策略，探讨分析其开展特点、成功与不足。

红星美凯龙布局O2O领域，转型情境体验家居Mall

红星美凯龙成立于1986年，至今30年的时间，从时代发展来看，应该见证了中国电子商务从0到1的发展过程，也经历了一些电子商务产业升级的过程，其中就包括O2O的出现对整个行业的变革，因此更值得去关注。从整个发展历程来看，红星美凯龙从最初的租赁厂房经营家居市场到自建商场，再到连锁品牌市场，现发展到情境体验家居Mall，这一系列的发展过程，包含着行业变革与产业升级的发展轨迹。

1997年，红星美凯龙借鉴连锁模式，创建了连锁品牌市场。2008年，红星美凯龙新开14家家居购物中心；2009年，新开21家家居购物中心；2010年，新开25家家居购物中心；2011年，新开28家家居购物中心。2012年，第100家家居购物中心落成，截至目前，红星美凯龙已在北京、上海、广州、深圳、天津、南京、长沙、重庆、成都等110座城市开办了150家商场。现在看来，这些家居购物中心在各个城市的扩张为平台本身储备了大量的线下资源，同时商业扩张的速度也确立了红星美凯龙在中国家居流通业中的重要位置。

2007年，红星美凯龙将中国传统商铺模式与西方Shopping Mall模式相结合，推出情境化布展+体验式购物的家居Mall新形式，让消费者有参与感，情境体验家居Mall或将开启一个全新的体验消费时代。

2012年初，红星美凯龙就已经开始对O2O模式进行探索，2012年8月，红星美凯龙推出旗下电子商务平台，红星美凯龙商城正式上线。2013年1月，正式更名为“红星美凯龙星易家”。星易家的定位是家居类网上购物商城。

2013年6月，星易家在全国83个城市100多个商场尝试“线上召集，线下体验和购买”的O2O活动。

2014年7月，红星美凯龙再次进军O2O，以30万~60万的年薪对外招聘高级人才，方向包括产品规划、UI、UE、产品开发项目管理、产品运营、数据分析与挖掘、电子商务高级模块等。

2015年6月26日，红星美凯龙在香港挂牌上市，董事长车建新表示，红星美凯龙作为家居建材流通业的第一股，接下来将开拓第二品牌——红星·欧洛丽雅，同时加快在O2O领域布局。

2015年9月2日，酷漫居与京东和红星美凯龙合作，发力于儿童家居O2O，利用线上优惠引导消费者到线下体验，为消费者提供更优质的服务、更可靠的交易和更便捷的支付。通过精准的线下活动和线上会员体系，打造儿童大数据，搭建O2O营销平台。

参考文献

[1] 叶开. 互联网+战略落地的O2O方法 [M]. 北京：机械工业出版社，2015.
[2] 赵文堂. O2O营销与运营一册通：原则+技巧+实践 [M]. 北京：人民邮电出版社，2015.
[3] 王志军，王智慧. O2O+精细化管理 [M]. 北京：机械工业出版社，2015.
[4] 赵佳珺. O2O模式在零售行业中的应用研究 [J]. 商业评论，2013 (10).
[5] 马红春. O2O电子商务模式在我国的应用现状分析 [J]. 科技视界，2012 (9).

第10章

电子商务运营效果监控评测

本章学习目标

- 电子商务运营效果监测的重要性。
- 电子商务运营监控评测的步骤。
- 网站运营监测的内容。
- 数据分析显示的方式及工具。
- 原始日志文件分析。

案例导入

西南林业大学图书馆的流量监测

数字图书馆是一个数字化信息的仓储，能够存储大量的各种形式的数字化信息资源，用户可以通过便捷的网络访问以获得这些信息，其信息存储和用户访问不受地域限制。因此，数字图书馆成为提供信息服务、传播知识的重要平台和主要途径。

网站流量分析，指在获得网站访问量基本数据的情况下对有关数据进行统计和分析，从中发现用户访问网站的规律，并将这些规律与网站优化策略等相结合，从而发现目前网站访问活动中可能存在的问题，并为进一步修正或重新制订网站优化策略提供依据。

西南林业大学图书馆网站采用第三方流量分析统计工具对其网站进行了流量监测，并对监测数据进行了统计分析，根据分析结果实施网站推广策略。该网站通过按小时、按天、按周三种方式查看趋势分析数据。通过按小时查看数据，可以了解读者在各个时段对图书馆网站的关注度及使用率。在上午8点至晚上10点这一期间，网站浏览量都维持在一个较高的水平。全天三个访问高峰分别出现在上午10点、下午4点和晚上8点，其中上午10点为全天最高访问时段，且访客数与浏览量之间成正比关系。该网站某月的流量来源中，直接访问占29.32%，搜索引擎占28.57%，外部链接占42.11%，其中外部链接带来的流量占比较大。绝大部分的外部链接来自学校校园网网站，说明这些访客是从校园网（门户网站）进入到图书馆网站（二级网站）的，这一点非常符合学校用户的网络使用习惯。搜索引擎带来的流量则主要是由网站的新用户产生的。

西南林业大学图书馆网站首页“信息资源”模块区域的热力统计情况，直接反映出图书馆购买的哪些信息资源最受读者欢迎，使用率最高。这些信息可以为资源采购人员和上层领导提供决策支持和依据。地域分布数据提供了各个地域给网站带来的流量数据，这些数据可以作为分配各地域的推广预算和有针对性地制订业务推广策略的依据。对于已经进行了推广的地域，可以及时地了解在该地域的推广策略是否给网站带来了足够的访客，以及这些访客对网站内容是否足够感兴趣，借助这些信息还可以进一步评估在该地域的推广方案的合理性，并且不断地进行调整与优化。访客忠诚度数据反映了访客对网站的感兴趣或喜欢程度。系统环境提供了访客在浏览网站时使用的各种系统环境及相应的流量数据。

（资料来源：中国知网）

10.1 电子商务运营效果概述

网络营销与线下营销相比，最大的优势之一就是网络营销效果及投入产出都可以正确统计和测量，而大部分线下营销方式很难准确评测营销效果。所以电子商务运营的独特性就是它具有非常明显的互联网特性，能够用技术手段收集用户浏览及购买过程中的所有数据。

广告界有一个著名的说法，广告商都知道，一般有50%的广告预算是浪费了，但是却不知道浪费在哪里。进入网络营销领域，广告商可以在很大程度上精确地测量投入及产出。

以现在最典型的报纸广告及电视广告为例。广告媒介所能提供的只能是报纸发行量和电视节目收视率，但广告真实送达率有多高却很难统计。当然，这并不是说电视报纸广告效果不好。正相反，由于电视报纸的主流传媒地位，覆盖面非常广，所达到的营销效果是其他方式不可替代的，甚至可以说大部分重要品牌脱离电视报纸广告就没有它们今天的地位。

线下销售也很难对用户进行跟踪监测，并相应地做出改善。一个用户去商场如果没有购买任何东西，那么商场就不知道这个用户曾经来过。如果这个用户购买商品，则商场能得到的数字只是销售额和所购买的商品清单，至于用户什么时候进入商场，浏览了哪些商品，也是一无所知。与此相比较，在线销售则不然。用户通过什么方式进入网站？什么时候进入网站？在网站上浏览了哪些页面？在页面上停留了多长时间？最后购买了哪些产品？购买的金额是多少？这些都可以清楚、准确地统计出来，即使用户没有进行购买，也可以对其在网站上的活动踪迹进行跟踪分析。

电子商务运营的各个环节都可以提供数据，企业或网站通过分析完整而精确的商业数据（包括市场数据、网站流量、产品被关注和浏览次数、产品销售情况等），可以帮助其制订合理的关键绩效指标，提高运营效率和广告投放的性价比，提高网站访问的转化率及网站的整体收入。

10.2 电子商务运营效果监测的重要性

电子商务运营效果监测是非常重要的，通过数据监测及分析，了解和关注客户群体，可以实现以下目标：确定最有效的网络营销方式和投入产出比例；掌握客户独特属性，挖掘客户潜在价值；使网站更吸引人；设计和应用有效的推荐系统等。

10.2.1 确定最有效的网络营销方式及投入产出比

网站需要密切监测运营效果，从而选择出最有效的网络营销方式。针对特定网站，并不是每个网络营销手段都有效，各种营销手段效果也不尽相同。只有网络营销人员进行各种尝试，同时计算出投入产出比和监控效果，才能找出最有效的方式。而无效或投入产出比过低的，则不再使用。线下广告往往不知道广告预算浪费在什么地方，而网络营销则可以通过数据监测得出哪个营销活动是亏本的，哪个是盈利的。

网站监测最重要的不在于计算成本高低，而在于得出投入产出比。最典型的例子就是竞价排名。竞价排名的特点是按点击付费，只要有用户点击，就要付费，但是如果该竞价排名有足够高的投入产出比，网站就可以放心投入广告预算。这也就是为什么有的网站推广活动预算很低，因为他们经过监测和计算，知道哪些关键词必然带来效益，但是这些关键词被搜索的次数却是有限的，并不能无限扩张。所以，很多做搜索竞价的公司都要投入时间，以发现更多的关键词，并监控这些关键词的效果，挑出监测效果好的关键词，并停止投入产出比低的关键词。

10.2.2 挖掘客户的潜在价值

对一个电子商务网站来说，了解和关注记录在册的客户群体是非常重要的，但从众多的随意访客中发现潜在客户群体非常关键。如果发现某些访客属性属于潜在客户，则可以针对这类访客实施一定的营销策略，使他们尽快成为新客户。客户对网站的价值，也不仅仅是一次销售，重点要考虑客户的终身价值。有三种情况需要挖掘客户的终身价值，具体如下：

（1）长期性的服务或产品。一是收费会员制网站、虚拟主机服务、域名服务；二是需要经常更换和添加的产品，如打印机油墨、纸张、易耗品等。这些产品或服务，一旦用户开始使用，则通常需要连续使用，每次使用都得付费。

（2）网站是否有后续销售。后续销售指的是客户完成第一次购买后，商家再推荐其他商品，吸引用户继续购买。后续销售是低成本或无成本最大限度扩大销售及提高利润的最佳方式，是挖掘客户潜在价值的重要手段。后续销售的产品最容易想到的是同一个网站的其他产品。例如，在当当、卓越等网站上，当用户第一次买了几本书后，网站可以通过后续销售向同一个客户推销其他书籍，可选择的书籍数量庞大。网站本身的产品或服务并不能连续消费，但是网站可以通过联署计划或与其他网站合作等方式，寻找到自己的用户还有可能购买的其他产品和服务，进而向用户推荐这些产品并获取佣金。这些后续销售的次数和销售额，不局限于网站自身的能力，所以可能性和潜力是非常大的。

（3）普通网站的忠实客户。网站虽然不要求用户持续购买，但有的网站用户黏性高，忠实客户愿意到同一个网站购买更多的相关产品，这种可能性和可选择的范围也非常广。例如，一提到网上书店，用户首先想到亚马逊或当当网，第一次可能只买几本书，一旦再有需要时，自然还会来该网站重复购买。

所以，网站运行者在评价网络营销效果时，就要考虑用户的平均消费次数、每次消费的金额、用户在网站上消费的时间跨度等因素，计算出客户的潜在价值，这样才能更准确地看出网络营销的效果。但网站在运营中存在很多不确定因素，在很多情况下无法统计出准确的数字，客户潜在价值往往不是一个固定数字，而是某一个范围。

10.2.3 使网站更吸引人

网站的目的是吸引用户，但很多网站设计太过复杂，用户使用起来很不方便，导致网站的跳出率过多，用户体验非常不好，这样，就算网站的流量很大，也起不到很好的效果。只有网站内部设计合理且内容丰富，才能吸引客户，关键的是留住客户。网站页面的设计和展示价值是很大的，对于电子商务企业，消费者首先面对的就是网站的页面，如果网页设计不合理，或用户体验不好，就不能很好地留住客户。用户体验涉及的内容非常广泛，从商品的陈列、浏览方式、下单流程、客户交互方式等，甚至按钮的颜色、形状和位置都是用户体验的一部分。简而言之，注重用户体验就要周密考虑用户在网站上各个环节的需求。一般而言，要想使网站更吸引人，应做到以下几点：

（1）快速使访问者了解网站的方向。注意力是一个网站最难能可贵的资源。如果访问者无法在几秒钟之内明确该网站是做什么的，并且能够准确地定位想要访问的地方，则很有可能转而访问其他网站。太复杂的操作步骤，会让用户丧失访问热情。

（2）网站导航清晰并且易于快速阅读。用户上网不是为了看书，因此网站没有必要使用大段的文字，项目符号、标题、副标题、列表都能帮助读者迅速找到其想要的内容。

（3）网站不要使用小字体。网站页面必须让浏览者感到舒服，字太小，会影响访问者的浏览兴趣，但也不要把字体设置得太大，以至于网站的本体内容得不到相应的表达，还需要再翻页。

（4）网站的色彩搭配要和谐。网站的色彩搭配要和谐主要体现在：第一颜色使用要始终具有同一性，在网页配色中，尽量控制在三种色彩以内，以避免网页花、乱、没有主色的显现。背景和前文的对比要尽量大，以便突出主要的文字内容。

10.2.4 设计和应用有效的推荐系统

建立电子商务推荐系统是一个成熟的电子商务网站和普通电子商务网站的区别，也是电子商务运营的一个重要组成部分。简单来说，推荐系统是根据用户的兴趣特点和购买行为，向用户推荐用户感兴趣的信息和商品。随着电子商务规模的不断扩大，商品个数和种类快速增长，顾客需要花费大量的时间才能找到自己想买的商品。这种浏览大量无关的信息和产品的过程无疑会使淹没在信息过载问题中的消费者不断流失。推荐系统是建立在海量数据挖掘基础上的一种高级商务智能平台，模拟销售人员帮助客户导购，以提供完全个性化的决策支持和信息服务。Amazon 和 IBM 等互联网应用服务商都已将这种个性化推荐系统融入了自己的产品中。在电子商务领域，个性化推荐系统当属 Amazon。

Amazon 个性化推荐系统的发展史也可以说推动了个性化推荐系统的发展，Amazon 最早的系统采用了准确度非常低的原始统计方法来处理大量的客户数据，并以此为依据进行商品推荐，直至 1998 年，Amazon 申请“item-to-item”协同过滤技术，并将这种技术在 Amazon 中推广使用，才使得个性化推荐系统变得开始完善起来。现在，经过了很多次改进的 Amazon 推荐系统是目前运用最成功的推荐系统之一。Amazon 2012 年报显示，其将近 30% 的图书销售量源自个性化推荐系统。Amazon 的个性化推荐系统可以为顾客提供快速、准确的商品推荐，促进顾客购买，提供个性化服务，同时提高其交叉销售的能力等。顾客满意度则是企业提高竞争力的重要因素，能够提升顾客的忠诚度并促进顾客的重复购买。因此，个性化推荐系统的优劣对电子商务网站来说是非常重要的。

10.3 电子商务运营效果监测的一般步骤

电子商务运营效果监控评测通常分为四步：

1. 确定网站运营目标

网络营销人员必须明确定义网站目标，并且是单一可以测量的目标。网站类型多种多样，很多网站并不直接销售产品，网站运营者就需要根据情况制订可测量的网站目标。例如，如果网站是直接销售产品的电子商务网站，则网站目标就是产生销售；如果网站是吸引用户订阅电子杂志，然后进行后续销售，那么用户留下 E-mail 地址、订阅电子杂志，就是网站的目标。网站目标也可能是吸引用户填写联系表格，或打电话给网站运营者，也可能是以某种形式索要免费样品，也可能是下载白皮书或产品目录。

这些网站目标都应该在网站页面上有一个明确的目标达成标志。对电子商务网站来说，目标达成页面就是付款完成后所显示的感谢页面。电子杂志注册系统目标达成页面就是用户填写姓名及电子邮件的，提交表格后所看到的确认页面或表示感谢的页面。如果是填写在线联系表格，则与订阅电子杂志类似，完成目标页面也是提交表格后的确认页面等。

2. 计算网站的目标价值

明确了网站目标后，还要计算出目标达成时对网站的价值。如果是电子商务网站，则计算非常简单，目标价值也就是每一次销售产品所产生的利润。其他情况可能需要站长下一番功夫才能确定。如果网站目标是吸引用户订阅电子杂志，那么站长就要根据以往的统计数字计算出电子杂志订阅者中有多大比例会成为付费用户、这些用户平均带来的利润是多少。假设每 100 个电子杂志用户中有 5 个会成为付费用户，平均每个付费用户会带来 100 元利润，那么这 100 个电子杂志用户将产生 500 元利润，即每获得一个电子杂志订阅者的价值是 5 元。类似地，如果网站目标是促使用户打电话直接联系企业或站长，则营销人员就要统计有多少电话会最终转化为销售、平均销售利润又是多少，从而计算出平均每次电话的相应价值。

3. 记录网站目标达成次数

记录网站目标达成次数通过网站流量统计分析软件完成。沿用上述例子，一个电子商务网站，每当有用户来到订单确认完成网页，流量分析系统就会记录网站目标达成一次。有用户访问到电子杂志订阅确认页面或感谢页面，流量系统也会相应记录网站目标达成一次。有用户打电话联系客服人员，客服人员应该询问用户是怎样知道电话号码的，如果是来自网站，则也应该做相应记录。

网站流量分析系统更重要的是，不仅能记录下网站目标达成的次数，而且还能记录这些达成网站目标的用户是怎样来到网站的。是来自于搜索引擎，哪个搜索引擎？搜索的关键词是什么？还是来自于其他网站的链接，来自于哪个网站？这些数据都会被网站流量分析系统所记录，并且与产生的相应网站目标相链接。

4. 计算网站目标达成的成本

计算网站目标达成的成本，最简单的方式是采用竞价排名。竞价排名后台会显示每个点击的价格，某一段时间的点击费用总额和点击次数等，成本非常容易计算。假设某网站竞价排名在一天内花费100元，网站目标是直接销售，一天内销售额达到1000元，扣除成本500元，毛利为500元，那么这个竞价排名推广的投入产出比就是1∶5。

对其他网络营销手段，则需要按经验进行一定的估算。如果网站流量来自于搜索引擎优化，那么需要计算出外部SEO顾问或服务费用，以及内部配合人员的工资成本。如果是进行论坛营销，则需要计算花费的人力、时间及工资，换算出所花费的费用。有了这四项数据，就可以比较清楚地计算网络营销的投资回报率。

10.4 网站运营监测的数据

电子商务网站运营监测是一个从潜在消费者关键词搜索到客户购买之后的售后服务的全过程。对这些过程要进行有效的集成，从不同环节之间的微妙关系中发现有价值的信息。

很多网站运营的细节不能从单一的终极效果指标来判断。对运营者来说，不仅需要统计跟踪网络营销效果，更重要的是当看到成绩或不足时，需要追究其原因是什么，因此要仔细研究网站流量及用户在网站上的活动，通过流量分析才能发现网络营销活动是怎样在网站的各个细节上对用户起作用的，最终达到网络营销的总体效果。网站监测主要从网站流量、访问内容、交易统计、商品销售数据等方面进行。

10.4.1 网站流量分析

网站流量，或者说访问量，是电子商务网站的基础。网站流量是用来描述一个网站或网店的用户数量以及用户所浏览的网页数量等的一系列指标，网络流量分析主要是对网站流量来源和网站流量指标等方面的分析。

1. 网站流量来源

网站流量来源主要有三种：直接访问流量、其他网站链接引入的流量和搜索引擎引入的流量。

（1）直接访问流量。直接访问流量是指用户通过存在于浏览器的书签，或直接在浏览器地址栏中输入网站地址带来的流量。直接访问流量在一定程度上代表了网站忠诚用户的数量，因为只有忠诚用户才觉得该网站对其有帮助，才有可能存入书签或记住域名。

（2）其他网站链接引入的流量。网站链接出现在其他网站，用户单击链接后跳转到该网站。点击流量可能是其他网站、博客、微信朋友圈、微博、论坛等有人提到了该站点，也可能是站长自己在其他网站购买的网络广告。

（3）搜索引擎引入的流量。搜索引擎引入的流量是指访客通过在搜索引擎上输入搜索词，然后在搜索结果页单击链接并访问目标网站。搜索流量高低代表了网站在搜索引擎中的排名情况。

2. 网站流量指标

（1）访问关键词。提高访问量，关键词分析很重要。电子商务网站后台监测系统每分钟都会对由各搜索引擎关键词导入的流量及趋势进行关键词分析并不断进行更新。企业通过关键词分析，可以了解行业概况及竞争对手情况，并进行关键词优化。例如，搜索行业主关键词，搜索结果前五页的网站基本上可以表明该行业的概况。再如，“SEO”这个关键词，排前 50 名的基本上都是非常专业的站点，而且绝大部分是主域名，域名中包含 SEO 的居多。在行业关键词搜索结果的前十个站点中，主要看这十个站点是竞价网站、行业网站、企业网站，还是个人网站。如果竞价网站和行业网站居多，则说明关键词商业价值强；个人网站，该行业大部分采用广告联盟形式，具有创新盈利模式者可以考虑切入；简单企业网站，则说明行业竞争性不强。通过分析排名靠前站点的关键词优化来确定自己网站的关键词，关键词研究可以通过一些相关工具进行查看，如站长论坛、权重里面的关键词排名以及相关页面关键词的设置、描述和标题等。

（2）流量广告来源。流量广告来源一般来自于行业网站、门户网站、论坛、社区、百度网盟、谷歌网盟等。

目前，普通网络广告效率越来越低，因为很多用户都已经习惯和忽略了网络广告，尤其是旗帜类广告。但在塑造品牌时，以每千次显示为计费基础的网络广告是可以选择的，这个阶段不一定能达成点击和销售，但可以把信息传达给用户，起到推广和强化品牌的作用。

这种情况难以用具体的销售金额来计算营销效果，但是有数字作为依据。营销人员可以把这些数字当作一个分值，虽然并不是一个金额，但通过这个分值也可以评价网络营销的效果。例如，每次一个用户观看宣传短片计为 5 分，一个人下载壁纸计为 3 分等，以此来衡量网络广告的投放效果。

（3）访问量的地理位置分布。访问量的地理位置分析就是根据用户访问时的 IP 地址判断用户所在的地理位置。例如，谷歌分析工具可以以直观的地图方式显示用户主要来自哪个大洲或国家。如果网站具有地域性，如只给特定的某些省份提供产品，这部分流量统计会显示出目标市场与真正流量的来源是否吻合，也可以反过来思考，如果发现某些其他地区流量很多，那可以考虑把该地区纳入目标市场。

（4）总的用户浏览量及变化趋势。总的用户浏览量是指某一段时间内网站被访问的总人次。这无疑是网站流量重要的指标之一，它体现了网站推广的总体效果。某网站在进行了某项特定营销活动后，第一个检验其效果的指标就是看该营销活动带来的访问数量。例如，网站的文章被社会化媒体网络（如朋友圈、新浪微博）大量转载，一般都会带来访问量的急剧提高，但通常这种情况持续一两天后就又会下降到和以前差不多的位置。所以，通过访问量的变化及趋势就可以看出营销活动的大致效果。例如，图 10-1 是益盟财经官网的流量数据，图中可以看到框内的两个高点，是由于网站内参页的统计代码不完善而丢失的浏览量；同时也反映出用户对内参页的关注度是非常高的。

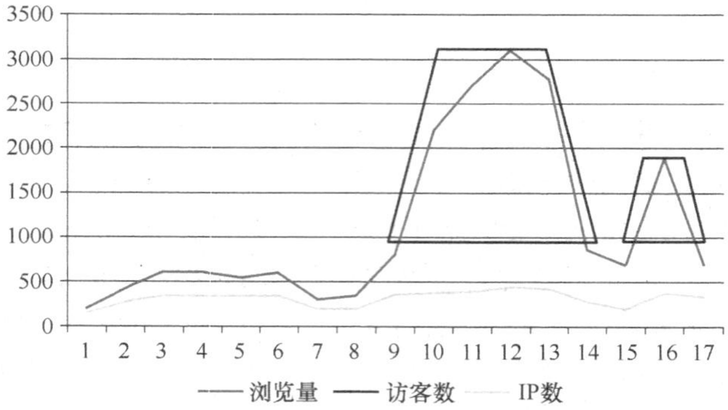

图 10-1　网站访问流量统计

（5）回访者比率分析。回访者比率 = 回访者数/独立访问者数。回访者用于衡量网站内容对访问者的吸引程度和网站的实用性，网站是否有令人感兴趣的内容使访问者再次回来。益盟财经官网的一组回访者比率统计如图 10-2 所示。

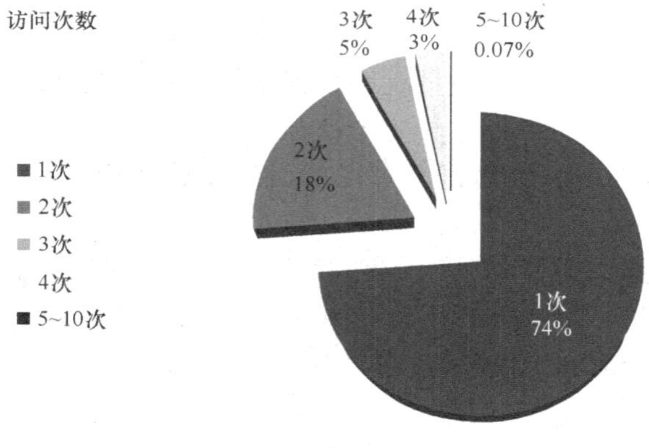

图 10-2　回访者比率统计

回访者比率基于访问时长的设定和产生报告的时间段，可能会有很大的不同。绝大多数网站都希望访问者回访，因此都希望这个值在不断提高，如果这个值在下降，则说明网站的内容或产品的质量没有加强。需要注意的是，一旦选定了一个时长和时间段，就要使用相同的参数来产生报告，否则就失去了比较的意义。

（6）积极访问者比率。积极用户比率 = 访问超过 11 页的用户/总访问数，主要衡量有多少访问者对网站的内容有高度的兴趣。

如果网站针对正确的目标受众且使用方便，则可以看到积极访问者比率应该是不断上升的。如果网站是内容型的，则可以针对不同类别的内容来区分不同的积极访问者，也可以定义 20 页以上的是积极访问者。如图 10-3 所示，统计出了访问者对益盟财经官网的访问深度。

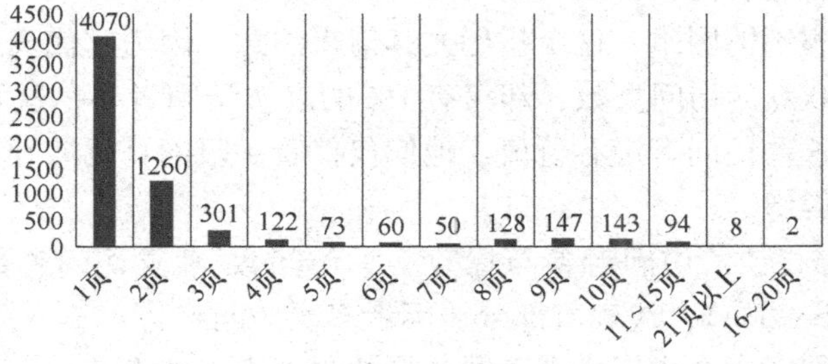

图 10-3 访问者对益盟财经官网的访问深度

（7）忠实访问者比率。忠实访问者比率 = 访问时间在 19min 以上的用户数/总用户数。和积极访问者比率指标的意义相同，这个指标只是使用停留的时间取代浏览页数，取决于网站的目标，可以使用两者中的一者或结合使用。

访问者时长指标有很大的争议，一般结合其他指标一起使用，如转换率。但总体来说，较长的访问时长意味着用户喜欢浏览该网站，高的忠实访问率当然是较好的。同样地，访问时长也可以根据不同的需要自行设定。表 10-1 是某网站统计出来的忠实访问者比例。

表 10-1 忠实访问者比率

排 名	访 问 时 长	访问次数/次	所占比例（%）
1	1 ~ 3min	3057	47.34
2	3 ~ 10min	1071	16.59
3	10 ~ 30min	929	14.39
4	10 ~ 29s	440	6.81
5	30s ~ 1min	396	6.13
6	0 ~ 9s	364	5.64
7	30min ~ 1h	171	2.65
8	1h 以上	21	0.33
9	未知（单页面访问）	8	0.12
当月汇总		6457	100

（8）忠实访问者指数。忠实访问者指数 = 大于 19min 的访问页数/大于 19min 的访问者数。忠实访问者指数是指每个长时间访问者的平均访问页数，这是一个重要的指标，它结合了页数和时间。

如果忠实访问者指数较低，那意味着有较长的访问时间但是较低的访问页面。网站通常都希望看到这个指数有较高的值，如果修改了网站，增加了网站的功能和资料，吸引了更多的忠实访问者留在网站并浏览内容，则这个指数就会上升。

（9）忠实访问者量。忠实访问者量 = 大于 19min 的访问页数/总访问页数。忠实访问者量是指长时间的访问者所访问的页面占所有访问页面数的量。

对于一个靠广告驱动的网站，这个指标尤其值得注意，因为它代表了总体的页面访问质量。如果某网站有 10000 的访问页数，却仅有 1% 的忠实访问者率，这意味着该网站可能吸引了错误的访问者，这些访问者没有价值，他们仅仅看一眼网页就离开了，这时应该考虑是否广告的词语产生了误解。

（10）访问者参与指数。访问者参与指数 = 总访问数/独立访问者数。这个指标是每个访问者的平均会话（Session），代表着部分访问者多次访问趋势。

与回访者比率不同，这个指标代表着回访者的强烈度，如果有一个非常正确的目标受众不断地回访网站，则这个指数将大大高于 1；如果没有回访者，指数将趋近于 1，意味着每一个访问者都有一个新的会话。这个指数的高低取决于网站的目标，大部分的内容型和商业性网站都希望每个访问者在每周或每月有多个会话，而客户服务，尤其是投诉之类的页面或网站则希望这个指数尽可能地接近于 1。

10.4.2　网站用户访问内容

网站内容是一个网站为用户提供的所有文字、图片以及这个网站上的一切可供用户充分利用的资源。网站内容分析主要是网站热门内容分析和频道内容分析。网站热门分析主要有用户最关注的内容、用户最常用的登录页、回弹率最高的页面、用户最常用的访问路径以及用户最常见的退出页眉等。频道内容分析主要有最热门的频道、各频道访问量占比等。

（1）回弹率（所有页面）。回弹率（所有页面）= 单页面访问数/总访问数，代表着访问者看到的仅有的一页的比率。

这个指标对于最高的进入页面有很重要的意义，因为流量就是从这些页面产生的，当对网站的导航或布局设计进行调整时尤其需要注意这个参数。总之，是这个比率不断地下降。

（2）回弹率（首页）。回弹率（首页）= 仅仅访问首页的访问数/所有从首页开始的访问数，代表所有从首页开始的访问者中仅仅看了首页的访问者比率。

这个指标是所有内容型指标中最重要的一个，通常认为首页是最普遍的进入页面。对任意一个网站，可以想象，如果访问者对首页或最常见的进入页面都是一扫而过，那说明网站在某一方面有问题。如果针对的目标市场是正确的，则说明是访问者不能找到他想要的东西，或是网页在设计上有问题（包括页面布局、网速、链接的文字等）；如果网站设计是可行易用的，网站的内容可以很容易地找到，那么问题可能出在访问者的质量上，即市场问题。

（3）浏览用户比率。浏览用户比率 = 少于 1min 的访问者数/总访问数，在一定程度上衡量网页的吸引程度。大部分的网站都希望访问者停留超过 1min，如果这个指标的值太高，那么就应该考虑一下网页的内容是否过于简单、网站的导航菜单是否需要改进。

表 10-2 所示是益盟财经网站的统计数据，用户访问停留时间在 1 ~ 3min 的比率最高，

占到16.23%，其次是3～10min，占据5.69%。从这组数据来看，益盟财经网站的吸引力相对不错，但是还有提升空间。

表 10-2 浏览用户比率

访问时长/s	浏览量（PV）	总浏览量（PV）	浏览用户量比率（%）
0～9	364	6457	1.93
10～29	440		2.34
30～60	396		2.10
60～180	3057		16.23
180～600	1071		5.69
600～1800	929		4.93
1800～3600	171		0.91
>3600	21		0.11%
未知	8		0.04%

（4）特定网页的用户访问停留时间。特定网页一般是指访问最多页面、最热门的着陆页面、最热门的退出页面。被访问最多的页面就是被访问次数最多的网页。最热门着陆页面指的是用户来到网站时首先访问的页面。用户访问网站，虽然很大一部分是从首页开始，但有的时候也不一定如此，也有一部分用户是从栏目页或具体内容页加入的。最热门着陆页面列出了因为种种原因而最吸引用户的内容，可能来自搜索引擎，也可能是从其他网页进入网站，却只看了这个页面就离开了。这个指标就清楚地显示了这个特定页面是否满足用户的需求。

最热门退出页面是指用户离开网站前所访问的最后一个网页。排在最热门退出页面前几名的网页可以预期，有很多是被访问者访问最多的那些网页，并不能说明什么问题。但是有些网页，页面本身访问次数不多，却使浏览者看完后立即离开，这很可能网站上没有满足用户需求的页面。造成这种结果的原因可能由于页面文章内容没有吸引力、页面导航不清晰、没能再次强调购物的安全等。如果这样的页面出现在购买流程的某一步，则更加说明这个页面就是阻碍用户完成订单的瓶颈。营销人员应该仔细检查这个网页，看页面上有哪些因素造成用户没有完成订购，反而离开了网站。

10.4.3 网站交易统计

在电子商务网站上对商品销售进行分析是定时定期的，经常有这样的现象：用户把产品放入购物车，虽然显示了购买兴趣，但最终输入个人信息、确认订单、完成付款的比例，比生成购物车的要低得多。普通电子商务网站只有20%～40%完成了最后的销售过程，有60%～80%的人虽然把产品放入购物车，但却由于种种原因中途放弃了。

电子商务网站交易统计可以显示出，完成订单中的哪一个步骤流失的用户最多，那么就需要认真检查该步骤阻碍用户继续购物的严重缺陷。例如，是否要求用户填写的信息过多，用户不胜其烦；是否付款方式选择解释得不清楚，用户不知道该怎样付款，从而产生不安全感；是否用户在确认购买产品后却发现系统自动加了一个数额不小的运费；购物车系统没有以简洁的图表方式列出购物车中所有产品的明细及总金额等原因。

10.4.4 商品销售分析

在电子商务网站上，要定期进行商品销售分析。商品销售分析种类很多，如各个不同商品的访问量、热点分析、性能数据等。

在做销售分析时，一般从时间、空间、商品类别、价格等多个维度进行。从时间维度上看，常用的报表是同比和环比的报表，时间区间的选择可以是年、季度和月，一个电子商务网站刚刚开始运营时，周数据的报表也是会用的。除了分析商品的销售外，还需要分析潜在销售，即客户到网站来，搜索或浏览了哪些商品和品类，从而了解客户的兴趣点和将来可能购买的商品。商品销售分析的重点内容是转化率、平均客单价和商品周期的销售增长量。

（1）转化率。转化率（Conversion Rate）指的是产生实际消费的客户和来到客户网页的总客户数量的比值，是将流量转化为实际销售额的一种衡量方式，也是衡量网站内容对访问者的吸引程度以及网站网络营销效果的重要依据。每一个电子商务最终的目的都是为了赚钱，显然提高转化率是电子商务企业提高销售额最直接的方式。

例如，天猫一家男装店铺使用量子恒道计算出的转化率见表 10-3。其中，量子恒道是淘宝官方的数据产品，主要为淘宝卖家提供数据统计及分析功能。

表 10-3　转化率统计

本店（%）		男装（%）
当天全店成交转化率	1.81	2.47
前一天全店成交转化率	2.03	3.63

全店的成交转化率是 1.81%，而相对于同类的其他男装店铺 2.47% 的转化率，还有不少提升空间。表中和前一天数据进行了对比，本店内下降了大约 10.84%，对于同类的其他店铺下降了 31.96%。

店铺可以根据此数据，结合客户流量分析，找出转化率下降的原因，并尝试采取一定的措施来提高销售额。例如，当用户在不同的地方测试新闻订阅、下载链接或注册会员时，可以使用不同的链接的名称、订阅的方式、广告的放置、付费搜索链接、付费广告等，看哪种方式能够保持转换率的上升，如何增强来访者和网站内容的相关性。如果这个值上升，说明相关性增强了，反之，则是减弱。或者通过发布新闻或文章营销达到推广品牌的作用。

（2）平均客单价。平均客单价（或称为客单价、客单价均值）是总成交金额与成交笔数之比，是指一个客户在电子商务网站上的平均消费。客单价越高，网站整体收入就越高。在相同访客数的情况下，提升客单价可以有效提升网站的收入。

例如，某电子商务网站热销商品销售的月报表见表 10-4。

表 10-4 商品销售月报表

商 品	销 售 量	商品单价/元	平均客单价/元
A	2497	9. 99	18. 41
B	1746	39. 99	97. 42
C	953	19. 99	35. 75
D	438	69. 99	186. 62
E	376	29. 99	47. 64
总体销售	20728	27. 63	49. 48

表 10-4 中，整个网站上所有商品的平均售价为 27. 63 元，平均客单价为 49. 48 元。从热销商品排名来看，平均客单价偏低，在前五名的商品中，只有两种商品的平均客单价高于平均值。从表 10-4 中的数据看，销售是有提升空间的，B 和 D 是两个单价较高的产品，其对应的平均客单价也是较高的，购买 B 和 D 的用户，同时还购买了多个其他商品，所以，如果可以提升 B 和 D 的销售，则网站的整体收入也会随之增加。

（3）商品周期的销售增长量。商品周期的销售增长量是电子商务网站最为关心的数据之一，这些数据可以是负数。增长量包括同比增长量、环比增长量、同比增长速度、环比增长速度等。

• 增长量：所分析的业务在一定时期内增长的数量，是分析期与对比期的差额。

• 同比增长量：当前值与去年同期值之间的差额，用同比增长量来统计消除了周期变动和季节变动的影响，所用时间期间通常是月或季度。

• 环比增长量：当前值与上一期之间的差值，所用时间一般是季度、月或星期。

• 增长速度：用来反映业务成长性的相对指标，用以查看当期增长量和对比期的数据对比。

• 同比增长速度：当期增长量与去年同期值之比，说明当期业务水平较去年同期业务水平增长的相对程度。

• 环比增长速度：当期增长量与前一期水平之比，说明业务分析期与相邻前期业务水平的相对增长程度。

图 10-4 是艾瑞咨询 2014 年第三季度中国电子商务市场整体交易规模统计数据示意图，该季度交易额为 2. 95 万亿元，同比增长 17. 7%，环比增长 4. 5%。艾瑞由此数据分析得到，中小企业 B2B 电子商务交易额 11. 7% 与在线旅游交易额 20. 0% 的同比增长率以及网络购物同比 49. 8% 的强劲增长拉动了中国电子商务整体交易规模的增长。

商品销售分析，一方面可以体现网络营销活动的总体效果，是衡量网站销售状况好坏和网站市场效率的重要指标；另一方面也可以提供给财务部门进行公司财务核算。网站的访问者转化为买家当然是很重要的，同样重要的是激励买家在每次访问时购买更多的产品，跟踪这个指标可以找到更好的改进方法，也可以分析已知销售数据，把握该市场的长期发展规律。

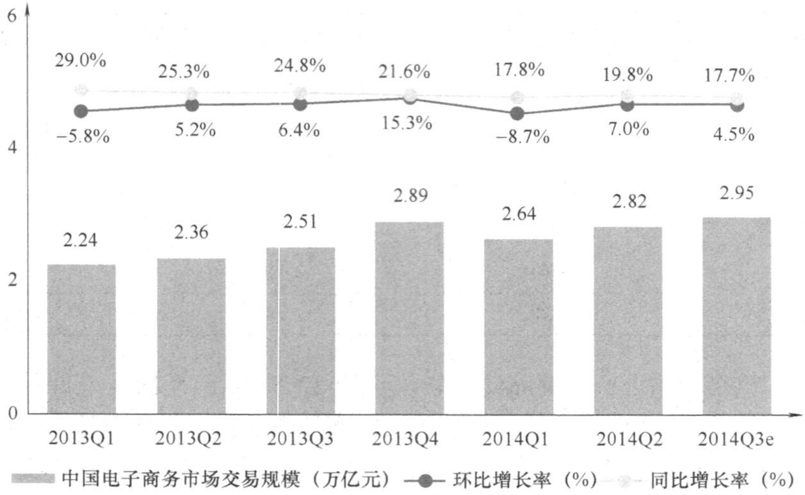

图 10-4　2013Q1-2014Q3 中国电子商务市场交易规模

10.5　数据分析显示方式

电子商务网站最好的数据分析显示方式就是用图来表达。当从不同渠道获取数据时，数据可能是杂乱无章的，通常不容易看出规律，通过制作图像和报表，可以找出隐含在数据中的规律性。

10.5.1　折线图

折线图是分析数据变化时较常使用的一种图形。企业经常用折线图表示销售量、访问数等数据的变化。图 10-1 可以用折线图表示，如图 10-5 所示。

横向坐标是时间，纵向坐标是浏览量、访客数和 IP 数等各个数据点。

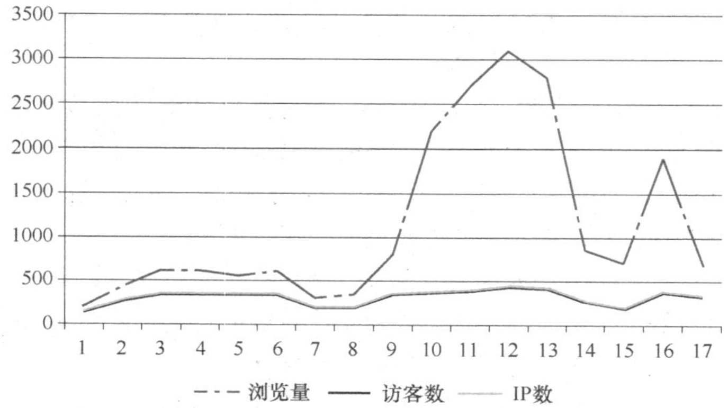

图 10-5　折线图

10.5.2 柱状图

柱状图是做各种数据比较时一种很有效的图形，可以从直观上看出同一维度上多个数据的变化，如图 10-6 所示。

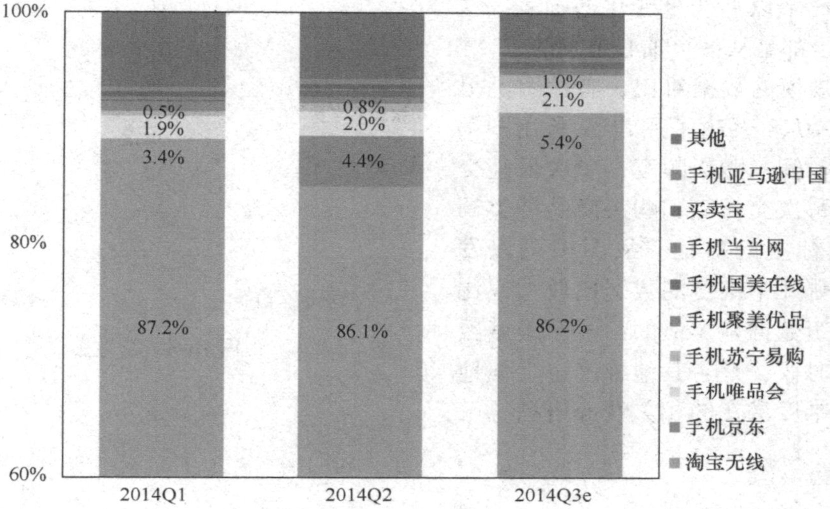

图 10-6 柱状图

从图 10-6 可以看出，中国移动购物在 2014 年第一季度和第三季度，各个企业交易规模的市场占比。

10.5.3 饼状图

在研究结构性问题，特别是研究整体销售收入组成时，饼状图非常有效。使用饼状图展示的 2014 年第三季度中国 B2C 市场交易份额，如图 10-7 所示。

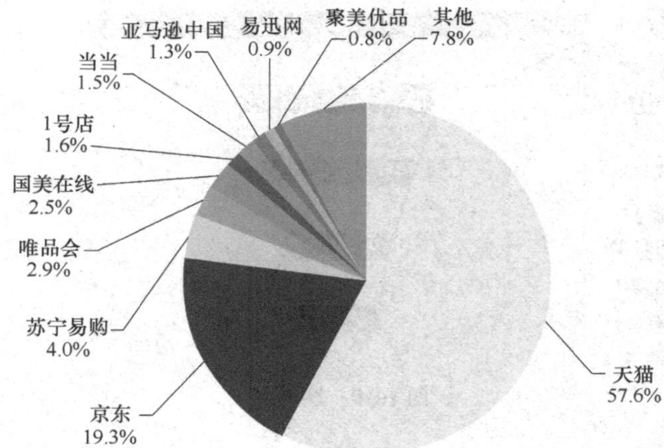

图 10-7 饼状图

10.5.4 雷达图

雷达图也是数据分析常用的一种方式。雷达图又称为网图或蜘蛛图，是一种在二维图上展示三个以上变量变化的图表，这些变量的展示都是从一个轴心出发的。

对于小规模的数据对比，雷达图是很有效的。图 10-8 表达了用户 A 和用户 B 在最近购买时间、购买频率、单次最高交易额、平均每次交易额和购买商品种类等几个关键指标上的对比。从图中可以发现：哪个或哪几个维度的数据比较大或比较小；哪几组数据是类似的；某个维度数值比较大的时候，是否其他维度也类似地变大；各个维度潜在的相关性等信息。

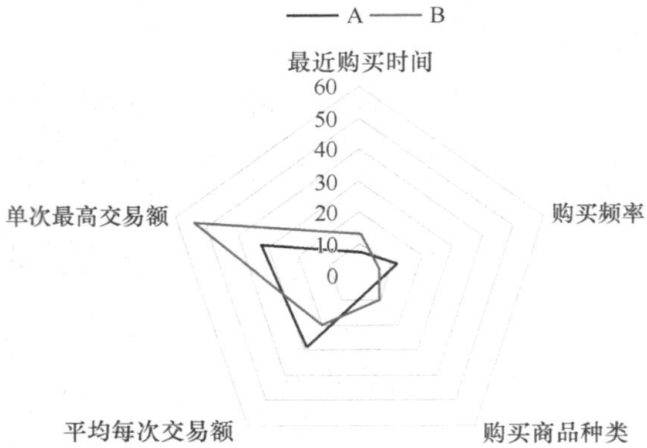

图 10-8 雷达图

10.5.5 漏斗图

漏斗图适用于业务流程比较规范、周期长、环节多的流程分析，通过漏斗各环节业务数据的比较，能够直观地发现和说明问题所在。在网站分析中，漏斗图通常用于转化率的比较，它不仅能展示用户从进入网站到实现购买的最终转化率，还可以展示每个步骤的转化率及关键环节所在。从图 10-9 中可以看到各个阶段流转到下一个阶段的数据变化，并发现：每个阶段到下一阶段的数据变化大小；是否存在不合理的转换阶段；在某个阶段是否出现异常的变化情况等。

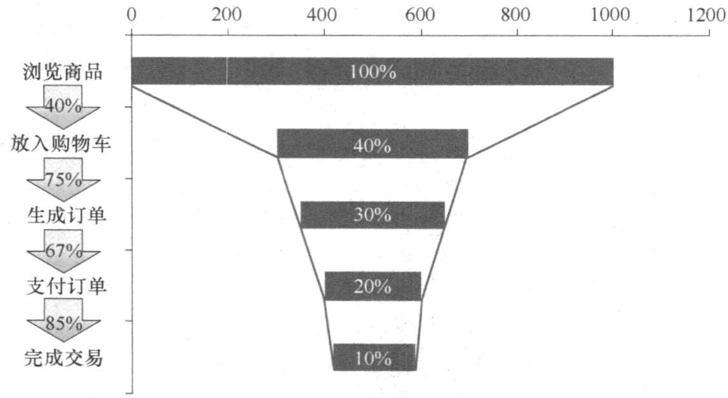

图 10-9 漏斗图

以上几种图形都可以通过 Excel 工具进行数据分析得出。下面介绍电子商务运营中常用的数据统计及分析工具。

10.6　数据统计和分析工具的选择

“工欲善其事，必先利其器”，选择好的数据统计和分析工具，能够让工作效率更高、效果更好。由于数据处理本身的复杂性，因此在选择数据分析工具时，要全面考虑多方面的因素，包括分类、聚类关联常规算法是否可以实现，数据存取能力以及对其他产品的接口等。

基础数据分析工具有很多种，其中 Excel 和 Matlab 用得最为广泛。网站流量统计分析软件一般分为两种，一种是软件运行在统计服务商的服务器端，用户在需要跟踪分析的所有网页中（通常是整个网站的所有页面）插进一段统计代码，一般是 JavaScript 代码，这段代码会自动检测访问信息，并把信息写入服务商的数据库中。用户在服务商提供的界面查看网站流量统计和分析，属于这类的最值得推荐的就是 Google Analytics。另一种是用软件直接对原始日志文件进行分析。

10.6.1　基础数据分析工具

（1）Excel。Excel 最重要的功能之一就是能快速方便地采用工作表中的数据生成柱状、折线、饼状和环状等分析图，而且另一个优势是普通的非技术人员也能操作。

当数据规模不大时，可以利用数据透视表（Pivot Table）把数据分成多个维度来进行统计，制作成报表或各种 Excel 的图表。

如图 10-10 和图 10-11 所示，通过几步简单的选择，就可以把数据转换成各种直观的图表。

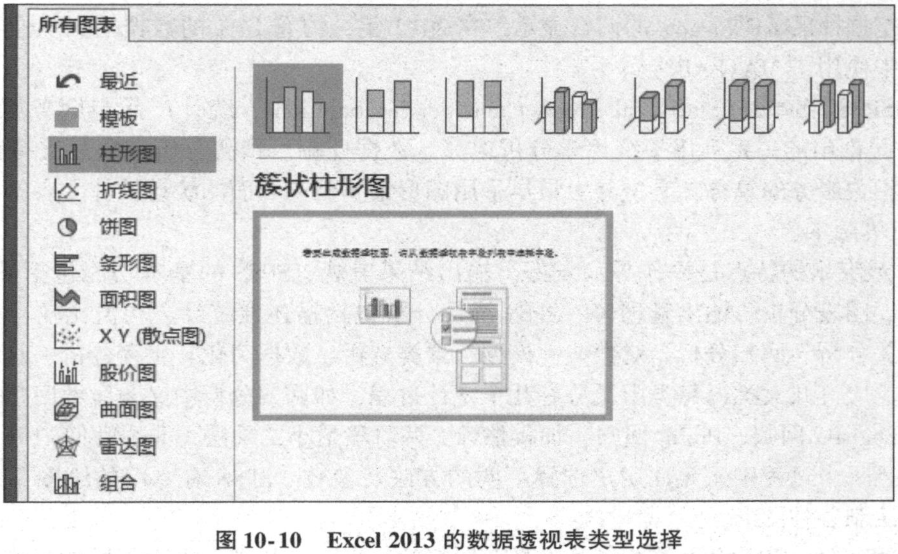

图 10-10　Excel 2013 的数据透视表类型选择

数据透视表是一个直观的视觉图，而具体的数据分析则需要通过 Excel 的数据分析工具

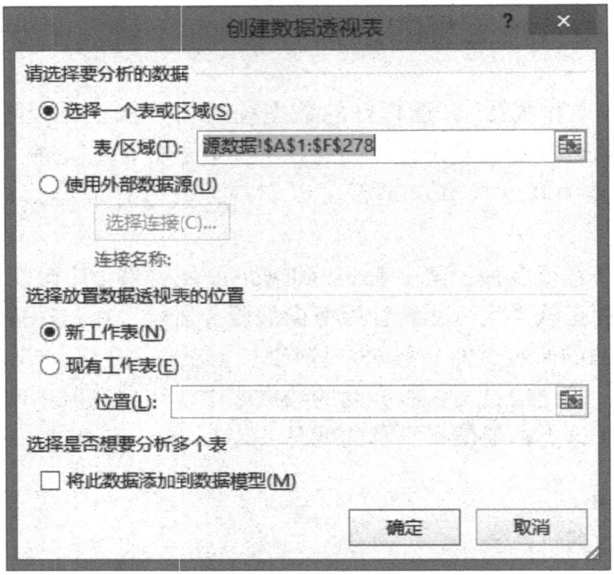

图 10-11　Excel 2013 的数据透视表创建

进行。在标准安装包中是不包含 Excel 的数据分析的。

（2）MATLAB。MATLAB 是 MathWorks 公司推出的产品，是一个高性能的数据计算和分析软件，和 Mathmematica、Maple 并列为三大数据软件。MATLAB 将数值分析、矩阵计算、科学数据可视化及非线性系统的建模和仿真等诸多强大功能集成在一个易于使用的视窗环境中。

数据挖掘社区 KDNuggets 的调查显示，在 2012 年，约有 14% 的数据挖掘从业者在数据挖掘过程中使用了 MATLAB。

（3）SPSS。SPSS（Statistical Product and Service Solutions，统计产品与服务解决方案）是 IBM 公司推出的一系列用于统计学分析运算、数据挖掘、预测分析和决策支持任务的软件产品及相关服务的总称，是世界上最早采用图形菜单驱动界面的统计软件，有 Windows 和 Mac OS X 等版本。

SPSS 最突出的特点是操作界面友好，输出结果美观。SPSS 的基本功能包括数据管理、统计分析、图表分析、输出管理等。SPSS 统计分析包括描述性统计、均值比较、一般线性模型、相关分析、回归分析、对数线性模型、聚类分析、数据简化、生存分析、时间序列分析、多重响应等几大类，每类中又分好几个统计过程，如回归分析中又分线性回归分析、曲线估计、Logistic 回归、Probit 回归、加权估计、两阶段最小二乘法、非线性回归等多个统计过程，而且每个过程中又允许用户选择不同的方法及参数。SPSS 有专门的绘图系统，可以根据数据绘制各种图形。

SPSS 和 SAS、BMDP 并称为国际上最有影响的三大统计软件。由于其操作简单，因此已经在我国社会科学和自然科学等领域发挥了巨大作用。

10.6.2 网站分析工具

网站分析工具很多，其中谷歌分析（Google Analytics，简称 GA）是互联网中使用最广泛的一种。

（1）谷歌分析工具。谷歌分析原名是 Urchin，以前是要付费的统计服务，2005 年 4 月 Urchin 公司被 Google 收购，然后 Google 基于自己一贯的做法，将 Urchin 改名为 Google Analytics，免费提供给站长使用。与一些这类免费服务不同的是，使用 Google Analytics 不需要在网页上显示 Google 的任何标记。

Google 推出这个免费工具主要是帮助它的 AdWords（关键词广告）客户管理自己的网站，给他们一个跟踪网站广告营销效果的视觉工具，以提高他们的 AdWords 投资回报率。不是 Google 广告客户一样可申请使用。GA 的分析功能非常强大，这个免费系统极具特色，不需要下载任何安全软件，完全是一个托管服务，和 Google 运行在一起。当网站上布置了谷歌分析的代码后，很容易获取以下信息：

- 多少访客在什么时间访问该网站。
- 访客访问网站后一般会访问几个页面。
- 网站中哪些页面是吸引用户最多的。
- 用户采用哪些搜索关键词来到网站。
- 用户的来源主要来自哪些地方。

例如，GA 工具为某网站监测到的数据如图 10-12 所示。

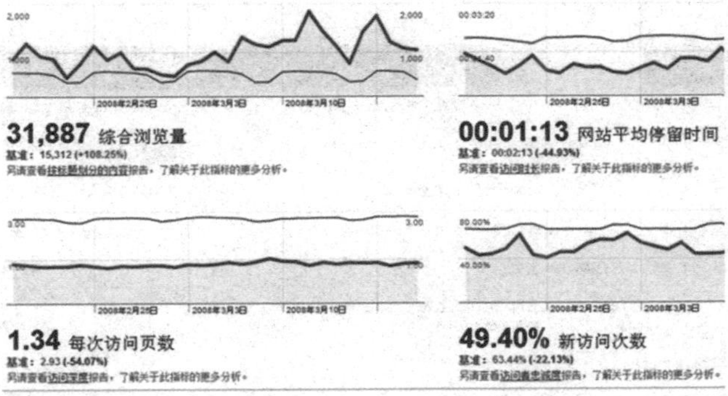

图 10-12 GA 为某网站监测到的数据

随着移动互联网的发展，谷歌分析也针对移动互联网平台建立了接口，目前谷歌分析已经有 Android 和 iOS 平台两个版本。

虽然 GA 功能强大，但是也存在使用限制，主要体现在以下三方面：①数据的及时性限制。GA 不保证在什么时间点把更新后的数据放到报告中。一般来说，两个小时内可以体现出来，但有时也会延迟至 48h。如果网站对数据的实时性要求很高，那么这个延迟是无法接受的；②访问量的限制。如果网站平均每个月的访问量超过 1000 万 PV，那么 GA 不保证超出部分会被处理。对于规模较大的电子商务网站，要采用其他方式处理；③服务支持的限制。因为 GA 是免费的，所以 Google 不提供任何形式的客户服务。

（2）各种站长工具。除 GA 外，各种站长工具有很多，如百度统计、CNZZ、ChinaZ 的站长工具和 Admin5 站长网，还有爱站网等。

1）百度统计是百度推出的一个免费的专业网站流量分析工具，能够为用户全程跟踪访客的行为路径，统计出访客是如何找到并浏览网站的，在网站上做了什么，百度统计提供图形化报告，用户通过这些信息可以改善访客在访问其网站时的使用体验，提升网站的投资回报率。目前，百度统计提供的功能包括趋势分析、来源分析、页面分析、访客分析、定制分析等多种统计分析服务。

2）CNZZ 是国际风险投资商 IDG 投资的网络技术服务公司，是一家流量统计网站，专注于为互联网各类站点提供独立的第三方数据统计分析。CNZZ 的站长统计免费提供包括 PV、IP、独立访客、来访次数、搜索关键词、地域分布、用户属性等 100 多项统计指标服务。通过 CNZZ 的站长统计提供的数据，用户可以实时了解自己网站的访问情况，及时调制页面内容和推广方式，以及对网站调制做出客观公正的评测。

3）ChinaZ 是站长之家的简称，站长之家是国内知名的站长类网站，是一家专门针对中文站点提供资讯、技术、资源、服务的网站，是站长们一致认定的实用的站长工具。

4）A5 站长网是目前国内最大的站长信息和服务中心之一，主要有站长交易、站长论坛、网络营销、站长优化等项目。

5）爱站网为站长们提供 IP 反查域名、Whois 查询、PING 检测、网站反向链接查询、友情链接检测等，除此之外，还研发出百度权重查询功能，为站长提供网站百度权重值查询，如图 10-13 所示。

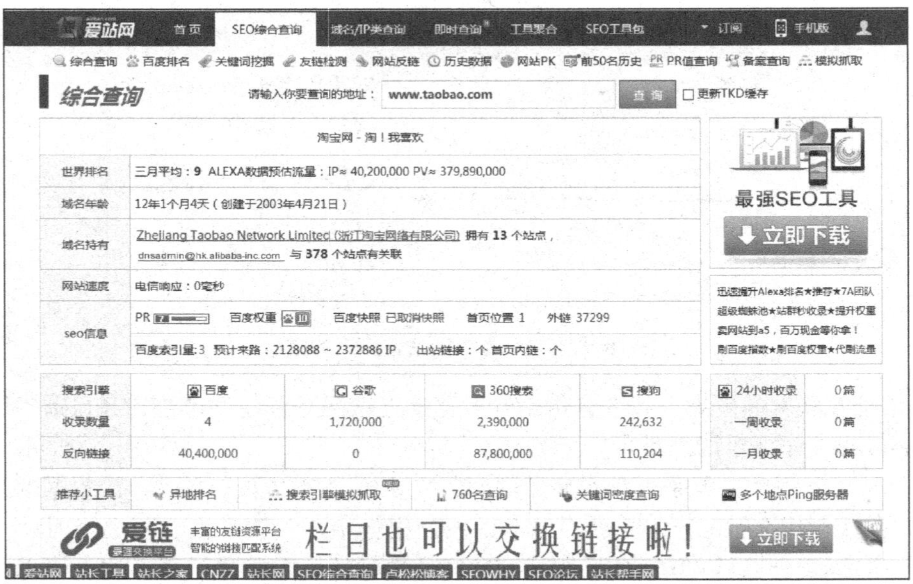

图 10-13　爱站网综合查询界面

10.6.3　电子商务平台上的数据分析工具

在电子商务平台上有各种工具进行数据分析，本书主要介绍淘宝上的两种数据分析工具：量子恒道和数据魔方。

（1）量子恒道。量子恒道是淘宝官网推出的电子商务数据服务商，有量子恒道店铺经和量子恒道电商分析两款产品。前者主要服务于淘宝卖家，后者主要服务于非淘宝网体系的独立 B2C 网站和阿里巴巴 B2B 卖家。

量子恒道根据在线营销的业务流程、内容和主要特征，将电子商务的数据指标分为流量指标、转化指标、推广指标、服务指标和用户指标五类一级指标。每类一级指标又分别由若干个二级指标组成。

1）流量指标主要用于描述网站访问者的数量和质量，是电子商务数据分析的基础。该部分指标主要包括访客数、回访客数、浏览量、访问深度、人均浏览量、入站次数、停留时间等二级指标。从电子商务网站的角度来看，通常访客平均查看的页面数越多、停留的时间越长，表示访客对网站的内容或商品越感兴趣，但也不排除访客在网站迷失，找不到所需要的内容或商品的可能。通过流量指标分析能够对网站访问概况有一个整体把控，但如果真正要定位到网站问题，进而提升网站运营效率，还需要从多个维度解读这些指标，如时间、流量来源、访客地域、性别、年龄、终端设备、页面类型等。

2）转化指标主要用于描述访客和网站的交互状况，用于帮助网站判断是否达到了网站建设的预期目的。转化是一个泛化的概念，访客在访问网站的过程中，所有有价值的行为均可记为转化。对电子商务网站来说，通用的转化目标包括注册、收藏、进入购物车、下单、支付等。

3）推广指标主要用于描述为促进网站在线营销效果而采取的推广行为的整体效果。量子恒道白皮书中将推广行为定义为泛指以付费广告、SNS 宣传、软文等形式在互联网媒体上进行的宣传活动。

4）服务指标主要用于描述电子商务网站的服务水平。通过咨询访客数、咨询响应率、咨询响应时间、咨询下单用户数、咨询下单率、咨询成交金额、咨询用户转化率、平均退款时间、物流耗时、发货准确率、退款订单率、投诉订单数等二级指标来分析。

5）用户指标主要从有真实成交记录用户的角度来描述网站的发展状况。对大部分电子商务网站来说，新用户的获取成本、老用户的活跃度等指标是评价网站核心竞争力的重要指标。

以天猫某商城的销售额变化为例，量子恒道展示的各种数据见表 10-5。

表 10-5　天猫某商城的销售额变化

天	访客数	成交用户数	人均成交件数	成交转化率	客单价	成交金额
T1	23371	550	2. 12	2. 35%	129. 5	71242
T1 +1	43545	1568	2. 3	3. 60%	199. 2	312393
T2	22992	613	1. 98	2. 67%	145. 9	89418
T2 +2	39720	1332	2. 06	3. 35%	161. 4	214985
T3	76563	479	2	0. 63%	150. 7	72176
T3 +3	58367	6080	1. 31	10. 42%	132. 7	806816

表10-6是天猫某商城经营过程中，不同天里的数据表现。T1表示该店铺在某季节正常经营状况下的某一天。T1+1天时，该店铺销售额变为T1天的4.38倍，其中访客数增长86%，成交转化率增长53%，客单价增长53%，人均成交件数增长8%。经过分析该网站主要的流量来源变化，各渠道的流量均有显著增长，并且对比免费流量和付费流量的增长幅度，可以判断在T1+1天该店铺显著加大了广告流量的投入，这解释了访客数变化的原因。

表10-6　天猫某商城不同时间的访问数据

天	流量来源	入站次数	成交转化率
T1	自主访问	10914	31.4%
T1	淘宝免费流量	14723	42.4%
T1	淘宝付费流量	8674	25.0%
T1+1	自主访问	22160	33.5%
T1+1	淘宝免费流量	21299	32.2%
T1+1	淘宝付费流量	21556	32.6%

客单价显著上升，但人均成交件数并没有相应幅度的提高，即该店铺销售的商品单价变高。查看该店铺的宝贝销售排行并与T1天对比，发现该店铺在周一时上新了一款高价单品，带来了大量销售，另外有一款低价商品，也贡献了很高的转化率，如图10-14所示。

宝贝价格/元	宝贝页访客数	支付宝成交件数	宝贝页成交转化率
468.00	5357	728	11.13%
68.00	415	456	98.55%

图10-14　天猫某商城商品转化率

至此，通过量率度分析可知，T1+1天时，该店铺上新，新商品单价较高（做了相应折扣，提高了转化率），并且相应做了大力推广，从而促进了销售额增长。同样，对T2+1和T3+1天的销售额剧增状况，也可以通过量率度分析得到解答。

（2）数据魔方。数据魔方也是淘宝官方出品的一款数据产品，主要提供行业数据分析和店铺数据分析，其中包含了品牌、店铺、产品的排行榜，以及购买人群的特征分析（年龄、性别、购买时段、地域等）。通过“数据魔方”平台，商家可以直接获取行业宏观情况、自己品牌的市场状况、消费者行为情况等。

数据魔方会让商家在第一时间了解本店铺和行业店铺以及店内宝贝的动态数据变化情况。

数据魔方为商家提供市场研究分析，主要是通过分析什么品牌热卖、什么产品好卖、哪个行业市场交易潜力好、哪个宝贝销量高，为什么高、谁卖得好，该向谁学习、买家购买时间和地域分布等，对行业整个市场做整体上的分析，从而让数据帮助卖家分析市场行情，如图 10-15 所示。

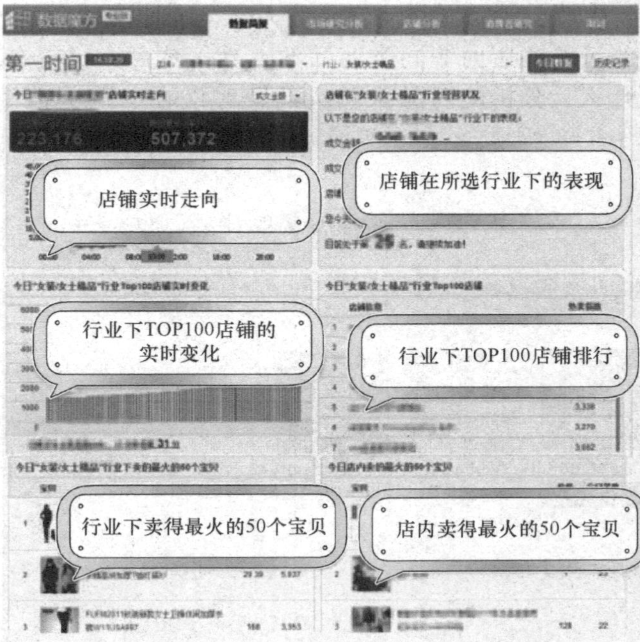

图 10-15　数据魔方

整体上对所关注的行业品牌或产品，分析其市场的规模，通过时间维度观察搜索次数、关注人数、关注次数、收藏人数、收藏次数，可以确定自己店铺的主营方向（见图 10-16），进而把握市场动向。

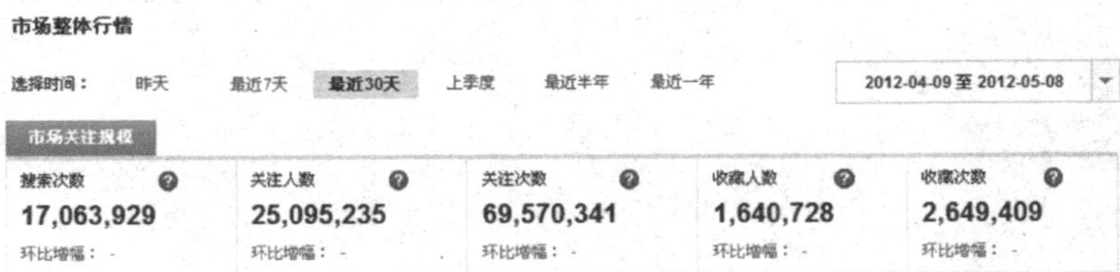

图 10-16　市场关注规模

对自己的店铺要有整体上的把控，考察指标主要有成交金额、成交人数、新顾客数等信息，如图 10-17 所示。

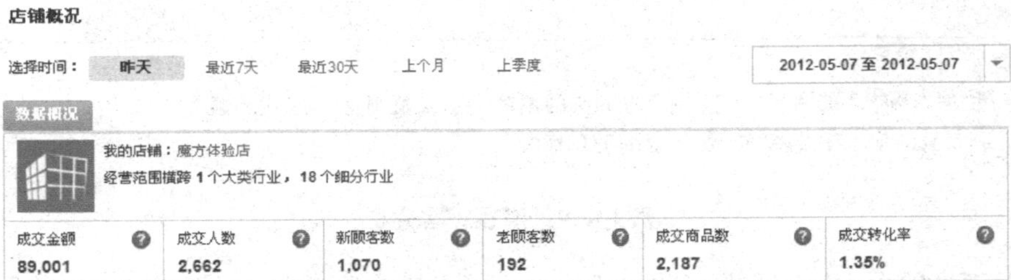

图 10-17　店铺整体分析

首先分析消费者访问商品的人数，统计出购买的人数和当天购买同类宝贝的人数，以及当天购买店内非同类商品的人数。然后，比较在其他店购买此类商品的顾客都购买了什么，分析此商品未购买的顾客潜在的购买欲望，同时分析客户购买细分行业，如图 10-18 所示。

图 10-18　消费者分析

浏览此商品的人，当天未购买的顾客有 221 人，图 10-19 所示是这些顾客对此商品的潜在购买欲望。

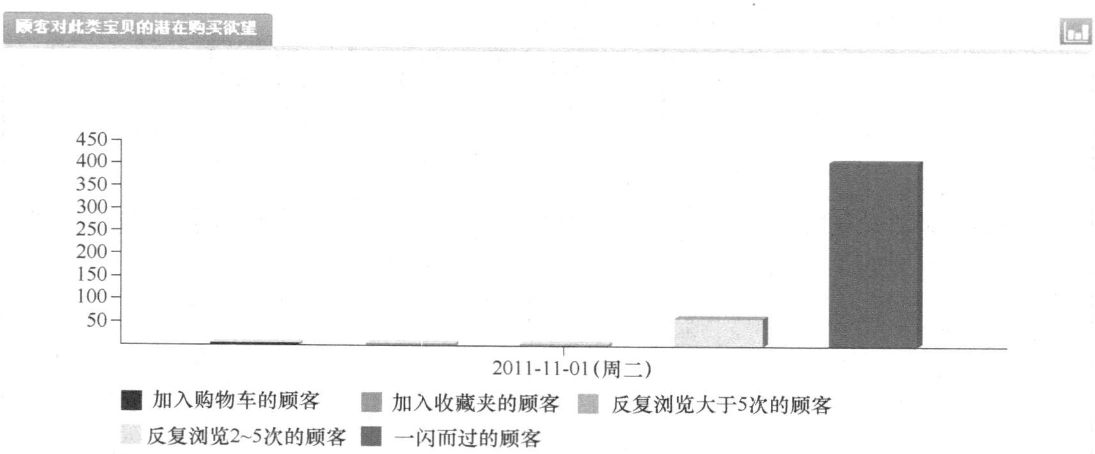

图 10-19　潜在顾客分析

浏览此商品的人，当天未购买此类商品，而买了其他类型宝贝的顾客有 123 人，图 10-20 是购买的细分行业。还可以进行热词分析，如图 10-21 所示。

顾客购买细分行业

每页显示 10 条　　搜索:

序号	细分行业	成交金额(¥)	成交占比	成交人数	商品平均价格	客单价
1	越野车外侧脚踏板	4,350	7.90%	2	2,175	2175
2	羽绒服	4,244	7.70%	4	707	1061
3	保暖套装	2,934	5.33%	7	173	419
4	靴子	2,076	3.77%	7	297	296
5	被子/蚕丝被/羽绒被/棉被	2,037	3.70%	5	340	407
6	毛衣	1,752	3.18%	7	250	250

1 - 6 / 6 条　　首页　上一页　1　下一页　末页

图 10-20　市场细分行业分析

行业：女装/女士精品　　选择时间：昨天　最近7天

行业关键词热搜TOP榜　行业关键词热搜飙升榜　　导出报表

每页显示 25 条　　搜索:

	热门关键词	搜索人数	搜索次数	点击次数	商城点击占比	点击率	成交笔数	转化率	直通车
1	短裙	11,116	45,678	19,268	***	42.18%	174	0.38%	0.66
2	裙子	5,384	24,730	8,345	***	33.74%	44	0.18%	0.65
3	蓬蓬裙	5,268	16,907	7,619	***	45.06%	40	0.24%	0.3
4	半身裙	4,629	19,911	7,554	***	37.94%	43	0.22%	0.69
5	裙子 秋冬 短裙	3,859	15,714	6,555	***	41.71%	54	0.34%	0.58
6	短裙 秋冬	3,857	19,557	8,406	***	42.98%	121	0.62%	0.59
7	欧时力	3,741	11,237	3,406	***	30.31%	5	0.04%	0.44
8	迷你裙	3,002	8,477	1,883	***	22.21%	2	0.02%	0.37
9	短裙 冬季	2,206	11,167	5,064	***	45.35%	53	0.47%	0.59
10	裙子 冬 半身裙	1,705	8,804	3,482	***	39.55%	31	0.35%	0.65

图 10-21　热词分析

10.7　原始日志文件分析

原始日志文件是网站流量统计分析的基础数据。网站服务器会把每一个访客来访时的一些信息自动记录下来，存在服务器原始日志文件中。一般主机提供商会在控制面板提供这个日志文件的下载。原始日志文件就是一个纯文字形式的文件，只要用文字编辑软件就可以打开。

下面是一段原始日志文件，试分析一下。

221.201.77.63 - - [02/Jul/2014: 15: 30: 41 +0800] “GET /seoblog/2014/04/17/user-friendly-website/ HTTP/1.1” 200 19031 “http://www.baidu.com/s?wd = PRADA% B9% D9% B7% BD% CD% F8% D5% BE&cl = 3”“Mozilla/4.0 (compatible; MSIE 6.0; Windows NT 5.1; SV1; Alexa Toolbar)”

1. 用户 IP 地址分析

“221.201.77.63” 是访问用户所使用的 IP 地址，能够说明来访用户的地理位置。如果通过 IP 地址信息查询服务查一下这个地址的所属位置，可以看到这位访客来自大连市，如图 10-22 所示。

图 10-22　访客 IP 地址

2. 访问时间分析

访问量的时间指某网站被访问的时间，和 IP 地址结合起来，就可跟踪某一个特定的用户从一个网页到另一个网页的访问顺序。

“02/Jul/2014: 15: 30: 41” 是某网站被访问的时间，通过对访问量的时间分布情况进行分析，可以确定每天或每星期哪个时间段用户最多，哪个时间段用户访问最少，从而确定网络营销活动的开展时间。

3. 时区分析

“+0800” 是相对格林威治标准时间的时区差多少。

4. 服务器动作分析

“GET /seoblog/2014/04/17/user-friendly-website/ HTTP/1.1” 表达的是服务器动作，即从服务器上获取某个网页或图片文件。服务器要做的动作，要么是 GET，要么是 POSP，除了一些 CGI 脚本外，通常都应该是 GET。

这行文本的意思就是，按 HTTP/1.1 协议获取文件/seoblog/2014/04/17/user-friendly-website/。

5. 返回状态码分析

“200” 是服务器返回的状态。如果返回的是 200，则说明成功获取了文件，一切正常。如果返回的是 404，则说明文件没有找到。其他常见的状态码如下。

301：永久转向。

302：暂时转向。

304：文件未改变，客户端缓冲版本还可以继续使用。

400：非法请求。

401：访问被拒绝，需要用户名和密码。

403：禁止访问。

500：服务器内部错误，通常是程序有问题。

503：服务器没有应答，如负载过大等。

6. 文件大小

“19031”指的是所获取文件的大小，这里是 19031B。

7. 跟踪用户轨迹

跟踪用户轨迹是很多网站运行者需要研究的地方。

从日志文件中剔除对图片的访问，剔除中间插进来的其他浏览者的信息，只把来自某一个特定 IP 地址的用户在一段时间内所看的网页列出来，就能看到这个用户在网站上都做了哪些行动、浏览了哪些网页。

本章小结

1. 电子商务运营效果概述

网络营销与线下营销相比，最大的优势之一就是网络营销效果和投入产出都可以正确统计和测量，而大部分线下营销方式很难准确评测营销效果。

2. 电子商务运营效果监测的重要性

（1）确定最有效的网络营销方式及投入产出比

（2）挖掘客户的潜在价值

（3）使网站更吸引人

（4）设计和应用有效的推荐系统

3. 电子商务运营效果监测的一般步骤

（1）确定网站运营目标

（2）计算网站目标的价值

（3）记录网站目标达成次数

（4）计算网站目标达成的成本

4. 网站运营监测的数据

1）网站流量分析：流量来源包括直接访问流量、其他网站链接引入的流量、搜索引擎引入的流量。流量指标有访问关键词、流量广告来源、访问量的地理位置分布、总的用户浏览量及变化趋势、回访者比率分析、积极访问者比率、忠实访问者比率、忠实访问者指数、忠实访问者量、访问者参与指数等。

2）网站用户访问内容：回弹率（所有页面）、回弹率（首页）、浏览用户比率和特定网页的用户访问停留时间。

3）网站交易统计。

4）商品销售分析：转化率、平均客单价和商品周期的销售增长量。

5. 数据分析显示方式

1）折线图：折线图是分析数据变化时较常使用的一种图形。企业经常用折线图表示销售量、访问数等数据的变化。

2）柱状图：柱状图是做各种数据比较时一种很有效的图形，可以从直观上看出同一维度上多个数据的变化。

3）饼状图：在研究结构性问题，特别是研究整体销售收入组成时，饼状图非常有效。

4）雷达图：雷达图也是数据分析常用的一种方式。雷达图又称为网图或蜘蛛图，是一种在二维图上展示三个以上变量变化的图表，这些变量的展示都是从一个轴心出发的。对于小规模的数据对比，雷达图是很有效的。

5）漏斗图：漏斗图适用于业务流程比较规范、周期长、环节多的流程分析，通过漏斗各环节业务数据的比较，能够直观地发现和说明问题所在。在网站分析中，漏斗图通常用于转化率的比较，它不仅能展示用户从进入网站到实现购买的最终转化率，还可以展示每个步骤的转化率和关键环节所在。

6. 数据统计和分析工具的选择

1）基础数据分析工具：Excel、MATLAB、SPSS 等。

2）网站分析工具：谷歌分析工具和各种站长工具。

3）电子商务平台上的数据分析工具：量子恒道和数据魔方。

7. 原始日志文件分析

原始日志文件分析主要包含：用户 IP 地址分析、访问时间分析、时区分析、服务器动作分析、返回状态码分析、文件大小分析和跟踪用户轨迹。

习　题

1. 简述电子商务运营效果监测的重要性。

2. 电子商务运营效果检测的数据主要有哪些？请以一个商务网站举例说明。

3. 电子商务运营监测数据的显示方式主要有哪些？分别适用于何种情况？请举例说明。

4. 列举一些电子商务网站效果监测工具。

5. 实验与实践：

1）以淘宝某一店铺为例，利用一种网站分析工具对该店铺的运营情况进行情况监测，并分析其监测效果。

2）根据监测效果，分析其利弊，并针对弊端提出解决策略。

3）结合开篇案例，为该网站制订网络推广策略。

参考文献

[1] 谭磊. 数据掘金：电子商务运营突围［M］. 北京：电子工业出版社，2013.

[2] 昝辉 Zac. 网络营销实战密码：策略、技巧、案例［M］. 北京：电子工业出版社，2013.

[3] 丁奕盛. 网络营销实战解析——电子商务时代的掘金策略［M］. 北京：电子工业出版社，2015.